D1640204

Erhard Schütz und Jörg Döring (Hrsg.):

# Text der Stadt – Reden von Berlin

## Literatur und Metropole seit 1989

WEIDLER Buchverlag Berlin

Erste Auflage 1999

© WEIDLER Buchverlag Berlin 1999
Alle Rechte vorbehalten
Printed in Germany

ISBN 3-89693-139-3

ERHARD SCHÜTZ

# Text der Stadt – Reden von Berlin

Jede Ära in Berlins Geschichte hat ihre Monumente hinterlassen – sichtbare und erinnerte, geplante und zufällige. [...] Jede dieser Äras gab der Stadt eine bestimmte Identität [...]. Solche Weise lebender Geschichte kann nicht zwischen bestimmte Daten eingeklammert werden.[1]

Berlin fasziniert, so der Historiker Brian Ladd, in seinem in den USA erschienenen Buch, das, so sein Untertitel, deutsche Geschichte in der urbanen Landschaft konfrontieren will, nicht wegen seiner Schönheit oder seinem guten Erhaltungszustand, vielmehr wegen seiner kühnen Gesten und bestürzenden Inkongruenzen, aus Fermentierung und Destruktion. „Berlin is a haunted city." Berlin wird von Gespenstern heimgesucht. So lautet der erste Satz von ‚The Ghosts of Berlin'.[2] Sie spuken, so will es diese sehr lesenswerte Geisterführung, in den Gehäusen der Stadt, ihren Ruinen wie ihren Baustellen.

„Vielleicht", so begann die Rezension Wilfried F. Schoellers in der Frankfurter Rundschau über eine wahrhafte literarische Entdeckung zu Berlin, Alfred Kerrs ‚Wo liegt Berlin?', Briefe zwischen 1895 und 1900 aus der Reichshauptstadt nach Breslau geschrieben, vielleicht „steckt die Vergangenheit von Städten gar nicht in den alten Kulissen, die sie noch bereit halten, sondern nur in den Sätzen, die über sie in der Welt sind. Nicht in den architektonischen Zeugnissen, nicht in den Denkmälern, sondern im Delirium der zeitgenössischen Beschreibungen. Demnach wäre die Stadt gar nicht wirklich, sie existierte nur als Wörterstadt. Von Gnaden der literarischen Streuner, Voyeure und Müßiggänger."[3]

Schon konkurrieren Architektur und Historiker mit Literatur und dem Literarhistoriker und Journalismus und dem Kritiker. Wer macht die Stadt? Woraus entsteht, was sie vergleichbar macht mit anderen Städten und unverwechselbar zugleich? Stadtplaner und Architekten, Bewohner und Besucher, Literaten und Journalisten, Kritiker und Historiker, Soziologen und Ethnologen. Wie bringt die Literaturwissenschaft sich da ins Spiel? Nun, über den Text der Stadt.

---

1 Brian Ladd: The Ghosts of Berlin. Confronting German History in the Urban Landscape. Chicago 1997, p. 3 a. 5.
2 Ebenda, p. 1.
3 Wilfried F. Schoeller: Berlin wird Weltstadt – Holdrio! Die Briefe des Korrespondenten Kerr – eine rasante Entdeckung. In: Frankfurter Rundschau vom 8. 11. 1997, S. ZB3.

Das Gespenstische an Berlin hat ja schon E. T. A. Hoffmann für uns erscheinen lassen, der erste und lange Zeit einzige Autor, der, so Walter Benjamin, die Stadt in der Welt bekannt gemacht hat. Das rationale und nüchterne Berlin und seine Heimsuchungen. Nicht erst der Schlaf der Vernunft gebar hier das Monströse.

Berlin, das ist seine Architektur und seine Textur. Konkurrieren sie oder kooperieren sie, freiwillig oder gezwungenermaßen? Gibt es vielleicht ein Drittes, die Architextur der Stadt?

Jedenfalls gibt es, was immer es sonst noch gibt, jedenfalls gibt es für alle Fälle unterschiedliche Ansichten.

Auch Literaturwissenschaftler, wenn sie sich mit der großen Stadt befassen, nehmen sie als den Ort, als der sie seit langem gilt, als Ort sozialer Erkenntnisse und gesellschaftlichen Wissens. Seit der vergangenen Jahrhundertwende spätestens gilt sie als *der* Raum von Erfahrbarkeit und Beobachtbarkeit von Gesellschaft, als Archiv sozialer Strukturen und Labor moderner Subjektivität und moderner Bedürfnisse. Sie ist Ort der Vergleichbarkeit – durch Häufung und Wiederholung. Zugleich gelten die Städte aber als Orte der Konkurrenz, Besonderheit und Einmaligkeit, als Orte der Unerkennbarkeit, des Unerklärlichen, Geheimnisvollen und Abenteuerlichen. Das macht sie zum Ort der Moden. Kategorien des Neuen, des Erlebnisses, der Trends und Moden sind so genuine Kategorien der Stadt. Und wenn es jüngst heißt, der Trend gehe hinaus aufs Land, so ist das ein Trend der Stadt. Die Stadt ist Ort der Mode wie der Monotonie, des Neuen wie des Unentrinnbaren, des Ungeheuerlichen wie Banalen, des Stumpfsinns wie der Vielfalt. Kurz, sie ist Ort der Illustration und Abstraktion. Kein Versuch, sich der Stadt zu nähern, der nicht zwischen Illustration und Abstraktion hin und her schaltete.

Einheit und Durcheinander von Einheit und Durcheinander macht, im Abstraktesten, die Stadt aus. Zugleich ist das der Motor für die Unabschließbarkeit der Versuche zu ihrer Beschreibung und Analyse, die aufs Ganze, auf die schier unübersehbare Menge der Bücher – von der Presse ganz zu schweigen – eben die Einheit und das Durcheinander, Moden und Monotonie zu wiederholen scheinen.

Wenn die Literaturwissenschaft sich mit der Literatur der großen Stadt befaßt, dann hält sie sich in der Regel an historische Verläufe, genauer, an Konstrukte historischer Verläufe:

Da ist zunächst die territoriale Opposition, die von Stadt und Land – Wunschbild Land und Schreckbild Stadt, wie Friedrich Sengle das formuliert hat. Dann folgt die soziale Opposition, die von Oben und Unten, Kapital und Arbeit. Darauf die des Aggregatzustands, die von Masse und Individuum, schließlich die optionale Opposition: Metropole oder Kiez.

# Inhalt

Wäre hier mehr Zeit als für eine kurze Einleitung, könnte man es unternehmen, die Stationen abzulaufen – von der Gründerzeit zu Gründerzeit. Beginnend damit, daß die Berlin-Romane, ob sie nun die gründerzeitliche Expansion kritisiert oder hingenommen hatten, nahezu ausschließlich an größeren sozialen Einheiten orientiert gewesen, an Familie oder Firma, Milieu oder Stadtteil. Darauf dann die Romane der Einzelgänger, der Vereinsamten und Verlassenen, der Außenseiter und Unglücklichen, der Versprengten und Verstreuten, die sich nun durch hektischen Verkehr, dichte Massen und fremde Straßen bewegen, beengt leben, zur Untermiete, in Hotels oder Asylen. Die Arbeit suchen oder gerade verloren haben, ziellos streunen oder vergeblich nach Sinn und Zugehörigkeit suchen. Wie an die Stelle von Anklage Larmoyanz tritt, an die Stelle des angeblich behaglichen Humors die bittere Ironie und an die Stelle des schlagfertigen Mutterwitzes die sarkastische Pointe. Wie aus dem Berlin der Handwerker und Ladenbesitzer, der Fabrikanten und Spekulanten, wie aus dem Berlin von Steglitz und Charlottenburg, Tegel oder Tiergarten ein anderes wird, das der Intellektuellen, der Angestellten und der Arbeitslosen, der Amüsierpaläste und der Straßen – das Berlin der Friedrichstraße, des Alexanderplatz oder Kurfürstendamm. Und so fort – über Berlin zu den Zeiten, als es in der MegaMetropole Germania aufgehen sollte und zur Nekropole wurde, zu der Stadt, die aus Trümmern auf- und zur Teilung auseinanderwuchs, die sich hälftig einrichtete und jeweils für die Welt hielt.

Oder es ließen in der Literatur der Stadt sich die Bewegungsarten in der Stadt verfolgen. Bodo Morshäuser hat immerhin 129 davon zusammengetragen.[4]

Allein die Ankünfte in der Stadt oder die Stadtwanderungen, all die Blicke von oben oder mitten im Verkehr, Fahrten mit den verschiedensten Verkehrsmitteln, Bewegungen zu Fuß – pirschen und schnüren, schlendern und marschieren. Und immer wieder natürlich „flanieren".

Wie geistesgegenwärtig und schnell man auch immer sein mag, der Flaneur ist immer schon da. Überall tritt er einem im eingebildeten Berlin entgegen und kommt in die Quere.

Vom Obersten Bürgermeister bis zum hintersten Marketinglehrling wird er im Munde geführt. Will Stadtplanung der Stadt etwas ganz Böses prophezeien, dann droht sie, daß in ihr der Flaneur aussterbe.[5] Schreibt einer im überregionalen Feuilleton über die Entwicklung der Berliner Presse, so muß das unbedingt ein „sommerlicher Spaziergang durch die

4   Vgl. Bodo Morshäuser: Liebeserklärung an eine häßliche Stadt. Berliner Gefühle. Frankfurt a. M. 1998, S. 120ff.
5   Risiko Stadt? Hrsg. von Ullrich Schwarz. Hamburg 1996.

Berliner Zeitungsprovinz" sein.[6] Da gibt es, scheint's nur eine Möglichkeit, sich des Flaneurs zu erwehren: ihn in das zu bannen, was er angerichtet hat, in den Text der Stadt.

Wenn der Flaneur außer Müßiggehen etwas zu tun pflegt, dann pflegt er ja den Text der Stadt zu lesen. So jedenfalls können wir es immer wieder lesen. Vor allem für Berlin den notorisch zitierten Satz von Franz Hessel aus dem Jahr 1929: „Flanieren ist eine Art Lektüre der Straße, wobei Menschengesichter, Auslagen, Schaufenster, Caféterrassen, Bahnen, Autos, Bäume zu lauter gleichberechtigten Buchstaben werden, die zusammen Worte, Sätze und Seiten eines immer neuen Buches ergeben."[7]

Was bei Franz Hessel sich noch als metaphorisch signalisiert: „eine Art Lektüre", das ist danach, vor allem aber in den letzten Jahrzehnten geradezu modisch und schon stereotyp geworden, das Reden von der ‚Lesbarkeit der Stadt' oder eben von der ‚Stadt als Text'. Am nachhaltigsten hat in dieser Hinsicht wahrscheinlich ein Text von Roland Barthes von 1967 gewirkt, in dem er behauptet hatte:

> Die Stadt ist eine Mitteilung, und diese Mitteilung ist echt Sprache: die Stadt spricht zu ihren Bewohnern, wir sprechen unsere Stadt, die Stadt, in der wir uns befinden; wir sprechen sie, ganz einfach, indem wir sie bewohnen, in ihr herumlaufen, sie betrachten. Dabei besteht das Problem allerdings darin, einen Ausdruck wie ‚Sprache der Stadt' über das rein metaphorische Stadium hinauszuheben.[8]

Es gehört zur Paradoxie dieses Anspruchs auf nicht-metaphorisches Reden vom Text der Stadt, daß er geradezu eine modische Flut metaphorischen Redens vom Text der Stadt, den es zu lesen gelte, ausgelöst hat.

Es gibt aber hinreichend Grund, skeptisch zu sein, ob man eine solche Sprache der Stadt anders als metaphorisch finden kann. Einmal angenommen, sie ließe sich entschlüsseln, es ließen sich Grapheme, Morpheme, Syntax und Grammatik bestimmen, bestehende Städte nach diesen Regeln analytisch lesen, nach ihnen neue generieren oder alte umschreiben, es wäre ziemlich sicher, daß man weder eine solche Lektüre betreiben noch in solchen gelesenen und nach Regeln geschriebenen Städten wohnen möchte. Wenn Barthes für die zukünftige „Stadtsemiotik" postuliert, ihre Arbeit bestehe darin, „daß man den Text der Stadt in Einheiten

---

6  Willi Winkler: Frisches Layout, trauriger Liguster. Ein sommerlicher Spaziergang durch die Berliner Zeitungsprovinz. In: Die Zeit, Nr. 32 vom 2. 8. 1996.

7  Franz Hessel: Spazieren in Berlin. Wien und Berlin 1929.

8  Roland Barthes: Semiotik und Urbanismus. In: Konzept 3: Die Stadt als Text. Hrsg. von Allessandro Carlini und Bernhard Schneider. Tübingen 1976, S. 33-42. Vgl. auch Roland Barthes: Semiologie und Stadtplanung. In: Ders.: Das semiologische Abenteuer. Frankfurt a. M. 1988, S. 199-209, hier S. 202: „Die Stadt ist ein Diskurs, und dieser Diskurs ist wirklich eine Sprache: Die Stadt spricht zu ihren Bewohnern [...]."

zerlegt, dann diese Einheiten formal klassifiziert und als drittes die Kombinations- und Transformationsregeln dieser Einheiten und Modelle ermittelt", dann erscheint das weder eine verlockende Aufgabe noch ein verlockendes Ziel. Darin ist zu viel Gier nach Abstraktion: Das ist selbst eine hegemonialisierende Praxis, ein Phantasma der absoluten Kontrolle. Eher interessieren dann doch die Bilder, unter denen das der Lektüre und regelgeleiteten Generation neuer Texte der Stadt selbst eines, ein in sich gespaltenes ist. Sagt das Reden von der Lektüre der Stadt noch nicht, ob es sich dabei um die Rausch- und Lustlektüre des Lesesüchtigen handelt oder um die Sektions- und Analysepraxis des Spezialisten, so spricht doch der Wunsch nach formaler Klassifikation, Kombination und Transformation von einem Verhältnis zu den Texten wie zur Welt, das in seiner Monomanie und Totalisierungstendenz leicht ins Bündnis mit der Zerstörung beider gerät. Das ist, zugegeben, ein eher altmodischer Gedanke. Aber er läßt sich beispielsweise bei dem lesen, auf den sich in Frankreich die Spekulationen über die Textur der Stadt meist historisch rückversichern, bei Victor Hugo, im *Glöckner von Notre Dame*, 1831 veröffentlicht. Darin heißt es von der Baukunst, daß Sie ein

> Buch aus Granit [sei], begonnen im Orient, fortgeführt von den klassischen Epochen Griechenlands und Roms, beendet vom Ausgange des Mittelalters.

Und: „Wer damals sich als Dichter fühlte, der machte keine Verse, sondern er ging hin und wurde Baumeister." Hugo entwickelt dies aber als eine historische, vergangene Situation. Denn: „Die Baukunst wurde von ihrem Herrscherthron gestürzt. An die Stelle ihrer steinernen Buchstaben wurden die bleiernen Lettern Gutenbergs gesetzt." Und die sind „unverwüstlicher als das Gebilde aus Stein. Diese Unverwüstlichkeit liegt bei der weltumspannenden Verbreitbarkeit in der Allgegenwart." Das Bild erweist sich so als Rückprojektion zur Erhöhung des Status der eigenen Arbeit: Seine Schrift über Notre Dame und Paris ist mehr als Notre Dame und Paris in der steinernen Realität der Architektur sein können. Ginge Notre Dame mit Paris verloren, es blieben doch die Zeugnisse davon, in den Exemplaren seines Romans überall in der Welt. „Die Baukunst [...] ist tot, verschieden, ohne Hoffnung auf eine Wiederkehr. Erschlagen durch das Buch, weil sie zu teuer und zu wenig nachhaltig ist." Von hier aus bestimmt sich auch der aggressive Titel des Kapitels: „Dies wird jenes vernichten". Das Kapitel endet allerdings mit der Übertragung: Das Druckwerk der Menschheit ist ein „Kolossalbau". „Nie wird der Bau vervollständigt sein, sondern ewig unvollkommen bleiben. [...] Er ist der neue Babel-Turm der Menschheit."[9]

9   Victor Hugo: Der Glöckner von Notre Dame (1931). Stuttgart 1996, S. 164-181.

11

Damit ließe sich auch die Umkehrung zur Lektüre der Stadt, zur Stadt als gebautem Text lesen, nämlich: Schrift und Druck als Architektur, die Bibliothek als Stadt, als eben die Ur-Stadt, schließlich Turm zu Babel. Die „Allgegenwart", die Hugo der gedruckten Schrift attestiert, ist ja längst auch Signatur der Stadt, in genau der Ambivalenz dieser Allgegenwart, als Indifferenz und Ubiquität zu fassen wie als Fülle und Vollständigkeit. Aber selbst wenn es eine nach Regeln generierbare Textur der Stadt gäbe, diese ‚Sprache' bliebe doch nur eine unter anderen, eine im babylonischen Gewirr der Sprachen. Und schon deshalb halte man sich lieber an die Bilder. – Weil die Bilder am Ende unauflöslich bleiben. Weil selbst jede analytische Bearbeitung der Bilder wieder nur zu neuen Bildern führt, wie vielleicht schon am Bild von der Lektüre der Stadt und von der Stadt als Text zu sehen. Was passiert, wenn ein Architekt das Bild vom ‚Text der Stadt' ernst nimmt, kann man an den Bauten von Daniel Libeskind sehen. Da entsteht ein Historismus der abstraktionstrainierten Gesellschaft, allegorisierende Grübeleien in Stein oder Aluminiumblech.[10]

Allerdings ist das allemal dem überlegen, was man ansonsten in Berlin finden kann, Projekte einer gedankenfreien Sterilität, Produkte einer bildzersetzenden Hygiene. Kachelfassaden und Glasverblendungen sind die öffentlich gemachten Sterilitäten des gemeinen Alltagslebens im Inneren, nach außen gestülpte Naßzellen und TV-Monitore in den Wohnungen.

Walter Benjamin hat sich einmal rhetorisch, d. h. öffentlich verbergend gefragt: „Ob sich nicht das Gefallen an der Bilderwelt aus einem düsteren Trotz gegen das Wissen nährt?"[11] Man kann zugeben, daß Interesse an den Bildern, den Metaphern und Metonymien, den Klischees und Stereotypen, den Textmustern und –figurationen sich zu einem Gutteil von diesem Trotz gegen das Wissen herschreibt – dennoch bleibt das selbst ein Wissen, ist kein irrationales Nichtwissenwollen schlechthin. Es ist ja eher besseres Wissen wider schlechteres Wissen. Sich für Bilder zu interessieren heißt ja überhaupt nicht, eine Illusion von Unmittelbarkeit, Authentizität und ‚wahrhafter Dokumentation' zu hegen. Im Gegenteil. Sich für Topoi und nicht nur für die Topographie zu interessieren heißt, ein Sensorium und ein Bewußtsein für die Vermitteltheit und Verstelltheit, für das Opake und Verstrickte, das unsere Geschichte wie unsere Gegen-

---

10 Man denke nur an die hochartifiziellen, um nicht zu sagen: manirierten Begründungen und Bezüge, die in die Konzeption des Jüdischen Museums eingegangen sind. Oder an die verwinkelten Bezüge auf Alfred Döblin bei seinem Entwurf für den Alexanderplatz.
11 Walter Benjamin: Die Ferne und die Bilder. In: Ders.: Gesammelte Schriften, Bd. IV,1. Frankfurt a. M. 1972, S. 427.

wart ist, zu entwickeln, ohne sich fatalistisch der passiven Hinnahme oder dem blinden Machen auszuliefern. Bilder sind das Bewußtsein vom Ineins von Wissen und Nichtwissen. Mehr von den Bildern wissen heißt zugleich, mehr von der Verstricktheit ins Metaphorische zu wissen und mit der destruktiven Wut der Eigentlichkeitssuche wenigstens haushälterischer umzugehen.

Das Reden vom ‚Text der Stadt‘ scheint eine Fortsetzung der alten Rede von der Lektüre im Buch der Natur. Auch das hat zwei ineinander verflochtene Stränge gehabt. Da ist zum einen der Versuch, den Gesetzmäßigkeiten der Natur auf die Spur zu kommen und sie nach den erkannten Regeln selbst zu generieren, umzuschreiben und neu zu schreiben. Zum anderen aber ist es die lange Tradition ästhetischen Naturverhaltens in der Ambivalenz von Geheimnis und Dechiffrierung, Entdecken und Verbergen, des: ‚lesen was nie geschrieben wurde‘. „Das Zeichen ähnelte keiner bekannten Form, es war [...] eine Chiffre, deren Bedeutung noch nicht erkannt worden war.“ Andererseits angesichts der Vielzahl der botanischen Benennungen reflektiert, was bleiben wird: „nicht Namen, sondern Bilder, keine Begriffe, sondern Formen, nicht die Abstraktion eines Wortes, sondern die Realität einer lebenden Erscheinung.“[12]

Von hier zum ‚Text der Stadt‘ ist kein so weiter Weg. Die ästhetische Faszination an den Zeichen, Konfigurationen oder Spuren der Natur, an dem, was Wachstum, Wind und Wetter erzeugen, von Blattformen bis Jahresringe oder Geäst der Bäume, von Myzelfäden zu Korallenstöcken oder Flechtenbewuchs, von den Mustern, in denen Geröll sich lagert oder in denen die Erde austrocknet, von Sanddünen zu Küstenlinien oder Wolkenformationen – man kann es lesen unterm Gesetz der Fraktale, als Konfigurationen der Selbstähnlichkeit. Mithin wären wir bei der Chaos-Theorie, die ja in den vergangenen Jahren zu den Lieblingstheorien aktualitätsversessener Geisteswissenschaftler geworden ist. Längst ist die Chaos-Theorie ins Feld der Stadtwissenschaften eingewandert. Kein Wunder, die Stadt als Chaos zu bezeichnen ist ja eine lange Gewohnheit. Natürlich könnten wir nun Städtebilder von oben, ein Stadtbild in sich, Straßen und Plätze, Häuser und noch Zimmer darin unterm Aspekt von Selbstähnlichkeit betrachten. Das ernsthaft weiter zu verfolgen müßte aber wohl doch entweder ins banal Allgemeinste führen – im Zeichen von Chaos und Selbstähnlichkeit ist alles mit allem ähnlich – oder aber ins Schwurbelige theoretischer Selbstaufgeblasenheit.

Nun gibt es noch ein anderes, zunehmend beliebtes Modell, von der Stadt zu reden, nicht von der Stadt als Text, sondern als Medium.

12  Nach Erhard Schütz: Alfred Andersch. München 1980, S. 81.

1991 noch wunderte sich Matthias Schreiber, wieso Stadt als Medium „so selten in den Titeln urbanistischer Standardwerke auftaucht." Dabei sei schon das „lateinische Wörterbuch [...] eine urbanistische Fibel" gewesen: „medius" heißt „in der Mitte befindlich".

> In medio foro: mitten auf dem Markt. [...] ‚Medium' heißt [...]: Zentrum, Mitte; ferner offene Straße, Publikum, Öffentlichkeit, Gemeinwohl. ‚In medium vocare': vor das Publikum bringen. ‚In medium venire': vor Gericht treten.[13]

Das hat sich geändert. „Die Stadt ist ein Medium." Unter diesem Titel versprach Friedrich Kittler, die „Hauptstadt aus der Technologie und nicht umgekehrt zu entziffern". Seitdem Städte nicht mehr vom Münsterturm oder Schloß aus zu überblicken und nicht mehr von den Mauern oder Befestigungen eingeschlossen sind, so Kittler, „durchzieht und verschaltet sie ein Netz aus lauter Netzen – auch und gerade an Rändern, Tangenten und Fransen. Gleichviel, ob diese Netze Information oder Energie übertragen, also Telephon, Radio, Fernsehen oder Wasserversorgung, Elektrizität, Autobahn heißen – Information sind sie allemal."[14]

Doch auch hier gilt das Verhältnis der Umkehrbarkeit. Technologien können zugleich auch von der Hauptstadt her entziffert werden: „Die schiere Frequenz von Kreuzungsereignissen sorgt in Hauptstädten und Metropolen für jene Tyche, Fortuna oder Gelegenheit, die Valéry beim Erwachen in Paris zunächst wie ein unaufhörliches Meeresrauschen träumte, um sie dann als Bedingung aller glücklichen Zusammentreffen zu feiern. Ohne den gerollten Kopf des Königs gedacht, ist die Hauptstadt „Tochter der großen Zahl" (Valéry).

> Zur Berechnung, Speicherung und Übertragung von Zahlen gibt es aber MEDIEN. [...] Weshalb unsere Begriffe für Medien, wenn sie nicht wie „Herz" oder „Gehirn einer Schaltung" vom Körper abgelesen sind, noch immer von der Stadt lernen.[15]

Dennoch sollte man vielleicht weniger an diesem avancierten Modell des wechselseitigen Vergleichens von Stadt und Medium weiterarbeiten als auf ein ganz altes Angebot zurückgreifen, das – selbst metaphorisch zwar – diese Vergleiche noch immer mit zu umfassen scheint, das des Redens: Reden von der Stadt.

---

13 Matthias Schreiber: Die Stadt als Medium. In: Die Welt der Stadt. Hrsg. von Thilo Schabert. München und Zürich 1991, S. 145-165, hier S. 154.
14 Friedrich Kittler: Die Stadt ist ein Medium. In: Mythos Metropole. Hrsg. von Gotthard Fuchs, Bernhard Moltmann und Walter Prigge. Frankfurt a. M. 1995, S. 228-244, hier S. 228f.
15 Ebenda, S. 233.

In diesem Falle liefert ein Text von Michael Rutschky die Grundlage: *Das Reden von Berlin. Über Literatur und die große Stadt.*[16] Die Stadt redet ununterbrochen von sich selber. „Könnte man das Reden sehen", meint Rutschky, „es müßte wie ein Lichtschein sein, der, wenn man nachts durch die dunkle Mark Brandenburg anreist, als eine Emanation der großen Stadt zu erblicken ist [...]." Das permanente Reden über sich selbst, worunter nun freilich auch das Schreiben und Bebildern gefaßt ist, macht geradezu das Charakteristikum der Metropolen aus. Selbstfixiert bis an den Rand des Autismus, zugleich aber – neurotisch – in permanentem Vergleich mit anderen – Berlin vorzugsweise mit New York.

Das Reden von Berlin ist mehr als nur Text, ist Hineinnahme auch des Tönens und Dröhnens. Ist zugleich Qualifizierung der Texte: Reden ist auch Gerede und Geschwätz. Nicht unbedingt ist das etwas Pejoratives. Jedenfalls nicht gänzlich. Es hat etwa die Funktion, die Platon dem Mythos in Hinsicht auf den Logos zugeschrieben hat. Der Mythos, von der Position des Logos abqualifiziert als Gerede, Geschwätz (und als Ammenmärchen etc. auch in die Sphäre des Weiblichen geschoben), ist ja nach Platon nützlich, um vom Gesetz zu erzählen, die Verpflichtung auf den Logos in der Allgemeinheit lebendig und sinnlich präsent zu halten. So könnte man auch vom Mythos der Metropole reden, nämlich vom unablässigen Reden, Erzählen und Schreiben, auch Schwätzen und Tratschen, Kritzeln und Schmieren, das nötig ist, um das Gesetz im Bewußtsein zu halten. Nur, müßte man dann zumindest abwandeln, es existiert wahrscheinlich kein Gesetz der Stadt, das abgehoben und gar über dem Mythos da wäre, sondern es ist da durch das Reden und im Reden der Stadt – und nur darin.

∗∗∗

Die folgenden Beiträge sind zum größeren Teil aus einer Tagung hervorgegangen, die im November 1997 in Zusammenarbeit des Instituts für deutsche Literatur der HU Berlin und der literaturWERKstatt in Pankow stattgefunden hat. Sie sind in der Regel für den Druck aktualisiert und um einige weitere Aufsätze ergänzt worden.

Für ihre Mühen bei der Korrektur schulden wir Yvonne Dietl, für die Einrichtung der druckfertigen Textvorlage David Kassner herzlichen Dank!

---

16 Michael Rutschky: Das Reden von Berlin. Über Literatur und die große Stadt. In: In der großen Stadt. Die Metropole als kulturtheoretische Kategorie. Hrsg. von Thomas Steinfeld. Frankfurt a. M. 1990, S. 9-21.

CHRISTIAN JÄGER

# Der literarische Aufgang des Ostens
## Zu Berlin-Romanen der Nachwendezeit

Die altbewährte Metapher des Aufgangs oszilliert gemeinhin zwischen den idyllischen Polen Sonne, Mond und Blume. Weder auf die lichten Gestirne noch die lichtabhängige Fauna wird im obigen Titel angespielt: *Aufgang* meint hier den Treppenaufgang, metaphorisch gewendet jenen Weg, den die Literatur aus ehemals ostdeutschen Federn im deutschsprachigen Literatur-Haus vorzugsweise nimmt. Schon klingt die in Berlin recht gegenwärtige Hinterhofromantik an, welche in Berlins neu-alter Mitte in den Hackeschen Höfen zum Aushängeschild zeitgenössischer Geschäftsarchitektur geraten ist, wo Metropole sich im Kiez einrichtet, Zilles Milljöh sich zum attraktiven kommerziellen Umfeld wandelt. Damit ist denn auch nahezu das Thema umrissen oder besser gesagt das, was das Thema sein sollte: die Topographie Berlins in ihrer literarischen Wahrnehmung und Gestaltung durch Autoren aus der ehemaligen DDR in der Nachwendezeit. Die Romane, die den nachfolgenden Ausführungen zugrunde liegen, wurden herangezogen mit der Absicht herauszufinden, wie der Berliner Osten in besagten Zeiten beschrieben worden ist. Das Ziel der Untersuchung bestand im weiteren darin, Erkenntnisse über Stadtwahrnehmung und soziale Wirklichkeit zu gewinnen, wie sie für die zwanziger Jahre bspw. Döblins *Berlin Alexanderplatz* geliefert hat. Bei der Lektüre war aber festzustellen, daß sich ganz andere Thematiken vor die Stadt und ihre Wahrnehmung drängen. Was sich da vordrängt und zu welchen Schlüssen es wiederum drängte, wird nachfolgend in der Analyse einiger neuerer Berlin-Romane kenntlich gemacht.

Sieben Jahre nach der Wende erschien Ingo Schramms – wie der Untertitel verspricht – „poetischer Roman" *Fitchers Blau*[1]. Im Herbst 1990 beginnt die Geschichte Karls, eines neuerdings arbeitslosen Buchbinders, im Prenzlauer Berg. Ziemlich genau läßt sich das Bewegungsgebiet Karls umreißen, als jenes Tortenstück Prenzlauer Berg, das im Norden vom S-Bahnring begrenzt wird, auf den Rosa-Luxemburg-Platz in Mitte hinweist, westlich durch die Schönhauser Allee und östlich durch Kollwitz- und Senefelderstraße eingegrenzt ist. Straßennamen werden zu Beginn des Romans zahlreich genannt. Die Orte, an denen Karl ißt und trinkt,

---

1  Ingo Schramm: Fitchers Blau. Berlin 1996.

werden durch solche Namensnennung heraufbeschworen. Schon seine Kindheit verbrachte er dort,[2] und auch sein derzeitiges Zuhause befindet sich in der Dunckerstraße. Der Gang durch den Stadtausschnitt wird angereichert mit Impressionen aus Medien- und Warenwelt: Musikschnipsel aus Radios, Aufschriften der Einkaufstüten, Lichtreklame und verblaßte Inschriften aus DDR-Tagen. Kurz werden Kino, Fernsehen und Video ebenso wie Computerspiele[3] und Zeitungen gestreift, eher noch angespielt und abgetan: Von der Lichtreklame heißt es bspw.: „Die flakkernden Augen von Werbe-Neon und Nepp-Argon. Lichtwesen, die in Dienst genommen waren zur Verführung Volljähriger."[4] Soviel dann aber auch schon zur Stadt, ihrer Topographie und Wahrnehmung, wichtiger scheinen dem Erzähler und auch dem Protagonisten Karl die Bewohner dieses Ausschnitts eines Stadtteils. Die „Prenzlberger" trifft Karl bei vielfachen Kneipenaufenthalten, wo reichlich „ballinat" wird. Naturalistisch werden die meist alkoholisierten eingeborenen oder aus Sachsen zugezogenen Bezirksbewohner in Szene gesetzt. Schramm nutzt das Berlinische und alle anderern Dia- und Soziolekte zur Denunziation der Sprechenden: Da redet der Pöbel, die dumme, des Hochdeutschen nicht mächtige Menge. Es ist nicht die Perspektive Karls, der wohl in den Augen des auktorialen Erzählers eine ebenso unterentwickelte Existenz führt und sich mit Freunden umgibt, wie Horst, der seine Tage mit Computerspielen verbringt, oder Hool Herbert, der zu Fußballspielen reist, wenn er sich nicht betrunken im Treppenhaus aufhält. Der auktoriale Mit-Erzähler entwirft sich abseits der Deutschen, die nach Ruhe und Ordnung streben, erschöpft und müde sind, ohne einen Willen zu Abenteuer und echtem Erleben oder Leben.

Den Gestus der Überhebung über unwissendes Publikum teilt Schramms sich oftmals hinter Karl verbergender Erzähler mit einem anderen Erzähler, der ähnlich unterbestimmt, allwissend und gleichzeitig kommentierend von der Person A. erzählt. In Peter Wawerzineks 1995 erschienenem Roman *Mein Babylon*[5], der ja eigentlich „A.s Babylon" heißen müßte, ist die Distanz des Erzählers zum Protagonisten noch hinfälliger als in *Fitchers Blau*. Der Eindruck entsteht, daß autobiographische Notizen leichthändig literarisiert wurden, eingespannt in surrealistische Metaphern bei expressionistisch verknappter Syntax. Stilistisch bleibt der Text kohärent und erscheint entschieden gelungener als

---

2 Vgl. ebenda, S. 12.
3 Ebenda, S. 17.
4 Ebenda, S. 20.
5 Peter Wawerzinek: Mein Babylon. Berlin 1995.

Schramms oftmals *radebergernde* Prosa, die trotz der Berufung auf Arno Schmidt einige Leitsätze des Heidedichters über Lesbarkeit und Unterhaltsamkeit von Literatur und dementsprechende Erzählmodelle[6] geradezu konterkariert.

Wawerzinek hingegen entwirft ein sprachlich gelungenes Psychogramm eines paranoiden Größenwahnsinnigen. Die Stadt, das angeeignete Babylon, kommt kaum vor. Zwar zieht auch hier der Protagonist von Erzählerkommentaren begleitet, die zu oft als innerer Monolog erscheinen, streunend durchs Gelände, doch begegnet er vor allem Menschen, die er in Handlung und Sprache präzise beschreibt und nur gelegentlich in angefügten Etikettierungen denunziert. Das Terrain dagegen ist unpräzise allgemein gehalten, wiewohl die Beschreibung der Künstlerkolonie, als die sich Babylon vorzugsweise präsentiert, eben an den Prenzlauer Berg denken läßt. Auch A. ist dort auf der Suche nach dem echten Leben, das Bewegung verspricht, etwas Neues erfahrbar machen könnte. Die Suche nach dem lebendigen Leben setzen A. und der Erzähler genau in ihren Stadtgängen um, die bis auf weiteres im Motiv der Suche, das wahrmachen oder eher noch simulieren, was sie suchen. Babylon ist insofern nicht die mythologische Metapher der Hure, des männerverschlingenden Großstadtmolochs, sondern eher die gleichfalls biblische Symbolisierung der Kommunikationslosigkeit, des Zusammenbruchs der solidarischen Gemeinschaft im Größenwahn. In der Hybris isolieren sich die Reden und werden dem je anderen unverständlich. *Mein Babylon* liest sich dementsprechend als textgewordener Solipsismus des Stadtbewohners: „denn A. hatte gelernt, ohne Babylon zu existieren. Lebte recht gut in einer anderen Welt."[7] Die im Schlußsatz heraufbeschworene andere Welt ist genau SEIN Babylon. Der Exodus des nicht oder zu wenig Beachteten in die eigene Sprachwelt wirkt wie eine Vertreibung aus dem östlichen Zweistromland zwischen Elbe und Oder in die Bleiwüste, in der man zwar einsam ist, aber über alles Urteile fällen kann, ohne Widerrede fürchten zu müssen. Menschenleere Einöde ist die Oase aller Omnipotenzphantasie.

Ähnliche Einsamkeit und Leere umschließt auch die Protagonistin in Monika Marons Roman *Animal triste*[8]. Eine Frau von unbestimmtem, wenn auch hohem Alter beschäftigt sich allein in ihrem Zimmer mit der Zerstörung ihrer Sehkraft und der Auslöschung ihrer Vergangenheit. Die-

---

6  Vgl. expl. Arno Schmidt: Wieland oder die Prosaformen. In: Ders.: Dya na sore. Gespräche in einer Bibliothek. Karlsruhe 1958, S. 230-275.
7  Wawerzinek (wie Anm. 5), S. 125.
8  Monika Maron: Animal triste. Frankfurt a. M. 1996.

sem Prozeß werden die zunächst unwillentlich entfahrenen, dann immmer fließender erzählten Erinnerungsfragmente abgelauscht, die um das zentrale Ereignis im Leben der Frau kreisen: Im vorgerückten Alter begegnet sie, die Paläontologin, im Naturkundemuseum dem Insektenforscher Franz. Ein Liebesverhältnis beginnt, das der Frau als das einzige gilt, was sie in ihrem Leben erlebte. Die Liebe erfüllt sich zwar nur auf Zeit, da Franz verheiratet ist und im Gegensatz zur Frau, die ihren Gatten bereitwillig aufgibt, nicht auf seine angetraute Partnerin verzichten möchte, doch genau dieser Zeitraum gilt der Protagonistin als eigentliche Lebenszeit, vor und nach der nichts kam und kommen wird. Die als Ich-Erzählerin gestaltete Protagonistin wird aber von der narrativen Anlage Lügen gestraft, da sie immer wieder und immer mehr von ihrem Leben davor und danach erzählen muß, so daß peu à peu eine Lebensgeschichte entsteht.

Ein Grundmotiv dieser Lebensgeschichte, die sich auf eine Liebesgeschichte verkürzt sehen möchte, gilt der Darstellung der politischen Teilung Europas, die dazu führte, daß sich der aus Ulm stammende Forschermann und die in der Hauptstadt der DDR aufwachsende Forscherfrau erst nach 1989 und damit letztendlich zu spät kennenlernen. Das Bild, das sich die Erzählerin von der politischen Geschichte des 20. Jahrhunderts macht, verdient, trotz der ihm eigenen Kürze, ausführlicher zitiert zu werden:

> Ich kann mir [...] nicht vorstellen, daß heute noch irgend jemand verstehen kann, wie es damals einer als internationale Freiheitsbewegung getarnten Gangsterbande gelingen konnte, das gesamte osteuropäische Festland einschließlich der Binnenmeere, einiger vorgelagerter Inseln und der okkupierten Hoheitsgewässer von der übrigen Welt hermetisch abzugrenzen und sich als legale Regierungen der jeweiligen Länder auszugeben. Das alles war in der Folge eines Krieges geschehen, den eine nationale, nämlich deutsche, Gangsterbande begonnen und verloren hatte. Zu den Siegern gehörte eine westasiatische Republik, die schon einige Jahrzehnte von besagter Freiheitsbande beherrscht wurde und der als Siegerlohn Osteuropa zugesprochen wurde, wozu das halbe Deutschland, einschließlich der halben Stadt Berlin gehörte, wohinein meine unglückselige Mutter zwischen zwei Bombendetonationen mich geboren hatte.[9]

Das erzählende Ich macht es sich einfach: die Totalitarismusthese erhält eine Brechtsche Note: Im *Arturo Ui* und der *Dreigroschenoper* dramatisierte der arme B. B. die politischen Verhältnisse als Gangstergeschichten.[10]

---

9 Ebenda, S. 31.
10 Jüngst nahm sich auch ein anderer ehemals ostdeutscher Autor solcher Kriminalisierung

Der verbrecherischen Politik wird von M. M. nicht nur das Scheitern der vorbestimmten Liebesbeziehung angelastet, sondern auch die Stagnation ihres Berufslebens. Die politische Geschichte wird dergestalt als übermächtig und sinnlos erlebt, die Existenz in der DDR wahrgenommen als Einsperrung und grundlos verhängte Strafe. Verurteilt werden die Menschen durch die „internationale Freiheitsbande", die auch das Staatsoberhaupt – „Saarländer, ein gelernter Dachdecker"[11] – einsetzte. Nachdem – ohne daß ein politisches Handlungssubjekt in Erscheinung getreten wäre – die „Freiheitsbande" entmachtet und die Mauer abgerissen wurde,[12] verändert sich eine Vielzahl von Sachverhalten im Territorium der Ich-Erzählerin. „Es gab neues Geld, neue Ausweise, neue Behörden, neue Gesetze, neue Uniformen für die Polizei, neue Briefmarken, neue Besitzer", doch:

> Mir war das alles nicht genug. Ich wünschte mir etwas Gewaltiges, in das all die Briefmarken, Straßennamen, Uniformen münden sollten, die fortgesetzte Bewegung in einer anderen Dimension, eine dramatische Klimaveränderung, vielleicht eine Flutwelle oder Naturkatastrophe, auf jeden Fall etwas, das größer war als der Mensch und sein wechselhaftes Streben.[13]

Das, was den Menschen, den kleinen, überschreitet, ihn überwindet, erscheint als übermächtige Natur, die den gerade vom politischen Zwang Befreiten als neuerliches Verhängnis unterwerfen würde. Schicksalssehnsucht spricht aus diesem Wunsch, der sich zugleich als Wunsch nach Verantwortungslosigkeit und Unmündigkeit lesen läßt. Gegen die unentschiedene Wechselhaftigkeit des Menschen wird die auf Dauerhaftigkeit

---

politischer Geschichte parabelhaft an: Hans Joachim Schädlich: Trivialroman. Reinbek 1998.

11  Maron (wie Anm. 8), S. 41.

12  Ebenda, vgl. S. 45. Degout vor Regierungschefs, die aus der arbeitenden Bevölkerung stammen, findet sich bereits in der Weimarer Republik, als erstmals die Möglichkeit auftauchte, demokratisch gewählte Staatsoberhäupter zu schmähen, weil sie zuvor „niedrigen" Tätigkeiten nachgingen. Zugleich findet sich auch damals die Geißelung solch unreflektierter, undemokratischer Vorhaltungen, die wir hier stellvertretend für eine eigene Kritik der snobistischen Schmähung Honeckers, dem man ja viel vorwerfen mag, aber nicht, daß er als Dachdecker arbeitete, anführen: „Dieses Kokettieren mit dem höchsten Glück, ein blaugeborener Graf zu sein und die Spekulation auf einen süßlichen Instinkt des Publikums, der dazu da ist, daß er ausgerottet wird, nicht daß man ihn geschäftlich verwertet, meine Herren Textdichter. Diese Lächerlichmachung der Familie Bonaparte, weil sie das feine Benehmen nicht hat, das die guten Kaiser Franze alle hatten, denen dafür alles andere fehlte. Das Verständnis für die Größe der Tatsache, daß ein Sattler Staatsoberhaupt wird [gemeint ist Reichspräsident Ebert / C. J.], ist in Deutschland an und für sich gering. Man darf darauf nicht spekulieren, man darf das nicht ausnützen. Das darf man auf keinen Fall." Hermann Ungar: Die Teresina. Prager-Tagblatt vom 15.09.25, zit. nach ders.: Der Bankbeamte und andere vergessene Prosa. Paderborn 1989, S. 71.

13  Maron (wie Anm. 8), S. 89.

zielende und radikale Naturgewalt zu Hilfe gerufen, weil und obgleich sie dem Menschen die Handlungsmöglichkeiten entzieht.

Um Möglichkeiten, politisch zu handeln, geht es auch Klaus Uhltzscht, dem so unaussprechlich benannten Protagonisten in Thomas Brussigs am Schelmenroman orientierten *Helden wie wir*[14]. Schon im ersten Absatz wird vom Ich-Erzähler ein Bezug zum politischen Kontext hergestellt: Im Herbst 1968 wird er geboren, draußen rollen die Panzer der Warschauer-Pakt-Truppen vorüber, um den Prager Frühling zu beenden. Klaus Uhltzscht steht nach solchen Auspizien bald Bedeutendes bevor: mit neun Jahren gerät er an prominenter Stelle in die DDR-Presse, da er einem hochstehenden Politiker auf einer Messe die Hand schüttelt. Von da an verkehren sich vormalige Ängste, ein Versager zu sein, ins Gegenteil, und Klaus sieht sich „als zukünftiger Nobelpreisträger"[15]. Diese Maximalhoffnung muß im Laufe der fortschreitenden Jugend zusehends relativiert werden. Einen manifesten Einbruch erlebt das Selbstbewußtsein von Klaus nach dem ersten erfolgreich durchgeführten Geschlechtsverkehr, bei dem er sich einen Tripper zugezogen hat. Der Infizierte, mittlerweile Offiziersanwärter mit Stasiverbindung, wird an die Poliklinik des Ministeriums für Staatssicherheit verwiesen. Diese Adresse anzusteuern, dünkt dem Erzähler unmachbar:

> Es hätte ja sein können, daß ich Minister Mielke in die Arme laufe, just in dem Moment, wenn ich aus der Tür *Haut- und Geschlechtskrankheiten* herauskomme. Minister Mielke vermutet das Schlimmste – und tatsächlich: Sein hoffnungsvolles Nachwuchstalent, ehemaliger Eliteschüler, ehemaliger zukünftiger Nobelpreisträger, das Titelbild hat *Tripper*![16]

Die Kurzfassung des Niedergangs seiner Erwartungen verdeutlicht, daß Klaus' Hoffnungen, als Meisteragent der DDR in die Geschichte einzugehen, ihm geradezu als letzte Chance gelten. Um sein Ansehen zu wahren, nimmt er den Weg in die schäbigste Gegend Berlins in Kauf:

> Greifswalder Straße! Mitten im Prenzlauer Berg! Wo die Altbauten stehen! Mit den Außenklos! Und den vielen Ratten! Ich mußte meinen Tripper ins Rattenviertel tragen![17]

Die ersten vier Lebensjahre wuchs Klaus in der Lichtenberger Pfarrstraße auf, bis seine Eltern in ein Neubaugebiet – nahe dem U-Bahnhof Magdalenenstraße – ziehen. Dort wohnen sie in einem achtzehngeschossigen

---

14  Thomas Brussig: Helden wie wir. Berlin 1996.
15  Vgl. ebenda, S. 13f.
16  Ebenda, S. 138.
17  Ebenda.

Bau, unweit der heutigen Frankfurter Allee und einem der bekanntesten Bauwerke der DDR gegenüber. Was dem kleinen Klaus ein gutes Gefühl bescherte, den jugendlichen Klaus aber dazu bringt, das Ministerium für Staatssicherheit seinerseits zu beobachten, Fassadenprotokolle anzulegen. Diese Tätigkeit verursacht seinem Vater offensichtliches Unbehagen.

> Er konnte nicht fassen, daß ein Dreizehnjähriger so viel Dämlichkeit auf-bringt, aus Langeweile ausgerechnet die Stasi zu observieren und die Beob-achtung in aller Ruhe aufzuschreiben. [...] Wenn das rauskäme, würde ich meine Eltern wegen Agententätigkeit ins Gefängnis bringen. Unter diesen Umständen stellte ich die Beobachtung der Stasi ein. Über die Stasi durfte ich nichts ausforschen, [...] also befaßte ich mich mit Sex.[18]

Und genau die Sexualität weist nach Westen, bzw. in den Quelle-Katalog, aus dem der mittlerweile Achtzehnjährige vier Doppelseiten mit Damen-unterwäschepräsentation erbeutet hat, die einen unwiderstehlichen Wunsch in ihm wachrufen.

> Ich wollte diesen Frauen auch *nahe* sein, auf daß ich ihr Parfüm [...] er-schnuppere und sie crosse Chips knabbern höre. Aber wo im Osten kann man Westfrauen schon nahe sein? [...] genau in der Friedrichstraße, über der U-Bahn. Ich kam auf vier Meter an sie ran. [...] Ich verbrachte Stunden auf dem Gitter der Lüftungsschächte, und jedesmal, wenn ich eine U-Bahn unter mir rumpeln hörte, warf ich einen lechzenden Blick auf die Quelle-Frauen meiner vier herausgerissenen Doppelseiten und wußte, daß die U-Bahn, die gerade unter mir hindurchfährt, voll von solchen Frauen ist.[19]

Die Phantasmen des Protagonisten über den Westen werden deutlich iro-nisiert.[20] Und diese Ironie bezieht auch den nahezu normalen Protagoni-sten Klaus Uhltzscht mit ein, der sich als eine Art ostdeutscher Simplicis-simus voll ironischer Naivität angenehm von den bitter um Größe rin-genden Hauptgestalten der vorhergehenden Romane unterscheidet.

Ein gleichfalls geradezu normaler Protagonist begegnet in Klaus Schlesingers Fotograf Thomale, der im 1996 erschienen Roman *Die Sa-che mit Randow*[21], als Ich-Erzähler figuriert. Die Erzählung scheint in Raum und Zeit klar definiert:

> Es geht nicht um eine beliebige Straße, es geht um die Duncker. Und es geht um einen bestimmten Tag in der Duncker, sechs Jahre nach dem Krieg.[22]

---

18  Ebenda, S. 80.
19  Ebenda, S. 173.
20  Monika Maron dagegen läßt ihre Erzählerin die Friedrichstraße gänzlich ohne Ironie als „Tor zur Welt" bezeichnen. Maron (wie Anm. 8), S. 43.
21  Klaus Schlesinger: Die Sache mit Randow. Berlin 1996.
22  Ebenda, S. 267.

Der Weg führt zurück in den Prenzlauer Berg, in jenes Stück des Prenzlauer Bergs, den auch Ingo Schramm zum Ausgangspunkt seines Helden machte. Die Spanne der erzählten Zeit dehnt sich jedoch aus und umfaßt nahezu die gesamte Geschichte der DDR. Greift noch zurück in den Krieg, aus dem die frühesten Erinnerungen Thomales rühren.

Im Kontext der bisherigen Lektüren gleicht Thomale der Ich-Erzählerin aus Marons Roman wie Kleists *Käthchen* der *Penthesilea*: Sie sind dasselbe mit umgekehrtem Vorzeichen.[23] Die Hinsicht, in der sie sich unterscheiden, ist die Erinnerung. Thomale erinnert zwar eine Vielzahl von Situationen vom Krieg bis in die Wendezeit, doch genau an einem Sachverhalt scheitert sein Gedächtnis, obgleich er in der Erzählzeit der Nachwende immer wieder darauf angesprochen wird. Die in seiner Jugend zurückliegende *Sache mit Randow* bleibt im dunkeln. Randow, Anführer einer jugendlichen Bande von Kleinkriminellen, war das Idol der Gruppe, welcher Thomale selbst angehörte. An dem Tag, um den es in Schlesingers Roman geht, hatte sich Randow in der Dunckerstraße vor der Polizei versteckt, wurde aufgespürt und in der Folge unter unklaren Umständen zum Tode verurteilt.

Die Maronsche Ich-Erzählerin nun erinnert nur mühsam und widerwillig, was außerhalb ihrer Liebesgeschichte mit Franz liegt. Dagegen scheint es bei Thomale genau das einzelne, der besondere Tag und der an diesem stattfindende Vorfall zu sein, der bloß unwillentlich erinnert werden kann. Doch in beiden Geschichten gibt es einen gleich gelagerten Grund, der die Erinnerung hemmt. Im Schlußpassus des Romans bekennt die Maronsche Ich-Erzählerin schließlich, was außerhalb der Liebesgeschichte lag und vor allem danach geschehen ist:

> So oder so, ich habe Franz getötet. Jetzt muß ich es wieder wissen. Vielleicht habe ich die vielen Jahre nur auf ihn gewartet, um das nicht wissen zu müssen. Es ist vorbei. [...] Ein fremder Wind streift mein Gesicht und spielt mit den Blättern der Pflanzen, zwischen denen Augen aufblinken, überall Augen, die auf mich sehen. Das sind die Augen der Tiere. Sie sitzen zwischen den fleischfressenden Pflanzen und geben acht, daß mir nichts geschieht. [...] Ich liege in ihrer Mitte, fürchte sie nicht. Ich bin eins von ihnen, eine braunhaarige Äffin mit einer stumpfen Nase und langen Armen, die ich um meinen Tierleib schlinge. So bleibe ich liegen.[24]

Thomale, Schlesingers Protagonist, kommt am Ende des Romans gleichfalls dazu, seine Erinnerung wiederzufinden, derzufolge er Randow –

---

23 Vgl. Heinrich von Kleist: An Heinrich Joseph von Collin. (08.12.1808). In Ders.: Werke und Briefe in vier Bänden, Bd. IV. Frankfurt a. M. 1986, S. 413.
24 Maron (wie Anm. 8), S. 238f.

wenn auch unabsichtlich – verraten und damit der Todesstrafe überant-
wortet hat. In beiden Romanen führt der Erzählstrang somit schließlich
auf das Anerkennen einer Schuld. Der Umgang mit und die Geschichte
dieser Schuld bleiben allerdings unterschiedlich. Die Ich-Erzählerin
schließt sich ein – und damit aus der Gesellschaft aus –, regrediert und
wird dem oben angedeuteten Naturkonzept folgend zum Tier, zur Äffin.
Auf diese Weise hat die Natur schließlich radikal in die Geschichte ein-
gegriffen, sie dauerhaft verändert. Die Voraussetzung des naturhaften Ereignisses liegt aber bei denjenigen, die das rechtzeitige Zustandekommen
der Liebesbeziehung vereitelten und damit das Unglück heraufbe-
schwörten. Die politische Geschichte trägt den einen Teil der Verantwortung, während der andere Teil der Naturhaftigkeit anzulasten ist. Die
Natur entschuldet die Erzählerin und entläßt sie aus der Verantwortung;
was bleibt, sind traurige Tiere oder, wie es Horaz formulierte, „omne
animal triste post coitum".

In Schlesingers Erzählung liegt die Schuld klar beim Protagonisten, in
dessen Jugendzeit. Selbst wenn seinem Verrat keine Absicht zugrunde
lag, bezeugt die jahrzehntelange Verdrängung doch das Bewußtsein der
Schuld und der anteiligen Verantwortung. Die Anerkennung der Schuld,
die am Anfang einer Biographie und eines Staates liegt, konnte Thomale
in der DDR umgehen. Nach der Wende drängen alte Bekannte und
Freunde, drängen Vertreter westlicher Medien auf Aufschluß über *Die
Sache mit Randow*, vermuten sie doch einen Justizskandal. Auf der „flir-
rende[n] Grenze zwischen ehrlichem Wollen und schäbigem Verrat"[25] erkennt Thomale schließlich die Eigenverantwortlichkeit seines Handelns
an.

Als Zwischenresultat nach dem Gang durch fünf Romane läßt sich
festhalten, daß es in allen Romanen zentral um die Entwicklung von Individualität oder Identität in feindlicher Gesellschaft geht. Die soziale
Wirklichkeit steht jeweils der Ausbildung eines Ichs und seinem Glücks-
anspruch im Wege. Bei den im Mittelpunkt stehenden Subjektivitäten
handelt es sich teilweise um sich selbst erhöhende oder ermächtigende
wie bei Schramm und Wawerzinek, teilweise um eine von Schuld nieder-
gedrückte oder geplagte wie bei Maron, Schlesinger oder Brussig.

Unter letztgenanntem Aspekt – der Schuldproblematik – erweist sich
auch Ingo Schramms Roman als aufschlußreich. Karls Schulfreund Mario
bietet ihm eine Arbeit als Versicherungsvertreter an, die Karl jedoch nach
kurzer Probe aufgrund des kriminellen Betriebsklimas nicht zusagt. Auf
der Flucht vor versicherungseigenen Schlägern gerät er in fremdes Ter-

25  Schlesinger (wie Anm. 21), S. 103.

ritorium: nach Kreuzberg, wo er Zuflucht bei der Studentin Janni findet. Deren Mutter stammt aus Aserbeidschan, während der Vater in Ost-Berlin Mediziner ist. 1987 floh sie in den Westen, um dort fortan der Weltrevolution zuzuarbeiten. Das Unvermeidliche passiert: Karl verliebt sich in Janni und umgekehrt. Damit ist die Schuld auch schon vollendet. Als sie nach der ersten gemeinsam verbrachten Nacht mit der U-Bahn fahren, erblickt Karl seinen Vater:

> „Hoffentlich sieht der mich nicht!" Karl ist ganz blaß. Kühlt ab, kalter Schweiß tritt ihm aus. „Den will ich nicht treffen. Nicht jetzt. Wo alles so ist. Stell dich hin vor mich bitte. Wenn ich mich klein mache; klein. Dann vielleicht – Der Vater sucht einen Platz. Drängelt sich den Gang zwischen den Sitzbänken entlang. [...] Der Vater kommt näher. Er ist heran. Janni tritt einen Schritt zurück. Stößt gegen Karl, der sich aufrichtet hinter ihr. „Papa!" rufen die zwei. Sehen einander an. Werden bleich, werden rot. Der Vater steht groß und mit kräftigem Nacken. „Janni! Daß ich dich nochmal wiedersehe! Mein Kind. Aber Karl! Woher kennt ihr euch? Wie ist es gekommen! Ihr dürft euch nicht kennen!" [...] „Ihr müßt es mir nicht erklären! Ich weiß, was es ist. Es ist die Stimme des Blutes. Die Stimme des Bluts!"[26]

Die Liebesgeschichte wandelt sich so zur Schuldgeschichte, die den Inzest sühnen muß. Natürlich sind Karl und Janni unabsichtlich in diese Geschichte geraten, deren Urheber im gemeinsamen Erzeuger zu sehen ist. Folgerichtig wird der Roman zeitweilig zur ausschließlichen Geschichte des Vaters, der zuvor nur in den Erinnerungen Karls und Jannis anwesend war. Die Geschichte Josefs läuft auf jenen obskuren Plan hinaus, an dessen Ende sich Karl und Janni als Geschwister anerkennen müssen.

> Josef wollte zwei Kinder zeugen, die in demselben Moment auf die Welt zu kommen hatten. Sie wären einander sehr gleich nach den äußeren Bedingungen, aber doch von innen her leicht verschieden. Die Prognose war klar. Die Lebensbahnen der Kinder würden sich für eine gewisse Zeit voneinander entfernen. Dann aber, nur die Dauer dieser Entzweiung war ungewiß, würden sie erneut aufeinander treffen, notwendig dem äußeren Willen gemäß. [...] Unausweichlich blieb bei allem die Tatsache der Wiederbegegnung. Von jenem Tag an; es wäre der Tag, an dem Josefs Triumph sich vollendete; könnten sie nicht mehr getrennt werden. Denn die Welt um sie war dann in das Gleichgewicht übergegangen; sie hätten ihr Paradies und das endlose Glück. So würden sie Josef danken, dem Vater, der alles vorausgesehen und ihnen ein Schicksal mit gutem Ende erbaut.[27]

---

26 Schramm (wie Anm. 1), S. 306.
27 Ebenda, S. 342.

In einer Sylvester-Nacht gezeugt, erblicken beide Kinder am ersten Oktober das Licht desselben Kreißsaals, und auch die Mütter Gundula und Bülbül müssen sich als Teile des Josefschen Plans begreifen. Nachdem sie sich als inzestuöses Paar entdeckt haben, sehen Karl und Janni von der geschlechtlichen Liebe ab. Karl strebt statt dessen eine Art Gefolgschaft an, macht Janni zu seiner Führerin. Sie ihrerseits entschließt sich, die Theorie Theorie sein zu lassen und stürzt sich, von Karl unterstützt, in den Straßenkampf, den die Autonomen in der Mainzer Straße um einige besetzte Häuser führen; dabei wird sie lebensgefährlich am Kopf verletzt. Im Krankenhaus nimmt niemand anders als Vater Josef die Operation vor. Von der Operation heißt es:

> Glänzende Narbe. Wächst fort. Dann sieht Janni wieder ganz normal aus. Kann wieder leben. Zufrieden. Der Vater Josef, er ist sehr glücklich mit dem Ergebnis. Die Schmerzen sind Janni vergangen. Das Vergessen wird bleiben.[28]

Anscheinend hat der gute Vater eine Lobotomie – einen hirnchirurgischen Eingriff, bei dem Teile des Gehirns entfernt oder außer Funktion gesetzt werden – vorgenommen, und so ist Karl wieder allein und muß seinen Weg ohne Führerin beschreiten.

Ingo Schramms Roman entpuppt sich als Geschichte einer Schuld, die beim Vater liegt, der auch im Romangeschehen zumindest teilweise die Oberhand behält. Teilweise, weil ja immerhin Karl es geschafft hat, sich vom Vater zu lösen. Da das Geschehen annähernd mit der Wende zusammenfällt, liegt es nahe zu fragen: Wird hier nicht ein politischer Prozeß literarisch ödipalisiert?

Für eine mögliche Antwort wenden wir uns wiederum an Thomas Brussigs *Helden wie wir*. Klaus Uhltzschts psychologische Entwicklung nach erster erfolgreicher Sexualisierung geht geradlinig in Richtung Fetischbildung und manifester Perversionsausbildung: Ganz gezielt sucht er, möglichst abartige, noch nie dagewesene Formen der Onanie zu finden. Eine naheliegende Erklärung, wie es dazu gekommen ist, ergibt sich möglicherweise aus seinem Verhältnis zum Vater, über den der Sohn sich folgendermaßen äußert: „Mein Vater ist der größte Kotzbrocken, dem ich je begegnet bin".[29] Lange Zeit glaubt Klaus, daß sein Vater beim Außenhandelsministerium arbeite, doch als Vierzehnjähriger kommen ihm Zweifel, entdeckt er, daß sein Vater für die Staatssicherheit arbeitet. Wenn er späterhin selbst die Stasi-Laufbahn einschlägt, dann durch die

---

28 Ebenda, S. 435.
29 Brussig (wie Anm. 14), S. 11f.

Vermittlung des Vaters. In den Fußstapfen des Stasi-Vaters steht der Protagonist zugleich in Konkurrenz zu ihm, doch der Wettbewerb ist vom Jüngeren nicht zu gewinnen, und selbst angesichts des Todes muß Uhltzscht junior einiges anstellen, um sich vom Vater zu befreien.

> Ich war in seinen letzten Stunden an seinem Bett. [...] Ich hatte noch immer Angst vor ihm. Und ich wartete noch immer auf ein Zeichen, daß ich sein Sohn bin und daß er mir vertraut oder daß er mich annimmt oder was auch immer. Und obwohl er *endlich* bloß dalag und nichts tat als vor sich hin zu krepieren, wurde ich das Gefühl meiner ewigen Unterlegenheit, meiner unfertigen Existenz und meiner Bedeutungslosigkeit nicht los. [...] Dann warf er mir das letzte Mal seinen ewig zurechtweisenden Blick zu, der mir bedeuten sollte, daß jetzt die *Lehrvorführung mannhaftes Sterben* beendet sei. Er schloß die Augen, und sein Herz hörte auf zu schlagen. Nie wieder Vater, dachte ich erleichtert und wollte singen, aber dann konnte ich es doch nicht. [...] So einer hat mich gemacht und großgezogen und dominiert. Und nun ist er krepiert, und ich bin der Übriggebliebene, und in mir ist alles, was er mir einrichtete. Was kann ich tun, um nicht zu enden wie er? [...] Ich schlug die Decke zurück und sah mir das an, was er immer vor mir versteckte: seine *Eier*. [...] Los, dachte ich, wenn du so allmächtig bist, dann wirst du jetzt aufschnellen, meine Hand wegschlagen und mir eine runterhauen. Aber dafür war er zu tot. Ich konnte für zwanzig Sekunden seine Eier quetschen. Er hat meine zwanzig Jahre gequetscht, so wie sie aussehen. Es gibt Dinge, die ich getan habe und heute am liebsten ungeschehen machen würde. Das nicht.[30]

Der ödipale Konflikt wird handgreiflich verhandelt. Der Penisneid drückt sich deutlich genug aus. Klaus leidet offenbar an einem Minderwertigkeitskomplex, was seine körperliche Männlichkeit anbelangt. Frei wird er – davon, ebenso wie von den Plänen seines Vaters – nicht durch dessen Tod, sondern durch eine Verkettung zufälliger Umstände.

Diese Umstände führen über die Injektion eines obskuren Serums, eine Blutspende an Erich Honecker, den Sturz auf einer Montagsdemonstration, die eine Quetschung der Lymphbahnen nach sich zieht, zur Ausbildung eines ungeheuer großen männlichen Gliedes. Klaus jedenfalls entflieht dem Krankenhaus, um eine Frau zu besuchen, die ihn einst wegen seiner klein geratenen Männlichkeit aufgezogen hatte, um ihr nun zu präsentieren, welch imposante Größe sein Gemächte mittlerweile erlangt hat. Auf dem Weg zu ihr kommt er an der Bornholmer Straße vorüber.

> Davor drängelten sich sogenannte Volksmassen, die aus mir damals unverständlichen Gründen darauf hofften, die Himmelspforte werde gleich geöffnet, auf das sie in den Westen strömen dürfen.[31]

---

30 Ebenda, S. 267f.
31 Ebenda, S. 314.

Klaus beobachtet, wie das Volk zaghaft und gehemmt ein wenig drängelt und schiebt, insgesamt aber keinerlei Anstalten macht, den Grenzübergang ernsthaft zu durchbrechen. Er schlußfolgert, „ein Volk, das ratlos vor ein paar Grenzsoldaten stehenbleibt, ein solches Volk hat einen zu kleinen Pimmel"[32]. So beschließt er, seinem Volk zu helfen. Läßt die Hosen runter, und während die Grenzer gebannt und keiner Reaktion fähig auf sein Glied starren, veranlaßt er durch hypnotische Fixierung eines Beamten die Öffnung der Grenze. Auf dermaßen einfache Weise findet das Gesetz der väterlichen Ordnung seine Veranschaulichung: Wer den Größten hat, der hat das Sagen.

In zugestanden satirischer Weise durchdringen sich in Brussigs Roman familiale und soziale Prozesse, geht die letztendliche Befreiung vom Vater mit der gesamtgesellschaftlichen Veränderung einher. Nach der Lektüre von Schramms und Brussigs Erzählungen könnte der Eindruck entstehen, es handele sich um das Problem einer jungen, in den frühen sechziger Jahren geborenen Schriftstellergeneration, die sich – obgleich mittlerweile über dreißig – noch an der eigenen väterlichen Autorität abarbeitet und dazu die ersten eigenen Schriften nutzt. Doch auch der wesentlich ältere Schlesinger handelt von der Schwierigkeit, Verantwortung für die eigene Geschichte zu übernehmen, von Identitätszweifeln. Hierin Monika Marons Ich-Erzählerin ähnlich, die zudem von den Vätern berichtet. Im Rahmen einer weit zurückreichenden Erinnerung, die die ersten Nachkriegsjahre heraufbeschwört, formuliert sie die Wiederkehr der Väter folgendermaßen:

Erst wurden die Türen und Fenster der Kirche vermauert, und dann kamen die Väter zurück. Hansis Vater kam zuerst. Er hatte einen Granatsplitter im Kopf, und Hansi sagte, ich dürfe ihn nun nicht mehr besuchen, weil sein Vater Ruhe brauche.[33]

Die Kirche war der bevorzugte Spielplatz der Erzählerin und Hansi ihr bester Spielgefährte. In erster Linie bedeutet die Rückkehr der Väter für das Kind also Verluste und keineswegs Bereicherung. Zum eigenen Vater entwickelt es überhaupt keine Beziehung, glaubt auch nicht, von ihm abzustammen, und nachdem ein Schulfreund sich aus tragischer Vaterliebe umgebracht hat, dankt die Tochter ihrem Vater für die Unmöglichkeit, ihn zu lieben.[34] Die logische Schlußfolgerung lautet:

32  Ebenda, S. 315f.
33  Maron (wie Anm. 8), S. 62.
34  Vgl. ebenda, S. 63-67.

Sie hätten nicht zurückkommen dürfen. [...] Sie hätten sich irgendwo, fern von ihren Söhnen einen Ort suchen sollen, wo sie ihre verwundeten Leiber und gebrandmarkten Kriegerseelen hätten kurieren könnnen. [...] Ich stelle mir heute noch gern vor, wie anders unser Leben verlaufen wäre, hätten sie damals ein Einsehen gehabt und verstanden, daß sie für ihre Kinder nur noch eins tun konnten: ihnen ihre Anwesenheit nicht zumuten. [...] Ich hätte Hansi weiterhin besuchen können, meine Mutter und ich hätten uns beim Essen unterhalten dürfen, statt das tyrannische Schlürfen meines Vaters zu ertragen, und Hinrich Schmidt [der Schulfreund, der Selbstmord beging / C. J.] wäre dem verhängnisvollen Urteilsspruch eines Generals, der sein Vater war, entgangen. Vor allem aber wäre uns die unbegreifliche Verwandlung unserer Mütter erspart geblieben.[35]

Doch nicht allein die Väter aus der eigenen Vergangenheit sind unheilvoll, auch im Geliebten, in Franz geht das Vatertrauma um. Dessen Vater nämlich begriff im Krieg, daß er eine andere Frau als Franzens Mutter liebte, woraufhin er, als er den Krieg überlebt hatte, die Mutter verließ, um seiner Liebe zu leben. Dieser Fortgang hat gravierende Folgen für die Erziehung:

Während die Mädchen lernen mußten, daß sie jedem Mann vor allem zu mißtrauen hätten, wurde Franz mit der Knute der väterlichen Schuld gezüchtigt: Werde nicht wie dein Vater.[36]

Daß Franz unter diesen Umständen seine Gattin nicht aufgeben mag oder kann, verwundert nicht sonderlich. Zugleich ist aber für dies Hemmnis wiederum ein schuldhafter Vater verantwortlich. Hatten wir oben als einen der Gründe für das Scheitern der Liebesbeziehung die politische Situation ausgemacht, so gibt es nun gleichzeitig eine Kritik an der Gesellschaft der Väter, die sich aus der Vergangenheit zwischen die Liebenden schiebt.

Mit Monika Marons *Animal triste* kann der Verdacht, daß es sich bei dem Väterkonflikt um eine generationsspezifische Problematik handelt, zur Seite gelegt werden. Daß mit den Vätern in inniger Verbindung stehende Thema der Eigenverantwortlichkeit des Handelns und überhaupt der Identitätsbildung eint alle fünf Romane und scheint somit – zumindest für aus der DDR stammende Autoren – die herausragende Aufgabe zu sein, die es literarisch zu bewältigen gilt.

Diese Vermutung erhärtet sich, wird ein Roman einbezogen, der einen westdeutschen Verfasser hat – selbst wenn derselbe zeitweilig für einen bulgarischen Spion gehalten wurde. Günter Grass' programmatisch als

---

35 Ebenda, S. 68f.
36 Ebenda, S. 191.

Wende-Roman geschriebener, fast achthundert Seiten starker Wälzer *Ein weites Feld* besitzt als Protagonisten einen 1989 ungefähr Siebzigjährigen: Theo Wuttke, auch gern Fonty genannt, erscheint als schizophrene Existenz. Am hundertsten Geburtstag Theodor Fontanes in Neuruppin geboren, hat er sich zeit seines Lebens mit den Schriften des märkischen Wanderers befaßt und lebt im neunzehnten Jahrhundert und in Fontanes Bekanntenkreis mindestens ebenso intensiv wie in seiner eigenen Lebenszeit und an seinem Wohnort, der natürlich im Prenzlauer Berg in der Kollwitzstraße angesiedelt ist. Der nach und nach Gestalt gewinnende Erzähler – schwankend zwischen auktorialer und personaler Erzählhaltung – weist sich aus als Mitarbeiter des Potsdamer Fontane-Archivs. Oftmals zieht er sich jedoch zurück und überläßt die Perspektivierung der Ereignisse Wuttke-Fontane. Mithin wird der Roman vorwiegend aus der Vaterperspektive erzählt, und selbst wenn Fontane-Wuttke selbst als Söhne in Erscheinung treten, so idealisieren sie ihre Väter, der eine Spieler, der andere Alkoholiker. Die patrilineare Genealogie funktioniert und wird sogar so weit geführt, daß Wuttke im Laufe der Erzählhandlung sich als illegitimen Urenkel seines geistigen Alter ego begreifen kann. Probleme bereiten lediglich die Söhne, und wie stets in diesem Roman parallel: sowohl die Fontanes als auch die Wuttkes; sie wollen sich nicht mit dem jeweiligen Vater vertragen.

Doch braucht es gar keine vertiefende Analyse des Romans[37], da zum Beleg obiger These der Befund ausreicht, daß der Protagonist weder ein Problem mit der Eigenverantwortlichkeit seines Handelns oder irgendwelchen Vätern hat.[38] Statt dessen scheint der Roman deutlich zu machen, daß der Westen Deutschlands, die ehemals vaterlose Gesellschaft, die Väter für das neue Gesamtdeutschland bereitzustellen vermag, heißen sie nun Fontane, Wuttke oder Grass.

Der Osten Deutschlands hingegen wirkt hoffnungslos ödipalisiert: selbst eindeutig politische Vorgänge werden auf die familiale Psychologie rückbezogen. Sein Aufgang im literarischen Haus der neuen Bundesrepublik führt in den Seiten-Flügel mit den Familienromanen. Möglicherweise waltet hier ein Residuum DDR-interner Opposition, in der Psychologie nahezu gleichbedeutend mit bürgerlichem Subjektivismus verstanden wurde, und genau den damit verknüpften Ruch der Staatsfeindlichkeit strebten die dissidenten Literaten an. Doch allein als gegen

---

37 Dies unternimmt zudem Egbert Birr in seinem Beitrag *Grassland* in diesem Band.

38 So auch Uwe Timm in seinem Roman Johannisnacht. Köln 1996, dessen Erzähler die Kontinuität deutscher Geschichte stiftet, indem er einer rätselhaften Äußerung seines Großvaters nachgeht und dabei eine Fährte verfolgt, die ihn durch die akademischen und privaten Hinterlassenschaften der DDR führt, bis sich das Rätsel löst.

die staatsoffiziell politische Betrachtung von Sachverhalten gerichtet kann die Problematisierung der Väter nicht abgetan werden, denn sie besitzt, wie ihre Massivität nahelegt, eine reale Wirkungsmächtigkeit. Es ist also nicht die Stadt, an der die sozialen Umbrüche beobachtet werden, die immerhin reichlich stattfinden und sich im öffentlichen Raum massiv niederschlagen, sondern die Stadt ist der Ort, an dem die Väter ihr Unwesen treiben. Und es muß ein Unwesen sein, da es nicht die Väter sind, sondern die Väter eine Verschiebung darstellen. Eine vereinfachte Form, in der man sich den Wandlungen und Brüchen anzunähern sucht. Die Not, sich der Väter zu bedienen, folgt wohl auch aus dem Unbehagen, das die Autoren sowohl in der DDR als auch im neuen Deutschland empfanden, so daß sie dieser Gemeinsamkeit des Leidens an unterschiedlichen politisch-sozialen Verhältnissen einen Namen geben, der in die Psychologie weist: Vater. Darüber hinaus fand sich im Diskurs über die Vereinigung oftmals eine Betonung des Familialen, von der pragmatischen Ebene der Familienzusammenführung bis zur symbolischen Wendung der Brüder und Schwestern im Osten. Fand in diesem diskursiven Rahmen eine Betonung der Gleichwertigkeit von ost- und westdeutschen Bürgern statt, so vollzogen sich die politisch-ökonomischen Wandlungen auf geradezu patriarchale Weise, wobei die westlichen Politiker und Ökonomen mit väterlicher Autorität dem unerfahrenen, irregeleiteten Filius aus der SBZ klar machten, was gut für die in Zukunft blühenden Landschaften sei und daß dies Gute nur aus dem Westen kommen könne. Die Verschiebung des Politischen ins Familiale hat also einen guten Grund in der Nachwendegeschichte, die für die ehemaligen Ostdeutschen eine ganz andere Anforderung darstellt als für die Westdeutschen. Was von Vaterschaft im politischen Bereich zu befürchten oder zu erwarten steht, formuliert vielleicht am treffendsten der französische Philosoph Gilles Deleuze:

> Die Gefahren der „vaterlosen Gesellschaft" sind oft aufgezeigt worden, doch
> es gibt keine andere Gefahr als die Wiederkehr des Vaters. [...] Geburt einer
> Nation, Restauration des Nationalstaates, und die monströsen Väter kehren
> im Galopp zurück, während die vaterlosen Söhne erneut zu sterben
> beginnen.[39]

Gewinnt man bei Lektüre der Romane zunächst den Eindruck: Berliner Osten, das ist da, wo die Väter hausen, so muß man sich dann doch fragen, ob sie nicht durch den Anschluß dorthin gelangt sind.

---

39  Gilles Deleuze: Bartleby oder die Formel. Berlin 1994, S. 56f.

EGBERT BIRR

# Grassland: Feldpost aus dem Reich der Mitte
## Zu Günther Grass: Ein weites Feld

Dieser Beitrag versteht sich als vergleichende Analyse von Gestalt und Funktion der Berlin-Konstruktion in Günter Grassens *Ein weites Feld*,[1] und ihrer Beziehung zu Strategien der kollektiven Narration ‚Deutscher Geschichte'. Hierbei wird der Roman nicht als von den Intentionen seines Autors abhängiges Singulärphänomen gewertet, sondern als Beleg für die generelle Beobachtung, daß sich die Topik der Größe ‚Berlin' (inner- wie außerliterarisch) im Laufe der letzten Jahre entscheidend verändert hat.

Eine diesbezügliche Untersuchung des *Weiten Feldes* bietet sich an, weil der Roman (wie der Vergleich mit Alltagsfunden aus Touristik, Presse und Kultur zeigt) sich trotz seines zeitkritischen Anspruchs in dieser Hinsicht eines Instrumentariums sprachlicher Bilder bedient, welches dem anderer zeitgenössischer Konstruktionen sowohl ‚Berlins' als auch ‚Deutscher Geschichte' weitestgehend entspricht.[2]

Dabei steht diese Studie methodisch in der Tradition der Semiotischen Diskursanalyse, wie sie u. a. Jürgen Link[3], ausgehend von den Arbeiten Michel Foucaults[4], entwickelt hat.

---

1  Günther Grass: Ein weites Feld. Göttingen 1995.

2  Dem Beitrag vorausgegangen ist die Zusammenarbeit mit Andrea Polaschegg zum Thema der interdiskursiven Konstruktion Berlins ‚nach 89'. Zu den hier angesprochenen Problemen der Erzählung „Gesamtdeutscher Nationalgeschichte" und der besonderen Rolle Berlins in diesem Zusammenhang siehe daher auch deren z. Z. noch unveröffentlichten Artikel: Andrea Polaschegg: Nie waren sie so wertvoll wie heute. Diskursive Positionen der Autoren in der Erzählung der deutschen Einheit.

3  Exemplarisch: Jürgen Link und Rolf Parr: Semiotische Diskursanalyse. In: Neue Literaturtheorien. Eine Einführung. Hrsg. von Klaus-Michael Bogdal. Opladen 1990, S. 107-130; Arne Drews, Ute Gerhard und Jürgen Link: Moderne Kollektivsymbolik. Eine diskurstheoretisch orientierte Einführung mit Auswahlbibliographie. In: Internationales Archiv für Sozialgeschichte in der Literatur (IASL), Sonderheft 1: Forschungsreferate 1985, S. 256-375; sowie besonders: Wilfried Korngiebel und Jürgen Link: Von einstürzenden Mauern, europäischen Zügen und deutschen Autos. Die Wiedervereinigung in Bildern und Sprachbildern der Medien. In: Mauer-Show. Das Ende der DDR, die deutsche Einheit und die Medien. Hrsg. von Rainer Bohn, Knut Hickethier und Eggo Müller. Berlin 1992, S. 31-53.

4  Exemplarisch: Michel Foucault: Die Ordnung der Dinge. Eine Archäologie der Humanwissenschaften. Frankfurt a. M. 1971; Archäologie des Wissens. Frankfurt a. M. 1973; sowie: Die Geburt der Klinik. München 1973.

## Zur Funktion kollektiver Sprachbilder

In arbeits- und funktionsteiligen Gesellschaften wie der unseren ist jeder ausdifferenzierte Praxisbereich mit einem besonderen Spezialdiskurs (z. B. dem ökonomischen, juristischen oder medizinischen Diskurs) verschränkt.[5]

Um jedoch dem vollständigen Abgleiten akzeptabler Verhandlungsweisen lebensweltlicher Phänomene in das Geheimwissen von Experten vorzubeugen und den andernfalls zwischen den einzelnen Bereichen[6] „auseinandergerissenen Individuen" eine zumindest grobe Sinn-Orientierung zu ermöglichen, ist es notwendig, daß sich kontinuierlich eine „imaginäre Re-Integration der auseinanderdriftenden Praktiken bzw. Diskurse vollzieht."[7] Dieses Integral konstituiert den Bereich des nicht-expertengebundenen (Alltags-) Wissens, des gesellschaftlichen Konsenses. Bei seiner Konstruktion fällt kollektiven Sprachbildern eine entscheidende Rolle zu:

*‚Kollektiv‘ deshalb, weil solche Bilder eben nicht zum Expertenwissen gehören, sondern kulturell weit verbreitet und allgemein bekannt sind sowie in alltäglichen Reden, Handlungen und Ritualen immer wieder appliziert werden.*[8]

Mit ihrer Hilfe können komplexe Zusammenhänge aus unterschiedlichsten Praxisbereichen über die Grenzen der Spezialdiskurse hinweg ‚sinnfällig‘ und ‚nachvollziehbar‘ dargestellt werden.

---

5  Eine besonders handhabbare Definition des hier verwendeten „Diskurs"-Begriffs findet sich bei Gunther Kress: Linguistic Processes in Sociocultural Practice. Victoria 1985, p. 6-7: „Institutions and social groupings have specific meanings and values which are articulated in language in systematic ways. Following the work of the French philosopher Michel Foucault, I refer to these systematically-organized modes of talking as discourse. Discourses are systematically organized sets of statements which give expression to the meanings and values of an institution. Beyond that, they define, describe and delimit what it is possible to say and not to say (and by extension – what it is possible to do or not to do) with respect to the area of concern of that institution, wether marginally or centrally. A discourse provides a set of possible statements about a given area, and organizes and gives structure to the manner in which a particular topic, object or process is to be talked about. In that it provides descriptions, rules permissions and prohibitions of social and individual actions."

6  – deren jeweils für sie gültige Grundvoraussetzungen und Regeln der Wissensschöpfung samt der hierdurch bedingten unterschiedlichen Aussagen über die Wirklichkeit potentiell einander widersprechen –

7  Korngiebel und Link (wie Anm. 3), S. 31.

8  Ebenda, S. 33.

Hierbei stehen die einzelnen Sprachbilder in einer Beziehung systematischer Ordnung zueinander, so daß ihre jeweilige Position innerhalb des ‚Symbolsystems‘[9] einer historischen Gesellschaft ihre Bedeutung determiniert. (So macht z. B. der Begriff des ‚Gipfels‘ keinen Sinn außerhalb seiner Relation zur ‚Talsohle‘, dem ‚Loch‘ oder ‚Normal-Null‘.)

Diese Beziehung (und somit das gesamte Ordnungsmuster des Systems einschließlich der ihm zugrundeliegenden Logik) wird jedesmal aufgerufen und verfestigt, sobald ein Sprachbild, dessen kontinuierliche Reproduktion in unterschiedlichsten Kontexten (= verschieden diskursiv geregelten Praxisbereichen) es als Kollektivsymbol ausweist, „ungebrochen" appliziert wird – ungeachtet der Sprecherposition und individuellen Intention.

Als Beispiel für ein die Logiken des bundesrepublikanischen Symbolsystems (ungewollt) „brechendes" Äußerungsverhalten sei an dieser Stelle der Ausspruch Lothar de Maiziéres angeführt, vor der Einführung der D-Mark müsse „*das soziale Netz* über *die DDR gespannt werden*".[10]

Während die unsere Wahrnehmungs- und Sinnstiftungsgewohnheiten irritierende „Brechung" kollektiver Verständnismuster deren Kontingenz hervorhebt, tendieren ‚korrekt gebildete‘ – das bestehende Ordnungsmuster perpetuierende – Bündel von Kollektivsymbolen aufgrund ihrer Beziehung zum gesellschaftlichen Konsens eher dazu, als ‚semantisch unmarkierte‘ Sprachphänomene rezipiert und reproduziert zu werden, ohne daß ihre grundsätzliche Kontingenz in den Blickpunkt geriete. Die Analyse dieser Sprachbilder einschließlich der über sie transportierten Konnotate eines Sachzusammenhangs kann daher Aufschluß gewähren hinsichtlich der Spezifika (innerhalb historischer Gesellschaften) kollektiv als unhinterfragbar gegeben akzeptierter ‚Faktizitäten‘.

## Das Spielfeld: Berlin bei Grass

Augenfälligstes Merkmal der Grassschen Berlin-Konstruktion ist die relative Begrenztheit und Bruchstückhaftigkeit des handlungsrelevanten Territoriums: Das Setting des Romans bildet – mit wenigen Ausnahmen – die ‚historische Mitte‘ der Stadt, wobei die Topographie dieses wenige

---

9  Ausführlich zum Begriff des „Kollektivsymbolsystems" siehe auch: Jürgen Link: kollektivsymbolik und mediendiskurse. zur aktuellen frage, wie subbjektive aufrüstung funktioniert. In: kultuRRevolution. zeitschrift für angewandte diskurstheorie (1982) H. 1, S. 4-21.

10  Vgl. Korngiebel und Link (wie Anm. 3), S. 37; Hervorhebung von mir.

hundert Quadratmeter umfassenden Geländes uns zudem vornehmlich in Form von Fragmenten begegnet, welche nicht zu einem einheitlichen Gefüge verbunden werden. Der signifikante ‚Körper' Berlins wird fast ausschließlich über separate Immobilien – und seien es noch im Bau befindliche – konstituiert, wobei die zwei Hauptprotagonisten den größten Teil der Erzählzeit damit verbringen, diesen durch einzelne Punkte definierten Raum wieder und wieder abzuschreiten. (siehe Abb. 1)

Tatsächlich ist das (auch von Personen im Rentenalter) meistgenutzte Verkehrsmittel in Grassens Berlin das Trottoir, die früher so oft herbeizitierte ‚Mobilität', das ‚Tempo' und die Rolle des Verkehrs als Identifikationsmomente der ‚Metropole Berlin' sind durch das Postulat genereller Fußläufigkeit des Handlungsschauplatzes abgelöst worden.[11]

Jener Bewegung wohnt jedoch kein eigenständig bedeutungsschaffendes Potential – etwa im Sinne einer (man verzeihe den zum Gemeinplatz verkommenen Terminus) flaneurhaften, individuellen Erschließung des Areals – inne. Die Auseinandersetzung mit der Stadtlandschaft vollzieht sich eher nach Art einer organisierten Stadtrundfahrt mit im Vorfeld festgelegten Stationen, wobei die jeweilige Bedeutung einzelner „Sehenswürdigkeiten"[12] diesen bereits eingeschrieben ist und ‚vor Ort' reproduziert werden kann. Plakativ formuliert, schinkelt man – gegenwärtigen Berlin-Touristen durchaus vergleichbar – von einem mehr oder minder postkartentauglichen Klassizismus zum anderen.

Straßen treten in ihrer Funktion als Verkehrswege (und damit als Ordnungs- und Strukturelemente von Stadt) weitgehend hinter den an ihnen liegenden Gebäuden zurück und sind nur dort von Relevanz, wo sie selbst den Charakter von Orten, also szenischen Räumen besitzen: so z. B. „Unter den Linden" als nachmalige Stätte des von Fontane besungenen ‚Ein-

---

11  Zu den traditionellen Insignien der ‚Metropole' und deren literarischer Entwicklung in der Wahrnehmung des Protagonisten vgl.: Klaus R. Scherpe: Von der erzählten Stadt zur Stadterzählung. Der Großstadtdiskurs in Alfred Döblin: ‚Berlin Alexanderplatz'. In: Diskurstheorien und Literaturwissenschaft. Hrsg. von Jürgen Fohrmann und Harro Müller. Frankfurt a. M. 1988, S.418-437, hier besonders S. 430: „Die Wahrnehmung, von der er behauptet, daß es seine eigene sei, verschafft ihm das gewohnte Bild des Platzes in seiner Geschäftigkeit von Verkehr, Verkauf und Reklame, vom beziehunslosen Nebeneinander der Passanten, akustisch verstärkt durch den Lärm des den Platz aufwühlenden U-Bahnbaus. Franz Biberkopf sieht alles und begreift nichts. Doch mitten drin im Verschnitt der Diskurse kommt ohne sein Dazutun schrittweise das zur Sprache, was als nicht wahrnehmbares Gewaltprinzip die Szene regiert. Die Stadterzählung wird zusammengehalten durch eine Art Grammatik der Gewalt: Franz Biberkopf fängt an, die Ereignisse, die ihn gewaltsam treffen, als den ‚eigenen' Zwang zur Gewalttätigkeit durchzudeklinieren."

12  Vgl. die ‚Siegessäule' in: Grass (wie Anm. 1), S. 21.

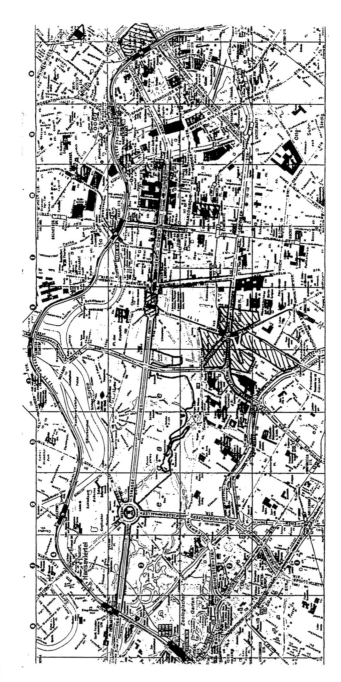

*Abb. 1*

zugs' aller heimkehrender Regimenter nach Ende des Kriegs gegen Frankreich und späterer Einflugschneise buntschillernder „Mauerspechte".[13]

## Vereinte Epochen: die „Gründerjahre"

Wie die Fokussierung der Handlung auf die ‚historische Mitte' (und die Verwendung des Begriffs der ‚Sehenswürdigkeiten') bereits nahelegt, verfügen allerdings bei weitem nicht alle dort befindlichen Gebäude die für die signifikante Topographie der – nennen wir es zunächst noch – ‚Stadt' geforderten Spezifika. Wohnhäuser, Hotels, Restaurants und Geschäftsgebäude fallen offenbar gänzlich aus dem architektonischen Raster heraus. Zudem ist – neben etwaiger Gebrauchsfunktion – mangelnder historischer Gehalt *einer bestimmten Art und Weise* ausschlaggebendes Ausschlußkriterium. Den verbleibenden Marksteinen auf Grassens Feldkarte von Berlin ist nämlich eine besondere Form der Geschichtlichkeit eigen: Durch ihr Baujahr sowie ihre repräsentative Funktion verweisen sie auf die Zeit der Reichsgründung nach 1871. Aus beinahe jedem Gebäude, wann immer die Protagonisten vor ihm stehen, wird diese historische Referenz herauserzählt bzw. ihm erneut eingeschrieben. Besondere Brisanz erhält der Verweis auf die 1870er Jahre durch die Verschränkung mit den ‚Wendejahren' 1989–1991, dem Zeitrahmen der Handlung. Semantisch leisten dies die Begriffe „Vereinigung" und „Gründerjahre", auf der Figurenebene wird Fonty mit seiner Wuttke-Fontane-Doppelexistenz zum Paternoster in die Geschichte und zurück. Jener Begriff der „Gründerjahre" scheint ein besonders funktionales Kopplungswerkzeug für die Parallelisierungsleistung von 1989 und 1871 zu sein. Er wird an jeder für die Textkonstitution wichtigen Stelle reproduziert und versieht sogar die städtischen Baustellen – zusätzlich zu dem ihnen ohnehin eigenen Verweis in die Zukunft – mit einer Referenz auf die Vergangenheit. Fonty spricht:

> Erinnert mich kolossal an anno einundsiebzig, als mit Frankreichs Golddukaten die preußische Rennomiersucht hochgepäppelt wurde. Gründerjahre nannte man das. Alles Fassade und hintenraus Mietskaserne. Skandale und Pleiten. Kann man in der Vossischen nachlesen: der Börsenkrach anno dreiundsiebzig. War eine einzige Baustelle, die Stadt. (S. 328)

---

13 Vgl. ebenda, S. 19.

Bei dieser Häufung von historischen Bezügen wäre es dennoch ein Fehler, davon auszugehen, die Stadt erhielte dadurch einfach eine zusätzliche geschichtliche Dimension. Von Geschichtlichkeit im engeren Sinne kann keine Rede sein, denn bei den Verweisen auf die Vergangenheit wird das gesamte 20. Jahrhundert ausgeklammert.

Der historische Blick oszilliert zwischen 1871 und 1989, ohne daß dieser Tigersprung bei der Lektüre ein Irritationsmoment darstellte. Im Gegenteil: *Durch die permanente Festschreibung einer Analogie zwischen den beiden Zeiträumen im Text nähern diese sich zunehmend einander an, bis ihre wechselseitige Identifikation sie soweit kongruent werden läßt, daß der Rekurs auf historische Ereignisse zwischen diesen Polen – narrativ ausgeführt – geradezu störend wirken würde.* Tatsächlich ist die Kommensurabilität jenes Tigersprungs über ein historisches Vakuum hinweg offenbar derart hoch, daß unter der Vielzahl von Rezensionen zu Grass: *Ein weites Feld* – neben Reinhold Tauber von den *Oberösterreichischen Nachrichten* und Tobias Heyl vom österreichischen *Falter* – gerade einmal zwei deutsche Berufsleser, nämlich Marcel Reich-Ranicki und Jörg Lau von der *taz*, die generelle Fragwürdigkeit der Parallelisierung von Reichsgründung und Wiedervereinigung überhaupt erst ansprechen.[14]

Die Tendenz zur Tilgung des letzten Jahrhunderts geht sogar soweit, daß der Potsdamer Platz (als ehemaliger Sitz des GeStaPo-Hauptquartiers nicht prinzipiell ohne geschichtliche Verweiskraft) geradezu ins historische Nirgendwo verbannt werden kann:

> Sie überquerten ein Jahrzehnt lang wüstes Niemandsland, das nun als Großfläche nach Besitzern gierte. (S. 13)

So verdient gerade die anhand des Elements ‚Einheit‘ scheinbar besonders sinnfällige Verklammerung der Geschehnisse von 1871 und 1989 unser Interesse. Besieht man sich den historischen Hintergrund der Reichsgründung nämlich einmal genauer, wird der eben noch so kolossal eingängige Wiedererkennungseffekt trotz seines enormen Grades an Evi-

---

14 Vgl.: Innsbrucker Zeitungsarchiv; Georg Oberhammer und Georg Ostermann (zsgest.): Zerreissprobe. Der neue Roman von Günter Grass „Ein weites Feld" und die Literaturkritik. Eine Dokumentation. Innsbruck 1995 [= Innsbrucker Veröffentlichungen zur Alltagsrezeption Nr. 3]; darin S. 186-189: Jörg Lau: Schwellkörper Deutschland. In: taz vom 26/27.08.1995; S. 229-230: Tobias Heyl: Spiegel der Enttäuschung. In: Falter vom 01.09.1995; S. 297-299: Marcel Reich-Ranicki im Interview mit Stephan Sattler. In: Focus vom 11.09.1995; S. 166-167: Reinhold Tauber: Viel Abraum und wenig Kohle. In: Oberösterreichische Nachrichten vom 26.08.1995.

denz zum eher zweifelhaften Déjà-vu-Erlebnis. Hieran ändert auch die Tatsache nichts, daß uns die Auffindung von Parallelen zwischen den Phänomenen „Reichshauptstadt" und „Hauptstadt der Bundesrepublik Deutschland" ebenso geläufig wie lieb und wert geworden ist (ich verweise nur auf die Rezensionen zu Alfred Kerrs „Briefen aus der Reichshauptstadt"[15]).

## Exkurs: Zur Lage der Nation

Beim Vergleich von Äpfeln und Birnen kann man allemal entweder auf die Gemeinsamkeiten oder die Unterschiede fokussieren: So ist in diesem Falle mehr als fraglich, wo denn die große Schnittmenge zwischen der preußischen Monarchie und einer Föderaldemokratie des 20. Jahrhunderts liegt, und ob sich etwa die Einwohner Kaliningrads oder Wrocławs ohne weiteres der Annahme derartiger Kongruenzen anschließen würden. Die Funktion solcher Ineinssetzungen tritt jedoch zutage, führt man sich die Schwierigkeiten einer gesamtdeutschen Nationalerzählung vor Augen.

Einerseits geht die Rede, die angeblich gewissermaßen im Labor der Alliierten durch künstliche Zellteilung hergestellten Objekte DDR und BRD seien ihrer Nährlösung der Nachkriegszeit beraubt worden[16] und daraufhin als Einzelwesen eines gemeinsamen Todes gestorben bzw. in den natürlichen Urzustand der organischen Verbindung zurückgefallen, also wieder „zusammengewachsen". Andererseits ist der solchermaßen gewonnene Organismus ‚Gesamtdeutschland' in struktureller Hinsicht mit seinem ‚artifiziellen' Prototypen BRD (abgesehen von Fragen der geographischen und demoskopischen Dimension sowie des ehedem festgeschriebenen Selbstverständnisses einer staatsrechtlichen Übergangslösung) weitgehend kongruent. Dies beinhaltet ein die Produktion nationaler Identität erschwerendes Paradox: Die strukturelle Kontinuität des ‚Teilstaates' BRD beeinträchtigt die Kohärenz der Erzählung eines (unter Ausklammerung von Nationalsozialismus und Nachkriegszeit) überzeitlich selbstidentischen ‚Deutschlands'.

---

15  Alfred Kerr: Wo liegt Berlin? Briefe aus der Reichshauptstadt 1895-1900. Hrsg. von Günther Rühle. Berlin 1997.
16  Das auf den „9. November 1989" fallende „Ende der Nachkriegszeit" wurde u. a. von Martin Walser in der FAZ vom 11.11.1989 proklamiert.

Laut Herfried Münkler[17] lassen sich die Mechanismen der Konstitution von *Staaten* und *Nationen* (analytisch) voneinander anhand der Beobachtung trennen, daß *Staaten* als Summe ihrer Institutionen sich über die Funktionstüchtigkeit des gegenwärtigen *Staatsapparates* legitimieren können, *Nationen* dagegen einer kohärenten Erzählung ihrer *Genese* bedürfen. Im Falle der ‚wiedervereinigten BR Deutschland' bilden jedoch Charakteristika des bundesrepublikanischen Staatsapparates inhaltliche Bezugsgrößen im Rahmen deutscher Selbsterzählung. „(Soziale) Marktwirtschaft", „Reisefreiheit", „Parlamentarismus" usw. garantieren als Merkmale einer ‚überlegenen' Staatsordnung die Legitimität des Status quo – in der evolutionstheorielastigen Sprache einer Berliner Bierreklame hat sich „*was gut ist durchgesetzt*".

Da das Postulat dieser ‚Überlegenheit' jedoch auf dem Vergleich zweier Einzelsysteme (BRD und DDR) beruht, kann es nicht zum sinnstiftenden Moment *nationaler* (politsystem-übergreifender) Identität – wie sie der Begriff der „Wiedervereinigung", als Wiederherstellung eines ursprünglich Ganzen, suggeriert – erhoben werden.

Um diesen Begriff des „*Wieder*vereinigten Deutschlands" mit Sinn zu füllen, muß vielmehr die gegenwärtige Bundesrepublik wenn nicht als Erbin, so doch als Spiegelbild[18] einer (para)historischen ‚Deutschen Nation', eines „Deutschlands", dessen Wurzeln jenseits von Nachkriegszeit, Drittem Reich und Weimarer Republik[19] im Dunkel der Zeiten und Mentalitäten liegen, erfahrbar werden. Die gegenwärtig fleißig reproduzierte Assoziierbarkeit der „Gründerzeiten" scheint ein vielversprechender Versuch, eben dieses zu leisten – Ganzdeutschland auf der Zeitachse zurückzukatapultieren.

---

17 Herfried Münkler: Reich, Nation, Europa. Weinheim 1996, hier besonders S. 38 und 74.
18 Dementsprechend fiel auch im Rahmen der Würdigung von Kerrs Briefen als „Buch der Woche" im Deutschlandfunk am 02.11.1997 der Begriff des „fernen Spiegels".
19 Warum die „Weimarer Republik" weniger zur Bezugsgröße einer bundesrepublikanischen Nationalerzählung taugt, ist bislang noch nicht geklärt. Es wäre jedoch denkbar, daß die häufige Beschwörung potentieller ‚Weimarer Zustände' in Diskussionen um Legitimität und Funktion der „Fünf-Prozent-Hürde" sowie die Verhandlung damaliger gesellschaftlicher Gegebenheiten als Ursache des Aufstrebens des Nationalsozialismus dies unmöglich machen.

## Des Feldes verwiesen: Orte des 20. Jahrhunderts

Trotz seines nicht hinwegzudiskutierenden Gespürs für die Funktions-
weisen kollektiver Selbsterzählung – das sich z. B. an einer *Feld*-Passage
zeigt, in welcher es heißt, der *„als gesamtdeutscher Kitt im Sinne von
Einheit"* fungierende *„Begriff ‚Standort Deutschland'"* sei *„mangels Nation in Umlauf"*[20] – hat auch Günter Grass (diskursiven Gesetzmäßigkeiten gehorchend) teil an dieser Art identitätstiftender Vergangenheitsver-
fertigung. In der langen Reihe von Bauten und Plätzen in weiten Feldes
Mitte mit diskontinuierlicher Historie finden sich allerdings zwei signifikante Ausnahmen: Das Gebäude der Treuhandanstalt und der Tiergarten.
Beide haben auch im 20. Jahrhundert ihre Geschichte, allerdings in gänzlich gegensätzlicher Gestalt und bilden dadurch zwei topographische
Pole: Im Tiergarten treten neben den gründerzeitlichen Verweisen anhand
der dort befindlichen Skulpturen (die *Amazone, Friedrich Wilhelm III.*
etc.) interessanterweise auch solche auf, die über Bauwerke funktionieren, welche nur noch in der Erinnerung Fonty-Fontanes existieren: u. a.
*die Kroll-Oper und der Krollsche Musikgarten* (S. 113). Somit ist auch
die Geschichte des Gartens im 20. Jahrhundert eine der fehlenden Gebäude bzw. des kriegsbedingten Verlustes ursprünglicher Eigentlichkeit:

> Erst nachdem im Tiergarten der Kahlschlag beendet war, Bombentrichter ne-
> ben Bombentrichter voll Wasser stand, alle Denkmäler nur torsohaft überlebt
> hatten, die Tiergartenbänke, die Luisenbrücke und die Kroll-Oper zerstört wa-
> ren, als alles, was um den Zeltenplatz an Herrlichkeit gewesen war, in Trüm-
> mern lag [...], als der Krieg aus war, kam er wieder. (S. 120)

Hiermit markiert der Tiergarten den einzigen Punkt in Grassens Berlin,
an welchem die Verwüstung der Stadt im II Weltkrieg erinnert wird –
wobei jener Ort allerdings gleichzeitig über das besondere Potential ver-
fügt, sich permanent zu regenerieren, wortwörtlich Gras über die Spuren
des Krieges wachsen zu lassen.

> Vieles ist abgeräumt worden, doch dem Tiergarten gelang es immer wieder,
> sich zu erneuern. (S. 113)

Demzufolge bleibt der Berliner Tiergarten – trotz seiner eigenen Geschichte – von historischen Prozessen seltsam unberührt. Hier liegt das
Spezifikum des Gartens als einer Heterotopie nach Foucault[21], d. h. als

---

20 Siehe Grass (wie Anm. 1), S. 611.
21 Michel Foucault: Andere Räume. In: Aisthesis. Wahrnehmung heute oder Perspektiven ei-

realer Ort, der Nicht-Ort ist, jenseits von Raum und Zeit existiert und seine Bedeutung nur im Verweis auf andere Orte erhält:

Aktuelles, das er als Theo Wuttke wahrnahm, wenn es ihn hart genug anstieß, zählte im Tiergarten nicht; dort blieb er rückläufig unterwegs: schon wieder in Schottland, von Stirling Castle nach Loch Katrine. (S. 128)

Das Gebäude der Treuhandanstalt als zweiter Ort mit Beziehung zum 20. Jahrhundert ist im besten Sinne ein geschichtsträchtiges Bauwerk: Der Text entwirft die Geschichte seiner Nutzung als kontinuierlicher Arbeitsplatz Theo Wuttkes vom Reichsluftfahrtministerium des nationalsozialistischen Deutschlands über das Haus der Ministerien der DDR bis zur Treuhandanstalt der Gesamt-Bundesrepublik.

Die ‚Gründerjahre' als historischer Bezugspunkt fielen also genaugenommen aus der Menge seiner möglichen Verweise heraus; und somit wäre das Gemäuer des Reichsluftfahrtministeriums das einzige nationalsozialistische Bauwerk, welches im Text überhaupt Erwähnung findet.

Doch wie sich sogar aus einer Baugrube deren Familienähnlichkeit mit den Ereignissen der Gründerzeit herauserzählen läßt, kann jene Analogie offensichtlich problemlos auch einem nach dem Ende der Weimarer Republik errichteten Gebäude sinnhaft eingeschrieben werden.

Eine von Fonty verfaßte Denkschrift zur Geschichte des Gebäudes beginnt mit den Worten:

Reichsgründung, Gründerzeit: Eine Vielzahl Ministerien forderten Raum und machten, von Fonty aufgezählt, den Wilhelmplatz und die Willhelmstraße zum beherrschenden Zentrum. (S. 552)

Dieser (a)historische Bogen erklärt sich aus dem Bestreben Wuttkes, „sich nicht auf die historischen Abschnitte jeweils zum Tiefpunkt geführter Herrschaftsperioden von mehr oder weniger kurzer Dauer" (S. 551) beschränken zu wollen.

Weder die Aufgaben des Reichsluftfahrtministeriums im Dritten Reich noch die Tätigkeit von zehn bis zwölf Ministerien während der vierzig Jahre deutscher Arbeiter- und Bauern-Staat [!] konnten dem Chronisten genug sein. Er begann mit der Vorgeschichte der den Gebäudekomplex flankierenden Straßen. (S. 551)

ner anderen Ästhetik. Hrsg. von Karlheinz Barck, Peter Gente, Heidi Paris und Stefan Richter. Leipzig 1990, S. 33-46

Der Fleiß des Chronisten und vor allem die drohende ‚Unvollständigkeit‘ der Geschichte, die in dem Gebäude selbst lauert, bedingt, ja erfordert das Ausweichen auf die es „flankierenden Straßen“, was den Rekurs auf die Reichsgründung – den ‚wahren‘ Beginn seiner Historie – ermöglicht. Dieser leistet hier zweierlei: Zum einen rahmt er den Wechsel zwischen den „Herrschaftsperioden von mehr oder weniger kurzer Dauer“, dem Nationalsozialismus und der DDR, parallelisiert und marginalisiert sie gleichzeitig. Diese Rahmung funktioniert allerdings nur dadurch, daß sowohl die Zeit von der Reichsgründung bis zum Beginn des Nationalsozialismus als auch die Zeit nach der Vereinigung aus der Einteilung in jene „historischen Abschnitte“ ausgeklammert sind.[22]

Zum anderen – und eng damit verknüpft – ermöglicht der Verweis auf die Gründerjahre die Suggestion von Kontinuität, wobei die Figur des Wuttke-Fontane erneut treue Dienste leistet:

> Da die Treuhand einen Teil der vorgefundenen Arbeitskräfte, das Stammpersonal, übernahm, war es nicht verwunderlich, daß der Aktenbote dazugehörte; trotz oder wegen seines hohen Alters wurde er von den neuen Dienstherren gebeten, fortan beratend tätig zu sein. Es hieß: Da er mit dem Gebäude Ecke Leipziger Straße über jeden geschichtlichen Machtwechsel hinweg vertraut sei, verkörpere er das Bleibende; er gehöre dazu, aus ihm spreche Tradition und Geschichte, ohne ihn laufe man Gefahr, wie ohne Hintergrund zu sein. (S. 485)

Der dem Treuhandgebäude von Wuttke verliehene geschichtliche Hintergrund, die „*Tradition*“, auf welche in dieser Textstelle referiert wird, ermöglicht den von anderen historischen Bauten Berlins bereits bekannten Zeitensprung – die dehistorisierende Orientierung auf das „*Bleibende*“, vom mythischen Ursprung an Selbstidentische.

An diesem Gebäude noch einmal durchgeführt, erhält diese narrative Strategie jedoch besonderes Gewicht: Hier wird die Kontinuität der „Gründerzeit“ explizit, und als Bedingung dafür schrumpfen die Geschichte des Nationalsozialismus und die der DDR Hand in Hand zum

---

22 An der grundsätzlichen Amorphie des 20. Jahrhunderts ändern sowohl schlagwortartige Verweise auf Nazi-Größen als auch okkasionelle Kanzler-Verulkung eher wenig; zumal letztere auch noch dazu dient, die zeitgenössische politische Sachlage in der Bundesrepublik mit Gegebenheiten des Deutschen Reichs um die Jahrhundertwende zu verschränken: Vgl. Grass (wie Anm. 1), S. 553: „Dabei folgen wir Fonty, dem Bezeichnungen wie ‚der Führer‘ und ‚der Reichsmarschall‘, aber auch Metaphern für einstige oder noch amtierende Kanzler, etwa ‚schwefelgelber Heulhuber‘ und ‚regierende Masse‘, genug waren oder mehr sagten.“

Episodenhaften oder in der Terminologie Gustav Seibts: zu gleichberechtigten Bestandteilen eines „*schiefgegangenen Jahrhunderts*"[23].

Auch die scheinbar erhebliche Akzeptabilität dieser Strategie schlägt
sich in der Grass-Rezeption nieder: Neben Andreas Isenschmid von der
Schweizer *Weltwoche* und Werner Thuswalder von den *Salzburger Nach-
richten* ist es ein einziger deutscher Rezensent des weiten Feldes, nämlich
Thomas Schmid von der *Wochenpost*, der sich durch das Schwinden der
NS-Zeit aus der deutschen Geschichte irritiert zeigt.[24]

Somit besteht der Sonderstatus vom Tiergarten auf der einen und dem
Gebäude der Treuhandanstalt auf der anderen Seite also in ihrem spezifi-
schen Verhältnis zur Geschichte: Der Tiergarten wird entworfen als über-
zeitlicher Nicht-Ort, und im Gebäude der Treuhand wird Zeitgeschichte
komprimiert und homogenisiert. Zwischen diesen Polen liegen die übrigen Orte Berlins, die erst durch ihr geschichtskonservierendes Verweis-
potential auf die „Gründerzeit" für die Narration überhaupt bedeu-
tungstragend werden. Folglich stellt sich die Frage, was denn an
‚Städtischem' oder gar ‚Metropolitanem' Berlins in Grassens Roman
überhaupt realisiert ist. Die Antwort ist sehr einfach: recht wenig.

## Berliner Leben?

Die ‚historische Mitte' als Handlungsort des *Weiten Feldes* trägt ausge-
prägt museale Züge, und dies nicht allein aufgrund ihrer alles überdek-
kenden Geschichtlichkeit. Denn obwohl die Protagonisten viele Stunden
in jenem Teil der Stadt verbringen, lassen sie sich niemals irgendwo nieder; auf keiner Bank, keinen Stufen und in keinem Café. Getränke nehmen sie im Stehen zu sich, und zwar entweder an einer Imbißbude oder in
den Bahnhöfen. Berlins Mitte ist kein Lebensraum. Allein im Tiergarten
finden sich Ruheplätze, doch jener ist als Heterotopie schließlich streng-
genommen gar kein Ort.

23  Gustav Seibt, die Logik einer anhand von Berliner Architektur erfahrbaren deutschen Na-
    tionalgeschichte mit Rekurs auf die Reichsgründung fortsetzend, schreibt in seiner Rezen-
    sion der Briefe Alfred Kerrs (Berliner Zeitung vom 28.08.1997): „Berlin muß wieder neu
    gebaut werden, weil das Jahrhundert dazwischen schiefging."
24  Oberhammer und Ostermann (wie Anm. 14); darin S. 59ff.: Andreas Isenschmid: Alle Kat-
    zen werden grau. In: Weltwoche vom 17.08.1995; S. 129ff.: Thomas Schmid: Ein wüstes
    Feld. In: Wochenpost vom 24.08.1995; S. 172f.: Werner Thuswalder: Große Geschichte
    und Privates im Zeitraffer. In: Salzburger Nachrichten vom 26.08.1995.

44

Verbietet sich in der literarischen Gestaltung des Freiluftmuseums Mitte dessen gleichzeitige Konzeption als Lebensraum, so stünde eine solche nichtsdestotrotz dort zu erwarten, wo eine Wohngegend, besonders die der Protagonisten, zum Gegenstand der Beschreibung wird.

Zunächst Hoftaller; seine Heimatadresse erfahren wir nicht, noch den Stadtteil, in dem er wohnt. Aber der Text liefert uns eine sehr aufschlußreiche Überlegung dazu:

> Aber wir vermuteten Hoftallers Adresse in den leicht zu verwechselnden Plattenbauten im Bezirk Marzahn oder in Berlin-Mitte, wo, als Hinterlassenschaft der Arbeiter- und Bauern-Macht [!], dicht bei dicht die Parteikader wohnten. (S. 694)

Entscheidend ist hier nicht die fehlende Information, sondern der Boden, auf dem sich die Spekulation bewegt; es werden sozialpolitische Typisierungen einzelner Stadtviertel vorgenommen. Wenn nun eine Zuordnung des Protagonisten zu diesen Vierteln Sinn macht, dann durch die Analogie auf der politischen Ebene, und nur durch diese. Jedenfalls fällt die gesamte Semantik von ‚Wohnen' oder ‚Privatsphäre' aus dem Narrationsrahmen heraus. Bei einer Figur allerdings, die ausschließlich durch ihre Profession als politischer Spitzel im Text Gestalt gewinnt, mag diese quasi ökologische Art der Zuordnung zu einer ideologischen Nische nicht weiter verwundern und läßt zunächst noch keine Schlüsse auf die generelle Inszenierung von Berliner Lebensraum im *Weiten Feld* zu.

Bei der relativ komplexen Figur des Wuttke-Fontane-Fonty allerdings, welche zudem mit einer Familie ausgestattet ist, kann eine solche Reduktion nicht ohne weiteres greifen. Und sie liegt in dieser Ausformung auch nicht vor; allerdings ebensowenig ein literarischer Entwurf von sozial determiniertem Wohnraum oder ‚Kiez':

Der mit Fonty (wenn auch nicht in dessen „Fontane-Existenz", sondern nur als Theo Wuttke) assoziierbare Wohnraum besteht ausschließlich in einem Wohn*haus*.

> Das Mietshaus Nummer 75 lag in Richtung Platz auf der rechten Straßenseite. Beiderseits der scheunentorbreiten Durchfahrt zum Hinterhof, von deren linker Mitte der Treppenaufgang ins Vorderhaus führte, bewahrte brüchiger Putz einige Handelsangebote aus vergangener Zeit auf: Rechter Hand waren, laut schwarzer, zum Teil versunkener Schrift, ‚Holz, Kohlen, Briketts und Koks' vorrätig gewesen; linker Hand hatte ein Flickschuster eine Kellerwerkstatt als ‚Besohlanstalt' betrieben. Noch mehr bot der Fassadensockel des Nachbarhauses: Dort waren einst ‚Kurzwaren, Schuhcreme, Butterbrot und Klosettpapier' sowie ‚Dosen und Gläser jeder Größe' über den Ladentisch weg verkauft worden. Doch hier zählt nur die Nummer 75. (S. 177f.)

Es gibt weder Nachbarn noch Läden an der Ecke noch sonst irgend etwas, das auch nur entfernt an einen Lebensraum erinnerte. Es „zählt" der Wohnort in Form der Adresse, ohne daß das soziale Umfeld diesen relativ abstrakten Punkt näher bestimmen oder illustrieren würde. Dabei enthält der Text den klassischen Anfang einer ‚Kiez'-Beschreibung:

> Sein Viertel. In diesem Quartier war er als Fonty bekannt. Sogar die Staßenkinder riefen ihm nach.

Geradezu musterhaft nimmt sich diese Exposition aus, doch mit dem Ende, daß sie bereits im Folgesatz mit einer Handbewegung vom Tisch gefegt wird:

> Hier war der Mief besonders dicht und von Heimlichkeiten gesättigt. Hier hatte sich in diversen Lokalen die Szene mehr selbstbezogen als konspirativ versammelt. In einem Stadtteil wie diesem war jeder des anderen Informant und keiner unbeschattet gewesen. (S. 275)

Es greift dieselbe Struktur wie im Falle des mutmaßlichen Wohnortes Hoftallers: Der Prenzlauer Berg wird zu einer Synekdoche, die die Prenzlauer-Berg-„Szene" repräsentiert; und zwar mit Akzent auf den spitzelnden Literaten. Nur daß Fonty – im Gegensatz zu Hoftaller – in deren Nische nicht heimisch ist. Als Reinkarnation Fontanes und Beobachter aus der Eulenperspektive haust der Chronist in Nummer 75 unberührt von seiner Umgebung. Das Totum-pro-Parte des Prenzlauer Berges funktioniert nicht weil, sondern obwohl Wuttke dort seine Wohnung hat; er verkörpert hier – wie überall – die Kontinuität.

Alles in allem führt die Konstruktion Berlins als eines ausschließlich historisch bedeutsamen Ortes zum Wegfall der im Rahmen von Stadt-Erzählungen vormals gängigen antagonistischen Topoi des Kiezes und der Metropole. In traditionellen Inszenierungen des Handlungsortes Berlin gewann die Stadt ihr Profil über Gesellschaften, soziale Gruppen oder Schichten – sei es das Subproletariat in *Berlin Alexanderplatz* (Alfred Döblin; 1929), Handwerker und Großindustrielle im *Meister Timpe* (Max Kretzer; 1888), die Salonkreise des *Im Schlaraffenland* (Heinrich Mann; 1900) oder Bodo Morshäusers (*Die Berliner Simulation*; 1983) „postmoderne Boheme" (Walter Delabar).[25]

---

25  Vgl. Walter Delabar: Letztes Abenteuer Großstadt. In: Neue Generation – Neues Erzählen. Deutsche Prosa-Literatur der Achtziger Jahre. Hrsg. von Walter Delabar, Werner Jung und Ingrid Pergande. Opladen 1993, S. 103-127, hier S. 117.

Grass dagegen verzichtet weitestgehend auf eine näher spezifizierte Gesellschaft. Wo Menschen des ausgehenden 20. Jahrhunderts auftreten (von den Protagonisten, den schattenhaften Erzählerfiguren, „Schaschlik"-Duft verbreitenden „türkischen Großfamilien"[26] und dem um Fonty herumdrappierten familiären Beiwerk einmal abgesehen), tun sie dies in der Regel als von Historie trunkene, gesichtslose Massen:

> Entfesselt und choristisch gestimmt, begann der Schwellkörper deutscher Sangeslust zu tönen. (S. 471)

Berlin fehlt – sozial gesprochen – jegliche Art der Binnendifferenzierung. Die, wie bereits erwähnt, fehlende Funktion der Stadt als Wohn- und Lebensraum trägt ein Übriges bei zu einer sozialen Entleerung Berlins, welche den klassischen Topoi seiner gesellschaftlichen Homogenität – dem Kiez – wie auch der Heterogenität – der Metropole – den Boden entzieht.

An ihre Stelle ist eine neue Semantik Berlins getreten: *Ein weites Feld* thematisiert und charakterisiert seinen Handlungsort keineswegs durch eine Inszenierung akzentuiert städtischer (womit nicht ‚exklusiv Berlinischer' gemeint ist), sozialer oder topographischer Gegebenheiten, sondern Berlin fungiert als ideal-typischer Raum, in welchem Gebäude und Ereignisse über die ‚Stadt' hinausweisen, jedes kleinste Element gesellschaftlicher oder physischer Stadtlandschaft zum Signifikanten eines Signifikats höherer Ordnung wird – nämlich der nationalen Geschichte.

Die Stadt ist reduziert auf einen geographisch sehr kleinen Raum, der allerdings durch die dominante historische Signifikanz der in ihm befindlichen Gebäude eine enorme tropische Tragweite erhält: Die ‚historische Mitte' expandiert durch die ihr immer wieder eingeschriebene Parallele der Zeitläufe von 1871 und 1989 auf der Zeitachse, wodurch Berlin eine immense Dimension gewinnt – wenn auch nicht als ‚Stadt' im eigentlichen Sinne.

Das geeinte Berlin erfüllt allein die Funktion einer Synekdoche für den Status quo Deutschlands und die deutsche Erzählung einer unveränderlichen Geschichte. Doch die zeitliche Expansion Berlins schlägt sich auch räumlich nieder. Grassens Roman endet damit, daß Fonty und seine Enkelin in Berlin untertauchen und von ihrer innerstädtischen Reise Ansichtskarten in das Gebäude Ecke Leipziger Straße schicken, eine vom *Spreepark* (S. 778) und eine vom *Fernsehturm auf dem Alexanderplatz*

---

26  Grass (wie Anm. 1), S. 162.: „trotz der vielen Türken, die als Großfamilien auf den Tiergartenwiesen lagerten und sich dort mit den Reichtümern ihrer anatolischen Küche ausgebreitet hatten: Leise roch es nach Schaschlik".

(S. 779). Konsequenter kann man ‚ein weites Feld Berlin' literarisch nicht inszenieren (es sei hier nur an die Funktion des Verschwindens in der Stadt in Döblins *Berlin Alexanderplatz* erinnert). Allerdings wird diese räumliche Ausdehnung allein durch die historische Expansion der Stadt im Text ermöglicht, topographisch ist sie – aufgrund der dorfartigen Begehbarkeit des Handlungsortes – nicht motiviert.

## Zentraler Begriff mit fünf Buchstaben

Es scheint plausibel, daß die zentrale synekdochische Struktur und Funktion Berlins die o. g. Alternativen des Stadtentwurfs (Kiez und Metropole) kategorisch ausschließen, weil eine pointierte Verhandlung von lokalen Besonderheiten die tropische Referenz aufs Allgemeine blockieren würde. Ein lokales Element jedoch unterbricht die Linie der Verweise nicht, sondern setzt diese sogar noch fort; indem ihren Spezifika der Charakter des Beispielhaften innewohnt, verweist die ‚Mitte' – analog zum Verhältnis Berlin-Deutschland – als Pars pro toto auf Berlin.

Dieses metonymische Potential eines Stadtteils ist jedoch nicht allein auf die kompositorische Meisterschaft Günter Grassens zurückzuführen, vielmehr bedient sich der Autor eines bereits bestehenden Sachverhaltes, nämlich der Spezifika des Begriffs der ‚Mitte' innerhalb des bundesdeutschen Kollektivsymbolsystems:

Im Unterschied zu den Symbolsystemen anderer Staaten[27] ist in der BR Deutschland die ‚Mitte' unzweifelhaft positiv konnotiert, insbesondere auf der politischen Achse von ‚rechts' und ‚links'. Dies zeigte sich erneut in aller Deutlichkeit, als im Anschluß an die von der SPD gewonnene ‚Niedersachsenwahl' am 01.03.98, der noch am selben Abend als Kanzlerkandidat seiner Partei vorgeschlagene Ministerpräsident Gerhard Schröder in einem *stern*-Interview[28] folgendes zu Protokoll gab:

> Ich biete eine Position an, die auf ökonomische Rationalität setzt, auf Innovation – letztlich Modernität in voller sozialer Verantwortung. Ich appelliere an eine neue Mitte.

Darüber hinaus besitzt die ‚Mitte' symbolisch eo ipso die Funktion, das sie umfassende Ganze zu repräsentieren, ggf. auch zu inkorporieren, wie

---

27  Z. B. den USA oder der DDR; vgl. Korngiebel und Link (wie Anm. 3), S. 38ff.
28  Schröder im Gespräch mit H.P. Schütz. In: stern, Nr. 11 vom 05.03.1998.

das alternative Symbol des ‚Kerns' oder das des ‚Herzens' verdeutlichen.

Um die Gültigkeit dieser Beobachtung auch für den Fall gegenwärtiger kollektiver Berlin-Konstruktionen zu illustrieren, greife ich auf ein Medium zurück, welches einerseits auf intersubjektive Nachvollziehbarkeit angewiesen ist, andererseits ausdrücklich dem Zweck dient, die bedeutungsvollen Charakteristika einer Örtlichkeit zu transportieren: die Ansichtskarte bzw. das vorproduzierte Souvenir.

Der (laut Aufschrift) die Spezifika ‚Berlins' abbildende Druck (Abb. 2) verzichtet in der Konstruktion der ‚Stadt' auf alle Elemente der Bewegung, der Unordnung oder Unüberschaubarkeit; ebenso auf die Inszenierung individuellen Blicks, also der Wirkung bestimmter lokaler Gegebenheiten auf den einzelnen Betrachter. Offenbar reicht die schematische Darstellung der ‚Mitte' Berlins – unter Hervorhebung verschiedener (auch bei Grass gewürdigter) Baulichkeiten von historischer Bedeutung – aus, die Gesamtheit der Stadt in der Summe ihrer Bezüge zu repräsentieren.

Auch die Idee, Berlin als Nukleus der allgemein-deutschen Geschichte (bis hin zur Synonymie von „Berlin" und „Deutschland") zu begreifen, scheint derartig im zeitgenössischen Konsensus verankert zu sein, daß sie ihren Weg bereits auf den Locus communis der touristischen Mitbringsel, der Bierkrüge, Zinndeckel und Gelegenheitsreimereien gefunden hat.

Die Verzierung dieses von einer süddeutschen Brauerei (Abb. 3) vertriebenen Artikels besteht in der Aufschrift „Gruß von Berlin an Deutschland", Abbildungen der Quadriga und des bundesrepublikanisch beflaggten Reichstages, sowie einer in Knittelversen (vierhebigen Reimpaaren mit ungleichmäßig gefüllten Senkungen) abgefaßten Nachschrift, welche mit den Zeilen beginnt:

Ist Berlin Deutschland – Deutschland Berlin?
Wir halten für alle den Schädel hin

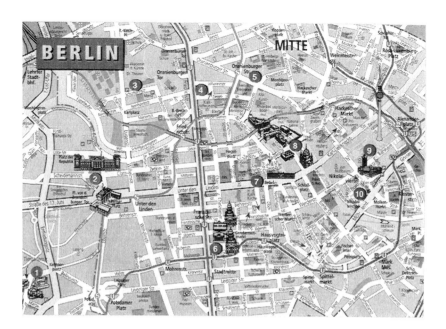

*Abb. 2*

*Abb. 3*

50

Deutlicher läßt sich die als jedermann kommensurabel angenommene Verweiskraft der Stadt Berlin auf – bzw. Identität mit – Deutschland (nota bene: nicht der BRD) kaum mehr belegen.

Aber auch die Umkehrung funktioniert: Wird ein Ganzes synekdochisch durch eines seiner Teile repräsentiert, dann hat dieser Teil die Tendenz, symbolisch auch zu dessen ‚Mitte‘ zu werden. Diese kollektivsymbolische Strategie kann eine derartige Eigendynamik entwickeln, daß sie sich sogar über geographische Fakten hinwegsetzt.

Auf den ersten Blick scheint diese reduzierte Deutschlandkarte in sich stimmig zu sein – und symbollogisch gesehen ist dies auch der Fall: Berlin ist in seiner Bedeutung als ‚Hauptstadt‘ und ‚Zentrum‘ tatsächlich in die geographische Mitte der Bundesrepublik gewandert, obwohl es in Wirklichkeit natürlich viel weiter im Osten liegt.

*Abb. 4*

Zusammenfassend läßt sich somit folgendes festhalten:

Im Rahmen unserer gegenwärtigen Wahrnehmungs- und Redegewohnheiten liegen bezüglich der Hauptstadt zwei kybernetisch ineinander geschachtelte Synekdochen vor: Die ‚Mitte‘ repräsentiert Berlin repräsentiert Deutschland; andersherum kulminiert Deutschland bzw. deutsche Geschichte in der ‚Mitte‘ Berlins, wo sie anhand architektonischer Gegebenheiten erfahrbar wird.

Letzten Endes ist es diese konzentrische Verweisstruktur, welche die Wahl des Handlungsortes auch von Grassens *Weitem Feld* motiviert. Denn der Roman ist in erster Linie eine literarische Umsetzung offener Fragen sowie sozialer und politischer Beobachtungen, Erwägungen und Bedenken angesichts der sogenannten ‚Wende von ’89‘. Unzählbar die Stellen, an denen mahnende Wendeallegorien nachgerade unausweichlich ausgerollt sind: Der „*Haubentaucher*" im Tiergarten, nach dem sogar ein Kapitel benannt ist (S. 108ff.), der „*Paternoster*" im Treuhandgebäude (S. 75; 80; 526; 762) als über jede Wende hinweg selbstidentisches Kon-

51

tinuum, das rot-schwarze „*Bäumchenwechseldich*" der Tochter Martha
(S. 268ff.), Tallhover, der nun „*unter gewendetem Namen*" weiterspitzelt
(S. 17) und viele weitere, mit denen sich der Autor eine tüchtige Schwiele
an seinen moralischen Zeigefinger geschrieben haben dürfte.

Gesellschaftliche Phänomene im Zuge des Beitritts der ehemaligen
DDR zur BRD 1990 (respektive des sog. ‚Mauerfalls' 1989) hätten sich
allerdings auch unter Auswahl eines anderen Settings (z. B. Helmstedts –
zwecks möglicher Konfrontation von „Wessis" mit „Ossis") literarisch
verarbeiten und kommentieren lassen; doch nur durch die Selektion des
paradigmatischen Handlungsortes Berlin-Mitte erhalten die Aktionen der
Protagonisten eine derartige exemplarische Tragweite, daß sie zum Pegel
nationaler Befindlichkeiten erhoben werden können. Hierbei müssen jedoch sämtliche Elemente des Urbanen in der Konstruktion des Handlungsortes vermieden werden, um die synekdochische Funktion ‚Berlins'
für ‚Deutschland' nicht durch den Verweis ‚Berlins' auf ‚Großstadt' zu
unterlaufen.

## Gebaut nach dem Deutschen Einheitsgebot von 1872

Wie dargelegt, entspricht die Repräsentation der Geschichtsstadt „Berlin"
durch historische Bauwerke, deren Existenz wir weder der Weimarer Republik noch dem Dritten Reich oder den „beiden deutschen Nachkriegs-
staaten" verdanken, u. U. einer kollektiven Suche nach erhaltener, weil
petrifizierter deutscher Nationalidentität, deren steinerne Abdrücke sich
noch heute besichtigen und berühren lassen.

Es scheint durchaus plausibel, daß etliche Beispiele der derzeit auf ku-
riose Weise ‚epochemachenden' Tendenz zu Historisierung, Rückbesin-
nung und Restauration (oder, wie Robert Kaltenbrunner[29] es nennt, Produktion „*dezidiert historischer Verduten*") sich aus dieser Quelle speisen.
Dabei ist es jedoch keineswegs notwendig anzunehmen, jener allgemeine
„Rückgiff auf das Zeitalter Wilhelms II.", welcher „die geheimen Linien
zwischen Geschmack und Gesellschaft; Kultur und Politik offenbart"[30],
sei auf tatsächlich bestehende Identität gesellschaftlicher Gegebenheiten
von Kaiserzeit und Nach-Wende-Zeit zurückzuführen. Schlüssiger
scheint die Annahme, die Festschreibung solcher Identitäten (die Grass in

---

29  Robert Kaltenbrunner: Die neue Gründerzeit. In: Berliner Zeitung vom 24/25.01.1998.
30  Ebenda.

*Ein Weites Feld* und Kaltenbrunner in seinem Artikel reproduzieren) sei in den Bereich kollektiver Nationalerzählungen einzuordnen: Der von allem nicht-ursprünglichen Innenleben befreite Reichstag[31], die Bemühungen um die Museumsinsel und den Berliner Dom, die Diskussion um die Wiederherstellung des Stadtschlosses und tatsächliche Neueröffnung des „Adlon", die allgemein rapide zunehmende Denkmalsdichte, die Problematik der „Berliner Traufhöhe", die Wiederbelebung Fontanes, das Gründerzeitmuseum, nicht zu vergessen die unhistorischen Tendenzen in der Rezeption Alfred Kerrs – all diese Phänomene können letztlich als vergleichbare Symptome eines allgemeinen Projektes zur forcierten Befrachtung der Gegenwart Berlins (und somit Deutschlands) mit Tradition betrachtet werden. Abgesehen vom uns tagtäglich von Zeitungsseiten und Plakatwänden grüßenden „Brandenburger Tor", dessen Symbolkraft es mittlerweile notwendig zu machen scheint, jedes in Berlin ankommende Kamel[32] mit oder wider dessen Willen hindurchzutreiben, haben sämtliche Beispiele klassizistischer Architektur als Synekdochen der ‚alten und neuen deutschen Hauptstadt' Hochkonjunktur. Einzig die privaten Anlieger des Potsdamer Platzes scheinen derzeit ein ernsthaftes Interesse an der Setzung, der Innovation, der Konfrontation des Gegenwärtigen mit dem Noch-nicht-Dagewesenen ohne Legitimation aus der Geschichte zu besitzen.

Die Identifikation Berlins mit steingewordener Geschichte geht sogar soweit, daß sich auch der Unterhaltungswert der „Metropole Berlin" – traditionellerweise exemplifiziert anhand von Varietés, Nachtcafés, Kinos, Theatern ‚Großstadtlichtern' usw. – inzwischen offenbar ebensogut vermittels der Darstellung wuchtiger Baudenkmäler verdeutlichen läßt (Abb. 5 und 6).

31 Dessen architektonische Erweiterung, dem Zeitgeschmack entsprechend, ausgerechnet in der Anmontage einer basilikahaften Kuppel besteht.

32 Im Vorfeld des mit beträchtlichem medialen Echo am 17.08.1997 in Berlin-Hoppegarten stattgefundenen Kamelrennens „Scheich Zayed Cup" wurden die an dieser sportlichen Veranstaltung teilnehmenden Renndromedare bei einem Pressetermin einzeln durchs Brandenburger Tor geritten. Ob sich die Tiere der symbolischen Bedeutung dieses Aktes bewußt waren, ist nicht bekannt.

Abb. 5

Abb. 6

54

## Gemeinsinn und Eigensinn:

Nach dieser Demonstration der Kollektivität einzelner auch bei Grass nachweisbarer Tendenzen in der Inszenierung ‚Berlins' ist es unumgänglich, sich die Frage nach der Beziehung von Literatur[33] und bildsprachlich produziertem Konsens zu stellen. Einerseits ist Literatur (um kommensurabel zu bleiben) offenbar auf Vorgaben historischer Symbolsysteme angewiesen, weshalb sich letztere auch durch die Analyse literarischer Quellen extrapolieren lassen.[34] Andererseits ginge es am Wesen[35] der Literatur womöglich vorbei, wenn man angesichts ‚korrekter' Reproduktion kollektiver Sprachbilder in literarischen Texten eine diesbezügliche Relation der Zwangsläufigkeit annähme und solchermaßen hinsichtlich des generativen Potentials von Literatur (bzw. der Wahrnehmung von Literatur als Sonderphänomen in Abgrenzung etwa zu den ‚Medien') in Erklärungsnot geriete. Um aber nicht den Rahmen dieser Arbeit durch die Diskussion der Frage zu sprengen, ob es das Spezifikum der Literatur sei, Kollektivsymbole zu „*verarbeiten*", allerdings „*auf eine Weise, die die Ambivalenz wahrt und häufig künstlich steigert*"[36], bediene ich mich erneut der eingangs verwendeten und illustrierten Metapher des „Bruchs" – d. i. der Kontingenzen unterstreichenden, modifizierten, ‚fehlerhaften' Reproduktion – kollektiver Sprachbilder. Wenn man allerdings Literatur das Potential zuerkennt, Irritation auszulösen, indem an historischen Konzepten der Sinnstiftung quasi haarscharf ‚vorbeigeredet' wird – bzw. diese „gebrochen" werden – ohne daß diese Regelverletzungen das diskursive Aus zur Folge hätten, bedeutet dies, daß die ‚korrekte' Reproduktion bestehender Symbolkonfigurationen (und sei es auch zu Zwecken des kritischen Kommentars ‚faktischer' Gegebenheiten) eine Selbstbeschneidung literarischer Produktion darstellt.

---

33 Hier begriffen als „Belletristik".
34 Exemplarisch: Jürgen Link: Literaturanalyse als Interdiskursanalyse. Am Beispiel des Ursprungs literarischer Symbolik in der Kollektivsymbolik. In: Diskursanalysen (wie Anm. 11), S. 284-307 und ders.: Elementare Literatur und generative Diskursanalyse, München 1983, hier besonders Kapitel 6: Schillers Don Carlos und Hölderlins Empedokles. Dialektik der Aufklärung und heroisch-politische Tragödie, und Kapitel 7: Möglichkeiten einer materialistisch-generativen Literaturtheorie. Am Beispiel der Lyrikrevolution Brecht-Malkowski, S. 87-140.
35 Wobei allerdings gilt: „Das Wesen aber läßt man besser aus dem Spiel" (man vergleiche den Beitrag von Rolf Parr und Andreas Disselnkötter zu „Metamorphosen in Wolfgang Hilbigs Roman ‚ich'", welcher dieses Hilbig-Zitat zum Titel hat. In: Diagonal (1995) H. 2, S. 99-111).
36 Link: Literaturanalyse (wie Anm. 34), S. 301.

Des weiteren besteht bei der „bruchlosen" Verarbeitung kollektiv verankerter Sprachbilder die akute Gefahr, im Konsensus über Beziehungen innerhalb des Symbolsystems bereits implementierte Sinn-Logiken – den eigenen ‚Intentionen' zum Trotz – fortzuschreiben und weiter zu verfestigen.

Der Hinweis auf die Irrelevanz der ‚Autorintentionen'[37] bzw. der ‚Autorpersönlichkeit' ist an dieser Stelle um so notwendiger, als man sich schließlich fernab jedweder wissenschaftlichen Redlichkeit bewegte, wollte man etwa unterstellen, die auch anhand des Romans *Ein weites Feld* hebbaren Strategien z. B. der Parallelisierung und gemeinsamen Marginalisierung von DDR und Drittem Reich (siehe „*Treuhandgebäude*") zu Zwecken der Konstruktion ‚Deutscher Nationalgeschichte' stehe in irgendeinem Zusammenhang mit den politischen Überzeugungen des Individuums Günter Grass.[38]

Im Gegenteil: Bekanntermaßen hat Grass jede Form der Vergleichbarkeit von DDR und Nazi-Deutschland weit von sich gewiesen.[39] Nichtsdestotrotz finden sich in seinem Roman etliche Textstellen, welche eben diese (schon 1990 von Uwe Timm als allgemein etabliert beklagte[40]) Parallelisierung anhand von mehr oder minder drastischen Sprachbildern reproduzieren:

> Dann verglich er die in den Tod ziehenden Soldaten des Waldschmidt-Reliefs mit den auf Fliesen versammelten Proletariern [...] und notierte am Rand: ‚Selbst wenn Werktätige besser als Todgeweihte sind, es kam nur Mumpitz dabei raus. Fing mit Hurrageschrei an und endete jammervoll. Auf siebenundvierzig Jahre Kaiserreich folgten kaum dreizehn Jahre Weimarer Republik. Und wenn die knapp zwölfeinhalb Jahre Drittes Reich mit den vier Jahrzehnten Arbeiter- und Bauern-Staat [!] zu verrechnen sind, steht nur noch deutsche Kurzatmigkeit unterm Strich. (S. 556)

37 vgl. Foucault: Klinik (s. Anm. 4), S. 15: „Der Sinn einer Aussage wäre nicht definiert durch den Schatz der in ihr enthaltenen Intentionen, [...] sondern durch die Differenz, die sie an andere, wirkliche und mögliche, gleichzeitige oder in der Zeit entgegengesetzte Aussagen anfügt. So käme die systematische Gestalt der Diskurse zum Vorschein."

38 Ebenso absurd wäre es, Günter Grass (man denke an dessen Rede anläßlich der Verleihung des Friedenspreises an Yasar Kemal) persönliche Xenophobie zu unterstellen, obwohl Türken in „Ein weites Feld" grundsätzlich in Großfamilien und stets ausgestattet mit Kopftüchern, Schnurrbärten und Schaschlik-Geruch auftauchen.

39 Oberhammer und Ostermann (wie Anm. 14) darin S. 229f.: Es wird bleiben. Grass im Gespräch mit J. Köhler und P. Sandmeyer. In: stern vom 31.08.1995.

40 Vgl. Helmut Peitsch: Der 9. November und die publizistische Reaktion westdeutscher Schriftsteller. In: Bohn, Hickethier und Müller (wie Anm. 3), S. 211-225, hier S. 216ff.

Durch die Montage kollektiv verankerter baulicher Insignien gelingt sogar die nicht nur ideologische, sondern auch physische Ineinssetzung der Systeme; vorbehaltlich einer gewissen Unterlegenheit der DDR, vermittelt über die Semantik des ‚Verfalls‘:

> Von der zu Führers Zeiten bahnbrechenden Reichsautobahn, einer mittlerweile zum Flickwerk verkommenen Plattenbaustrecke, fuhren sie ab. (S. 507)

Die zweite zentrale interdiskursive Strategie, die sich im weiten Feld wiederfindet, ist die Verortung der DDR – obwohl dieses staatliche Gefüge vor gerade einmal sieben Jahre aufgehört hat zu existieren – in einer fernen Vergangenheit. Bei Grass klingt das wie folgt:
Auf die Initialform *„gleich nach der Öffnung der Berliner Mauer"* (S. 10) wird zurückgegriffen mit den Erzählerworten:

> Hiermit ist gesagt, in welch zurückliegender Zeit wir Theo Wuttke [...] aufleben lassen. (S. 11)

Analog spricht man mittlerweile von „Honeckers Zeiten" wie von „Kaisers Zeiten" – respektive *„Führers Zeiten"* (s. o) – und die Tatsache, daß Egon Krenz noch lebt[41], kann durchaus dazu geeignet sein, spontane Irritationen hervorzurufen.

Dabei gehen die beiden dargestellten interdiskursiven Praktiken wie gesagt Hand in Hand. Sie erfüllen in ihrer Kopplung die große Aufgabe, die Historie Deutschlands neu zu schreiben: Wenn nämlich DDR und Nationalsozialismus gemeinsam in die Vorvergangenheit verwiesen werden und dadurch ein direkter historischer Rekurs auf die Reichsgründung möglich wird, welcher zudem über die virtuelle Selbstidentität der ewigen Hauptstadt noch zusätzlich versinnbildlicht werden kann, eröffnet sich in der Tat ein weites Feld für die Erzählung einer ‚praktisch seit 1871‘ bestehenden Kontinuität der Bundesrepublik Deutschland im Sinne einer Nation.

An diesem narrativen Großvorhaben ist auch der Gesellschaftskritiker Günter Grass beteiligt; allein durch seinen wiederholten Rückgriff auf den Setzkasten kollektiver Sprachbilder.

Zwar macht er es sich in der Tat zur Aufgabe, gängige Symbolkomplexe sporadisch neu zu arrangieren bzw. einzelne Bilder zu „brechen": So zum Beispiel, wenn er Fonty die Bemerkung in den Mund legt, die *„Türken"* seien die *„neuen Hugenotten",* denen es zufalle, *„hier"* wieder

---

41 Geschrieben im Februar 1998.

„*Ordnung und System*" hereinzubringen (S. 126); oder wenn Berliner Bautätigkeit nicht als zukunfts-, sondern vergangenheitsträchtiges Unternehmen gedeutet wird (S. 328, s. o.).

Dies geschieht jedoch zu selten, um die generelle Tendenz des Romans, in Alltags- und Medienrede vorhandene Bildelemente (gleich ob affirmativ oder distanziert) zu reproduzieren, aufzuwiegen. Im allgemeinen bewegt man sich im *weiten Feld* – wie der Vergleich mit Inszenierungen Berlins und Neu-Gesamt-Deutschlands aus Alltagsfunden nahelegt – durchweg auf hinlänglich bekanntem Terrain; nur die Beleuchtung kommt diesmal eher von ‚links'.

# Berlin-Prosa

Das Bonner Beamtentum läßt zwar noch auf sich warten, doch die Großstadt kommt so bedrohlich wie unvermeidlich auf die verwaltende Klasse
zu. Vor Berlin ist keine Rettung, es sei denn, man schafft es, sich im
Spreebogen rechtzeitig ein neues Klein-Bonn fertigzustellen. Die Literatur hat die Stadt an der Spree dagegen längst zur Hauptstadt erklärt. Wer
auf sich hält, zieht hier her oder verbringt wenigstens ein halbes Jahr als
Stipendiat im LCB. Berlin ist das zwingend vorgeschriebene Accessoir
eines interessanten Lebens, und das gilt als Voraussetzung von vitaler,
„welthaltiger" Literatur.

Am besten, so sagen sich die jungen Autoren, mitten rein ins Getüm-
mel, wo DJ xy auflegt, wo die Fäuste fliegen, die Glatzen ihr Unwesen
treiben, wo Jugendgangs spielerisch mit Messern und Waffen hantieren,
da wo das Leben „authentisch" ist. Tim Staffel ist so einer, der sich als
grimmiger Weltverächter, Pillenwerfer und später Abkömmling der autonomen Szene inszeniert. Weil er mit Stoppelfrisur und Militärhosen auch
so aussieht, nehmen ihn die Hochglanzmagazine derzeit gerne für Story
und Porträt. Da macht es nichts, daß seine gewalttätige Allmachtsphanta-
sie *Terrordrom* ein in militärischer Monotonie dahingehämmerter Roman
ist, der bloß klischeehaft beschreibt, was Streetfighter so richtig geil finden und was zugleich die Alpträume der Bonner Beamtenkaste bevölkert.

Der Klappentext verspricht ein „Worst-case-Szenario". Alles Scheiße:
In Berlin quillt zum Jahreswechsel 1999/2000 buchstäblich die Scheiße
aus allen Kanaldeckeln. Bäume stürzen um im Sturm, ein alter Mann haut
mit einem zerfetzten Hund um sich und wird von einem Sechzehnjähri-
gen abgestochen. Und so weiter. Im Mittelpunkt steht ein melancholi-
scher Wichtigtuer mit Namen Lars, der alle anderen Menschen grundsätzlich für verachtenswerte Idioten hält. Seltsamerweise scheint die so-
wieso schon völlig kaputte Gesellschaft seine pseudophilophischen Botschaften, die er mit der Post verschickt und mit „V" unterzeichnet, irgendwie ernst zu nehmen. Autonome glauben ja immer, man nähme sie
wahnsinnig ernst. Als er im York-Kino zufällig Zeuge eines Amoklaufes
wird, läßt er eines seiner Schreiben fallen, so daß sich fortan alle Ge-
walttäter auf ihn berufen und mit seinem Zeichen agieren. Gewalt wird
zum Selbstläufer.

Dann gibt es da noch Tom. Er ist ein böser Medienmensch, der natur-
gemäß seine Frau schlägt und die Sekretärin vögelt. Er beutet die alltägli-

che Gewalt für die Quote seines Pay-TV-Senders aus, der dann auch maßgeblich daran beteiligt ist, daß in der Mitte Berlins, hinter neuen Mauern, ein „Terrordrom" errichtet wird – ein Sperrbezirk, in dem alles erlaubt ist. Der Andrang ist gewaltig. Alle finden dieses mörderische Gesellschaftsspiel nach der Auflösung jedes gesellschaftlichen Zusammenhangs echt geil. Erklärungen liefert der Roman nicht, er gefällt sich in der platten Abschilderung der Aktion. Man muß das nicht genauer wissen.

*Terrordrom* soll vermutlich gesellschaftskritisch sein. Interessant ist der in atemlosem Stakkato hingeschriebene Roman aber nur in seinem Scheitern: Die Perpetuierung von Schmutz und Gewalt produziert nichts als Langeweile. Das Entsetzen, das auf jeder Seite beschworen wird, ist zu drastisch ausgeleuchtet, als daß es erschrecken könnte. Eine Ansammlung von pseudocoolen Überlebenskämpfern macht noch lange keinen apokalyptischen Großstadtroman. So abstoßend das Geschehen, so sehr ist diesem Text doch anzumerken, wie er gefallen und gekauft sein will. Berlin, Gewalt, 2000: Fertig ist die junge deutsche Literatur.


## Deutsche Metropolensehnsüchte

Dabei hat Staffel nur umgesetzt, was die deutschen Feuilletons nach der Wende nicht müde werden einzuklagen. Unverdrossen fahnden sie nach dem deutschen Metropolenroman; Frank Schirrmachers Essay über das *Versagen vor den Metropolen* eröffnete im Oktober 1989 sehr früh das Tremolo der Klagen über die provinzielle Verschnarchtheit der deutschen Gegenwartsliteratur. Zur Erklärung wurde meist auf das Fehlen einer echten Metropole in der Bonner Republik und in der DDR hingewiesen. Literatur kann schließlich nicht etwas herbeizaubern, was die Wirklichkeit nicht zu bieten hat.

Um so größer sind die Erwartungen nach der Wende. Seit Wiedervereinigung der beiden Berlinhälften gibt es erstmals eine reale Projektionsfläche für Metropolensehnsüchte – und eine Inflation von Berlin-Romanen und -Krimis. Ob Fonty und Hoftaller in Günter Grass' *Ein weites Feld* oder ein ähnliches Pärchen in Volker Brauns *Der Wendehals*, ob Thomas Hettches Sado-Maso-Orgie in der wörtlich genommenen Wiedervereinigungsnacht *Nox*, Ulrich Woelks *Rückspiel*, Thomas Brussigs erotische Satire über den Mauerfall, *Helden wie wir*, Pieke Biermanns proletarische Kriminalromane aus dem *Milljöh* oder Monika Marons *Animal triste* – wer auf der Höhe der Geschichte seit 1989 sein will, kommt an Berlin nicht vorbei. Hier verbinden sich Urbanität mit Historie, der Umbruch mit dem hartnäckigen Festhalten am Gewohnten, Großstadtleben mit großer Geschichte, der Osten mit dem Westen: die Stoffe also, aus denen große Literatur gestrickt wird. Zumindest haben die Großkritiker es den Autoren so lange vorgesagt, bis alle daran glauben.

Ein solcher auftragsgemäßer Berlin-Literat ist beispielsweise Jakob Arjouni. Der Frankfurter Autor reüssierte bisher mit drei Kriminalromanen um den deutsch-türkischen Privatdetektiv Kemal Kayankaya, der sich vorwiegend im Frankfurter Bahnhofsviertel herumtrieb. Mit dem Roman *Magic Hoffmann* vollzog Arjouni den Sprung aus der hessischen Provinz nach Berlin. Fred Hoffmann, der Held, der sich selbst gerne das Attribut „magic" gibt, wird nach vier Jahren aus dem Knast in Dieburg entlassen. Mit einem Freund und einer Freundin hatte er eine Bank überfallen, aber nur er, der „loser", war geschnappt worden. Und während er auf den Tag der Entlassung wartete, war für Nickel und Annette das Leben weitergegangen, na klar, in Berlin.

Arjouni mag von Berlin nicht viel mehr kennen als den ersten, touristischen Blick. In seinem Roman wird das erträglich und stimmig, da sein Held noch viel ahnungsloser als der Autor ist. Er verkehrt, wie alle Neuankömmlinge, vorwiegend in der Gegend um Bahnhof Zoo und Gedächtniskirche und glaubt, hier sei das echte Berlin. Der Osten ist ihm absolutes Neuland, Mecklenburg-Vorpommern klingt in seinen Ohren wie Swasiland. Und auch die Berliner Szene mit ihren verkrampften Ritualen ist dem gelernten Dieburger unbekanntes Territorium. Da gelingen Arjouni ein paar herrlich parodistische Szenen, etwa, wenn Magic Hoffmann die coolen Typen, die mit schwarzer Sonnenbrille vor dem Fernseher hocken, fragt, ob sie gerade einen Optikertest absolvieren. Oder wenn er den Eindruck gewinnt, daß in Berlin gute Laune für schlechtes Benehmen gilt. Oder wenn er sich zu Gast in der FU darüber wundert, daß die Studenten ausgiebig über Brötchennamen debattieren und ihr Gepäck wie Bergsteiger auf dem Rücken tragen.

Die Geschichte selbst ist schlicht gestrickt. Annette ist im Filmgeschäft tätig und von sehr beschäftigten, irrsinnig originellen Selbstdarstellern umgeben. Nickel hat sich mit Frau und Kind verbürgerlicht. Er wohnt in Hönow in der Plattenbausiedlung und studiert an der FU Germanistik. Die Beute von einst hat er in Luxemburg gut angelegt. Fred möchte seinen Anteil trotzdem bar auf die Hand und bekommt ihn schließlich auch. Doch die alten Freunde sind ihm fremd geworden, und aus dem einstigen Traum, gemeinsam nach Kanada auszuwandern, wird nichts mehr. Statt dessen verliebt sich Magic Hoffmann in eine spielsüchtige Tänzerin, die der Russenmafia Lederklamotten verkauft. Mit ihr und dem Geld bricht er nach Kanada auf, doch die Reise endet schon am Bahnhof Zoo. Die Tänzerin wird von Skins erschlagen und Fred erneut verhaftet. Jahre später sieht man ihn in Dieburg als Hilfsarbeiter eines Edeka-Ladens, und die alten Freunde tun so, als hätten sie ihn nie gekannt.

Das ist, den Effekten zu liebe, reichlich dick aufgetragen. Arjouni opfert immer wieder die Glaubwürdigkeit seiner Geschichte für kurzfristige Überraschungsmomente. Die Story wirkt deshalb ziemlich konstruiert. Lesbar wäre der Roman allenfalls als Berliner Milieustudie, doch dafür bleibt er zu sehr den Klischees verhaftet. Die Gewalt, die Mafia, die Kleinkriminalität: Das sind nur modische Behauptungen, abgekupfert von anderen unechten Abziehbildern. Schlechtes Kino.


## Abgewehrte Erwartung. Beharrungsvermögen

Matthias Zschokke, ein Schweizer Autor, der seit 1985 in (West-) Berlin lebt, gibt in seinem Roman *Der dicke Dichter* der Anforderung, unbedingt einen Berlinroman zu Papier bringen zu müssen, um en vogue zu sein, nur scheinbar nach. „Es ist gleichsam Stadtgespräch, daß Berlin neu geschrieben werden will, muß, wird", notiert der dicke Dichter. „Die Federn sind nur so gespitzt, es ist ein einziges Knistern und Kratzen, wenn man durch die Straßen geht..." Zschokke nimmt das Metropolen-Gerede ironisch auf. Sein dicker Dichter fährt jeden Tag ins Büro, um am Großstadtroman zu werkeln. Das kann doch schließlich nicht schwer sein, bei so viel „historischen Ereignissen, die uns alle tief bewegt haben, will man der Geschichtsschreibung Glauben schenken." Auch wenn es mit der Arbeit nicht so recht vorangehen will, er ist sicher, bald „löst sich der Knoten und der neue Großstadtroman quillt aus mir heraus in glühender Prosa."

Noch aber schlummern seine Figuren immer wieder ein. Er selbst döst am liebsten in Cafés vor sich hin, und sogar beim Schreiben überfällt ihn der Schlaf. Das Leben ist eine endlose Wiederholung, ein Warten darauf, daß irgend etwas Wichtiges geschieht: Essen gehen mit der Freundin, Besuch des Freundes und Reden über dies und das und ansonsten den Menschen mit ihren Aufdringlichkeiten möglichst aus dem Weg gehen. Das Berlin des dicken Dichters ist flach und freundlich und fad, es ist

> der Ort, an welchem wir aufgegeben haben, nach einem besseren zu suchen, also der Ort, an dem wir gestrandet sind, so wie jeder Ort irgendwann für jemanden derjenige wird, an dem er strandet. Warum nicht an den Gestaden Berlins zerschellen?

Berlin könnte auch Hamburg sein. Oder Pirmasens. Cafés gibt es überall, und viel mehr braucht es zum Leben nicht. Der dicke Dichter ist ein Fa-

talist des Alltags, ein gemütlicher, ruhebedürftiger Herr, der sich mit exi-
stentialistischem Vergeblichkeitspathos über die Leere des Daseins hin-
wegtröstet. Die Stadt mit all diesen kaputten, in die U-Bahnen kotzenden
Gestalten und traurigen Mitvierziger, die Hunde an langer Leine spazie-
renführen, stößt ihn eher ab, als daß er sich für sie interessieren könnte
mit all ihren „schmierigen Kanälen und triefenden Büschen, mit ver-
dreckten Schwänen und grobschlächtigen Senatoren, mit tumben Tenören
und auswurfgrünen Kontaktbereichsbeamten". Zschokkes dicker Dichter
müht sich erst gar nicht ab, vergeblich der Authentizität hinterherzuhe-
cheln und Berlintypisches einzufangen. Auch die Wende ist bloß ein Ereignis aus den Geschichtsbüchern, die mit dem eigenen Leben nichts zu
tun haben. Die einzige Wende, die der dicke Dichter registriert, ist die
Jahreswende, zu der er in sein Heft schreibt: „Schon wieder ist ein Jahr
vorbei, auch diesmal war kein Vers dabei."

Der Berlinroman der Nachwendezeit aus westlicher Perspektive – das
zeigt Zschokke mit abgründigem Humor – ist zunächst ein Roman über
den althergebrachten Alltag, über ein Bewußtsein, das sich durch sogenannte historische Ereignisse nicht aus der Ruhe bringen lassen will. Weil
die Wende in diesem 1995 erschienenen Wenderoman nur ganz am
Rande vorkommt, ist er realistischer als etwa Grass' *Weites Feld*, in denen stark typisierte Figuren als Stellvertreter der Geschichte durch Berlin
und von historischem Ereignis zu historischem Ereignis stolpern und ty-
pische Meinungen zum allseits bekannten Geschehen äußern, als sprä-
chen sie in Leitartikeln. Das Leben, setzt Zschokke dagegen, ist auch in
schwer historischen Zeiten von Zähneputzen, nutzlosen Gesprächen und
Müdigkeit geprägt, es vergeht spur- und erinnerungslos in ewiger Gegenwart. Es besteht aus kleinen Miniaturen, dem schräg einfallenden
Winterlicht, den tschilpenden Spatzen, dem Wind, der mit den Müllei-
merdeckeln klappert. Und der dicke Dichter, der das alles wahrnimmt, ist
manchmal ganz glücklich dabei. Oder zumindest nicht unglücklich. Viel
mehr ist von dieser Großstadt nicht zu erwarten, die „nichts erzählt, weil
sie keine ist, weil wir alle sie sind."

## Abschiede West, Abschiede Ost

Bleibt bei Zschokke alles beim alten, so geht es in *Bye, bye Ronstein* von
Jens Johler und Axel Olly um den Abschied vom alten Westberlin und
den Zerfall der im Windschutz der Mauer angelegten biographischen
Biotope: ein Abgesang auf die 68er Szene am Winterfeldtplatz. Wenn im
Wenderoman Ost Klagen über abgewickelte Akademiker sich häufen,

kann der Westler nur die Schultern zucken: Er war immer schon abgewickelt. Doch er reagiert darauf nicht mit unsouveränem Gejammer, sondern mit jahrzehntelang gehärteter Ironie. Und außerdem: Ihm öffnet sich ja nun der Osten als Gebiet neuer Arbeitsplatzhoffnung.

Hauptfigur ist Ronstein, Mitte Vierzig, der sein Dasein als Privatdozent fristet und vergeblich auf eine Professur hofft. Seine Frau Beate ist Architektin, finanziell hat er deshalb nichts zu befürchten. Ronstein stammt, wie die meisten Westberliner, aus Schwaben (Bietigheim-Bissingen) und erinnert sich sehnsüchtig an die Kindheit mit steilen Weinbergtreppen. Wie Zschokkes dicker Dichter ist auch Ronstein vom Grundgefühl der Vergeblichkeit durchdrungen. Nicht er lebt das Leben, sondern das Leben lebt ihn. Sein Schicksal, so stellt er rückblickend fest, fügt sich durch eine endlose Kette von Nicht-Entscheidungen. „Man schlug einen Weg ein, marschierte munter drauf los und verfiel nach und nach in einen Trott, das war kaum zu vermeiden."

Aus diesem Trott schreckt Ronstein hoch, als er einen Brief von der Uni Chemnitz in seinem Briefkasten vorfindet. Ausgerechnet Chemnitz. Will er dort hin? Wollte er eigentlich nicht immer schon viel lieber Drehbuchschreiber werden? Tatsächlich erhält Ronstein in den folgenden turbulenten Tagen mehrere Chancen, sein Leben zu ändern. Der umtriebige Freund Öko-Ecki schlägt ihm vor, Leiter einer Öko-Akademie auf Schloß Mellow zu werden. Ein alter Schulfreund, der Immobilienhai Benski, der humorig von sich behauptet: „Ich wähle sogar die Grünen, damit sie Leuten wie mir das Handwerk legen", bietet ihm einen Job an. Dann verliebt sich Ronstein auch noch und sucht schließlich seinen Analytiker auf, obwohl er seine Analyse längst beendet hat. Dort entschlüpft ihm der Satz: „Chemnitz ist nicht der Traum, aber es ist die einzige Chance", und der Analytiker ist gemein genug, ihn diesen Satz zehn Mal wiederholen zu lassen. So ist das Leben. Schließlich erhält Ronstein tatsächlich die Chance, ein Drehbuch zu schreiben. Sein Traum könnte in Erfüllung gehen. Er müßte nur zugreifen. Aber was ist mit Chemnitz? Sichere Beamtenlaufbahn?

Jens Johler und Axel Olly erzählen Kapitel für Kapitel aus unterschiedlichen Erzählperspektiven, und erst allmählich fügen sich die einzelnen Stücke zu einer zusammenhängenden Geschichte. Ob ein Taxifahrer spricht, ob Ronstein, Ehefrau Beate, Benskis rechtsradikaler Sohn, ein Drehbuchautor oder ein Streifenpolizist erzählen, stets stimmt der Jargon. Die Dialoge sind treffend, witzig und entlarvend ohne denunziatorisch zu sein. Realismus und Satire sind kaum auseinanderzuhalten, fast wie im richtigen Leben. Da ist etwa der Monolog des Alt-68ers, der immer noch Taxi fährt, weil er sich früher „nicht klar gemacht hat, daß man älter werden könnte", und der sich wehmütig an die glorreichen Jahre erinnert. „Man redet davon wie unsere Alten früher vom Schützengraben." Oder der alternative Reiseleiter, der Stadtführungen zu Spezialthemen anbietet: Die Architek-Tour, die Nazi-Opfer-Tour, die Stasi-Opfer-Tour, und für alle, die sich gern gruseln, die „Sowohl-als-auch-Tour".

*Bye bye, Ronstein* ist die (selbst-) ironische, liebevolle Dokumentation der Westberliner Szene im Stadium ihres Untergangs. Denn Chemnitz ist überall. Auch Berlin „ist nur ein größeres Chemnitz". Das konnte man zu Mauerzeiten nur nicht so leicht erkennen. Es putzt sich heraus und wird bald ununterscheidbar von anderen Metropolen sein. Bleiben oder gehen – die Frage erübrigt sich, denn das alte Berlin ist so oder so verloren, und wer hier noch lebt, der ist bloß irgendwie hängengeblieben. Mit *Bye bye, Ronstein* erfährt die Tatsache, daß auch Westberlin abgewickelt wurde, endlich die gebührende Aufmerksamkeit und eine gelungene literarische Darstellung.

Denn ansonsten ist man ja vor allem auf Abschiede (Ost) eingerichtet, als hätte sich nur dort das Leben geändert. Aber auch dort hält man an der Vergangenheit – Inseln des Bekannten in einem Meer der Orientierungslosigkeit – entschlossen fest. Das ist das Thema des Ost-Berliner Autors Jens Sparschuh in seinem Roman *Der Zimmerspringbrunnen*, der östlichen Abschiedsentsprechung zu *Bye,bye Ronstein*. *Der Zimmerspringbrunnen* trägt den listigen Untertitel „Ein Heimatroman" – denn genau darum geht es, um die Konstruktion einer Heimat, die erst im Verschwinden entsteht, die aber trotz ihrer DDR-Verhaftetheit durchaus ost-west-kompatibel ist mit ihren Sofaecken, Häkeldeckchen, Gummibäumen und den titelgebenden Zimmerspringbrunnen.

Hauptfigur ist Hinrich Lobeck, ehemaliger Angestellter der Ostberliner Kommunalen Wohnungsverwaltung. Er ist, wie er selbst sagt, „umgezogen worden", als man seine Straße umbenannte, sein Land dem Westen einverleibte und ihn selbst abwickelte. Drei Jahre ist er schon arbeitslos, als er sich, gedrängt von einem günstigen Wochenhoroskop, bei einer westdeutschen Firma für Zimmerspringbrunnen bewirbt. In seinem altbewährten Lebenslauf aus DDR-Zeiten streicht er die Formulierung „überzeugter Vertreter der sozialistischen Ordnung" und ersetzt sie nach einiger Überlegung durch „langjährige Erfahrung im Vertreterbereich". So beginnt Lobeks erstaunliche Karriere als ostdeutscher Vertreter für Zimmerspringbrunnen. Seine Wohnung verwandelt sich zum Warenlager, seine Frau Julia, über die er mittels eines Protokollbuches eifersüchtig wacht, zieht entnervt aus und löst die Ehe. Wie ein moderner Schwejk stolpert Lobek von Peinlichkeit zu Peinlichkeit, von Versagen zu Versagen und hat genau dadurch Erfolg. Die Westdeutschen mißverstehen ihn und sein Verhalten ständig und deuten es als Rafinesse oder auch nur als „typisch Ost", und in den Plattenbausiedlungen im Osten Berlins erkennen die Bewohner der kleinbürgerlichen Provinz sich in ihm und seinen Zimmerspringbrunnen heimatlich wieder.

Lobek vertreibt zunächst pflichtschuldig das Modell „Jona", ein Tischwasserbecken mit einem auf- und untertauchenden Walfisch, der eine Fontäne in die Luft bläst. Als Lobek aus Versehen ein Modell zerstört, begibt er sich in seine heimische Werkstatt für Laubsägearbeiten – sein Rückzugs- und Schutzort, an dem er auch das tägliche Protokollbuch führt – und bastelt ein neues Modell, das schließlich den Namen „Atlantis" erhält. Es besteht aus einem abgesägten Kugelschreiber in Form des Berliner Fernsehturms mit der goldenen Aufschrift „Berlin – Hauptstadt unserer Republik" und einer umgebenden Vulkanlandschaft in Form der DDR. Dieser Zimmerspringbrunnen besteht nun also aus einer auf- und untertauchenden DDR und einem wasserspeienden Fernsehturm. Das rein zufällig entstandene Modell hat – im Gegensatz zu *Jona* – im Osten durchschlagenden Erfolg, denn es symbolisiert die Sehnsucht nach der untergegangenen DDR zugleich mit der Sehnsucht nach Heimat.

Für seine westdeutschen Vorgesetzten ist Lobek auch deshalb besonders wertvoll, weil sie ihn für einen ehemaligen Stasi-Mann mit wichtigen Kontakten und Insiderwissen halten. Aus seiner Tätigkeit für die Wohnungsverwaltung bringt er nützliche Adressenlisten in den neuen Job ein. Sparschuh gelingt so eine listige Satire auf die Stasi-Enthüllungen. Auch Lobeks Eigenheit, seine sehr genauen und doch die Wirklichkeit stets mißverstehenden Beobachtungen in sein Protokollbuch einzutragen, ist bereits eine Karikatur des IM-Blicks. So gründlich die Mißverständnisse, so gründlich hat die Wende Privatleben, Politik und Ökonomie durcheinandergewirbelt. Niemand in Sparschuhs *Zimmerspringbrunnen* ist in der Lage, ein wirkliches Bewußtsein davon zu entwickeln, was er tut und was um ihn herum geschieht. Die Klischees der Wendezeit, die Sparschuh vorführt, können nicht durch Entlarvung aufgelöst werden. Sie sind ja real: typisch und prägend für diese Zeit. Deshalb wirkt auch diese Erzählerfigur Hinrich Lobek, die nichts durchschaut und gerade dadurch Erfolg hat, so überzeugend.

**Durcheinandergewirbelte Verhältnisse. Nichts bleibt sich gleich**

Parodistisch näherte sich auch Volker Braun den neuen, noch undurchschauten Verhältnissen. Er schickt in *Der Wendehals* (1995) zwei Flaneure durch das veränderte Berlin, neugierig, sinnenfroh, in somnambuler

Wachheit. Räsonierend erkunden sie die westlich gewordene Lebenswelt mit ihrer Freiheit und ihren Fußgängerzonen, Kaufhäusern und Straßenstrichs, Restaurants und dem Treuhandgebäude. Alles, was ihnen widerfährt, wird zum Gegenstand ihrer Unterhaltung: ein vergnügliches Gespräch mit philosophischem Mehrwert und kabarettistischem Nährwert. „Können wir mit dem Unterhalt, dem Ertrag zufrieden sein?" fragt der eine am Ende. Und die Antwort lautet: „Es macht keinen Sinn. Aber Spaß." Beste Unterhaltung also, denn nur so, lachend, ist den Verhältnissen beizukommen.

Der Dialog ist die adäquate Denkform des Dialektikers. Jeder Satz ruft eine Antwort hervor. Das Denken ist in Bewegung, und wenn etwas wahr ist, dann stimmt das Gegenteil auch. Bereits im *Hinze-Kunze-Roman* hatte Braun die Gesprächsform perfekt zu nutzen verstanden. Und auch im *Wendehals* ist sie der Motor, der die Betrachtungen in Gang hält. Bloß: sie führt nirgends mehr hin. Die Dialektik ist nur noch ein Spiel, eine vergnügliche Gesellenigkeit. Lange genug haben wir versucht, die Welt zu verändern. Jetzt kommt es darauf an, sie zu interpretieren.

Die beiden, die sich so gut unterhalten, sind seltsame Gestalten. ICH, der Schriftsteller der keine Bücher mehr schreiben will, stellt sich vor als „arbeitslos, wie alle Weltanschauer und Veränderer hier, innerlich abgewickelt und entlassen von der zahlungsunfähigen Geschichte, die solche Angestellten nicht länger unterhalten kann (mit ihrem dünnen Witz)". ER ist dagegen der „abgewickelte Chef", einst in einer Akademie tätig, höherer Dienst vermutlich, Genosse Schaber, jetzt angestellt in einer Finanzakademie.

Wie einst Hinze und Kunze kommen ICH und ER nicht voneinander los. Sie brauchen sich in ihrer Hilflosigkeit, und sei es nur deshalb, um nicht allein zu sein. War die Herr-Knecht-Beziehung zwischen Hinze und Kunze Brauns Parabel auf das Scheitern des Sozialismus mit seiner Reproduktion alter Herrschaftsformen, so sprechen ICH und ER nun als Gleichgestellte, als gleichermaßen Freigestellte miteinander. Zwischen den von der Geschichte Entlassenen gelten keine Hierarchien mehr. Welch bitterer Witz. Was der Sozialismus nicht schaffte, schafft die Abwicklung? Abgewickelte aller Länder, vereinigt euch?

*Der Wendehals* ist ein Buch der Wendungen. Nichts bleibt sich gleich, und auch die Konturen der Figuren verändern sich ständig. Gerade weil sie so aus der Bahn geworfen sind, haben die beiden, anders als einst Hinze und Kunze, die Möglichkeit, sich zu entwickeln und Neues auszuprobieren. Schließlich lernt man sich mit verdrehtem Hals „von allen Seiten kennen", und aus dem anpasserisch Wendehälsischen wird eine positive Qualität. Braun läßt kein vernichtendes, eher ein freundliches

Gelächter auf die Verhältnisse los. Aber es tönt doch manchmal sehr sarkastisch durch den „leeren Raum", von dem in einem der angehängten Prosastücke die Rede ist. 1989, als der riesige Alexanderplatz vom endlich ungeduldigen Volk gefüllt wurde, war dieser „leere Raum" ein Symbol der Hoffnung, Vorschein von etwas Besserem. Heute ist er Nachhall geplatzter Illusionen. Wir leben, heißt es im Text, als „Avantgarde der Niederlage" an der „vordersten Front der Verzweiflung". Wohlan. Berlin aber ist für diese heiter Verzweifelten nur die Kulisse für ein mögliches Leben, das noch keine Kontur gewonnen hat. Leben in einer Zwischenzeit.

Versucht Volker Braun, der Wende mit den bewährten Mitteln historisch-dialektischen Denkens beizukommen, so zeigt sich bei jüngeren (west-) deutschen Autoren eine Wende anderer Art und mit ihr der Abschied von der Geschichte. Der Verlust historischer Gewißheit läßt nach Bedeutung nur noch unmittelbar dort suchen, wo keine weitere Reduktion mehr möglich scheint: im subjektiven Erleben und in der Unmittelbarkeit körperlicher Erfahrung. Exemplarisch für diese Bewegung kann man Thomas Hettches Sado-Maso-Roman *Nox* lesen – eine Geschichte aus der sehr wörtlich genommenen Vereinigungsnacht.

Gleich zu Beginn tritt die Heldin, eine geheimnisvolle junge Frau, auf den Erzähler zu. In ihrer Hand sieht er ein Messer blitzen. Es ist eine effektvolle Szene wie in der Campari-Werbung. Doch während die Schöne dort nur eine Apfelsine aufspießt, durchschneidet sie hier mit einem raschen, tiefen Schnitt die Kehle des Erzählers, „trennte den Kehldeckel vom Kehlkopf, durchschnitt Halsschlagader und Schilddrüsenschlagader, kappte mir Luftröhre und Speiseröhre, und schnitt tief noch in einen Halswirbel hinein." Der Erzähler läßt sich jedoch durch das frühe Ableben in keinster Weise zum Verstummen bringen. Das Leben mag morbide sein, das Sterben aber ist ein höchst vitaler Prozeß. Genauestens hält er uns über die molekularen Vorgänge auf dem laufenden, die in seinem erstarrenden Körper dröhnen, über die Arbeit der Schimmelpilze und Blutgifte, der Fliegen und Maden, die ihm nach Tagen der Verwesung die Lider hochschieben und die Lippen auseinanderdrücken und so „noch einmal Augen und Mund öffnen".

Der Tod wird als eine Art Verschmelzung mit der Stadt vorgeführt, die ihn umgibt, als Liebesakt, und erzähltechnisch als ein Trick, der den allwissenden Erzähler – geöffnete Augen, geöffneter Mund – re-installiert: „Nun den Dingen gleich, öffnete die Stadt sich hinein in meinen Kopf, und mein Körper reflektierte ihren Lärm." Der verwesende Erzählerkörper ist der Filter, durch den hindurch die Stadt und die Geschichte wahrgenommen werden.

So verfolgt er, allwissend, allgegenwärtig, ein Erzähler-Geist, die schöne Mörderin auf ihrem Gang durch Berlin. Es ist der 9. November 1989, die Mauer fällt. Und während der Erzähler höchstlebendig stirbt, ist die Stadt ein Organismus, der aus der Todesstarre erwacht: War die Mauer ein „Schnitt" und das umgebenden Niemandsland das „Narbengewebe", so schneiden die Hämmer und Meißel der Mauerspechte wie „blitzender Stahl ins Fleisch". Noch deutlicher wird die Parallelisierung zwischen vitaler Erzählerleiche und morbidem Stadtorganismus, wenn die Möderin mit ihrer Hand über die Mauer streicht, und die Wunde ihres Opfers vor sich sieht:

> Himmel, Straße und Mauern, all das atmete und blutete um sie her, und sie war mitten drin. Wie Madenfraß, wie Fliegenlarven auf der offenen Wunde, die sich hineinbohren ins nekrotische Gewebe, klammerten sich überall im Fackelschein welche mit Hämmern und Händen an die Mauer.

So wie die Geschichte als körperlicher Vorgang erscheint, werden umgekehrt die Körper zu gezeichneten Trägern der Geschichte. Die Mörderin – die übrigens namenlos bleibt, sie hat ihren Namen „vergessen" – trifft in einem Westberliner Café ein Paar aus dem Osten. Sie entkleidet sich, legt sich umstandslos auf einen Tisch und sagt zu dem Ost-Jüngling, der ausgerechnet David heißt: „Fick mich". Der läßt sich nicht zweimal bitten, und so findet Germanias Vereinigung in Berlin höchst real auf einem Kneipentisch statt. David entblößt einen ramponierten Körper voller Narben, mit herausgerissenen Brustwarzen, einem tief gespaltenen Penis und Tatoo-Aufschriften: „Schlagt mich hart", „Mein Mund und mein Arsch sind offen" usw. Der malträtierte, beschriebene Leib aus dem Osten könnte aus Kafkas Strafkolonie entwichen sein. Die masochistische Aufschrift auf seinem Körper ist allerdings nicht mehr die Handschrift einer pervertierten Macht, die ihre Gesetze in genauer Programmierung von einer Maschine auf die Leiber schreiben ließ. Es sind die Spuren einer unprogrammierten Geschichte, aus der ein Entkommen nur in masochistische Selbstunterwerfung möglich zu sein scheint.

Der Show-down findet schließlich im pathologischen Institut der Charité statt: hinter Vitrinen voller Mißbildungen, mehrköpfigen Kindern und herausgeschnittenen Geschwüren. In diesem „anatomischen Theater" leitet ein seltsamer Wissenschaftler eine letzte sadomasochistische, orgiastische Sitzung. Die Heldin wird gefesselt und an einen Haken gehängt:

> Sie hing, kopfüber, still, ihr Körper mit den Beinen nach oben, sich selber fremd, eine Pflanze und ihr Geschlecht eine Frucht. [...] Der Schmerz war ein glänzendes, gläsernes Stückchen Zeit, das sich einbrannte und in ihr zu schwelen begann. Ein Augenblick, in den sie wie in glitzernde Scherben stürzte, und die Wunde verlief durch sie hindurch, die aufgebrochene Wunde.

In diesem bedeutungsvollen Moment betritt ein cerberusartiger Hund die Szenerie, der durch das gesamte Buch geistert: ein entflohener Grenzhund, ein stummer Zeuge des Geschehens, ein höheres, mythologischen Wesen. Und dieser symbolträchtige, selbstredend ebenfalls mit Wunden übersäte Hund, der einst die deutsch-deutsche Grenze bewachte, flüstert nun der hängenden, lustvoll gequälten Mörderin ihren Namen zu.

Hettche baut aus einer Mixtur populärer Zeichen, aus Mauerfall, Sex, Tod und Gewalt ein kunstgewerbliches Patchwork zusammen, in dem die Körpersäfte und der Sprachkitsch reichlich fließen. Aber er besitzt einen guten Instinkt für das Modische. Seine Interpretation des Körpers als Schriftfläche der Geschichte und der zusammenwachsenden Stadt als Organismus sind ein Indiz für den gegenwärtigen Paradigmenwechsel vom Historischen zum Anthropologischen, für den Rückzug der Geschichte aus der Gesellschaft in den Körper. Auch so läßt sich also der Großstadtroman schreiben.

Tim Staffel: Terrordrom. Roman. Ammann Verlag, Zürich 1998.

Jakob Arjouni: Magic Hoffmann. Roman. Diogenes Verlag, Zürich 1996.

Matthias Zschokke: Der dicke Dichter. Roman. Bruckner und Thünker, Köln, Basel 1995.

Jens Johler, Axel Olly: Bye bye, Ronstein. Roman. Luchterhand Literaturverlag, München 1995.

Volker Braun: Der Wendehals. Eine Unterhaltung. Suhrkamp Verlag, Frankfurt/Main 1995.

Jens Sparschuh: Der Zimmerspringbrunnen. Ein Heimatroman. Kiepenheuer & Witsch, Köln 1995.

Thomas Hettche: Nox. Roman. Suhrkamp Verlag, Frankfurt/Main 1995.

# Ästhetische Differenzierung und flüchtiges Glück
## Berliner Großstadtleben bei T.Dückers und J.Hermann

Was die beiden Autorinnen verbindet, einmal abgesehen davon, daß sie in Berlin leben und über das Leben im heutigen Berlin schreiben, ist ihre Abrechnung mit der Elterngeneration. Dückers wurde 1968 geboren, Hermann 1970, und die Achtundsechziger sowie deren Erben, die in den siebziger Jahren Erfüllung in der moralisch und politisch sensibilisierten Innerlichkeit alternativer Lebensstile abseits der amerikanisierten Massenkultur suchten, kommen bei ihnen schlecht weg. Sowohl Hermann wie Dückers sind zu jung, um noch von den letzten Ausläufern der ApO, nämlich der Anti-Akw-, der Ökologie- und der Friedensbewegung substantiell erfaßt worden zu sein; sie sind in den späten achtziger und den neunziger Jahren zu Hause, einer Zeit der munteren Pluralisierung von Lebensstilen, allen Fundamentalismen der Älteren abhold und eben dadurch auch zukunftsoffener und experimentierfreudiger als die gerade vergangene.

## Von Kindern und Eltern

Tanja Dückers läßt in ihrem Debüt-Roman *Spielzone*, der netzwerkartig einzelne Episoden des Alltagslebens in ständig wechselnder Figurenperspektive um das geographische Zentrum zweier Berliner Straßen konstelliert, das Lesbenpaar Alice und Petra auftreten und setzt es der Häme seiner jugendlichen Nachbarn aus. Denn das Duo verkörpert in einer die jüngeren Protagonisten des Romans provozierenden Weise den esoterischen Ekklektizismus einer verspießerten Subkultur, deren Wurzeln in den siebziger Jahren liegen. Alice und Petra, mittlerweile gesetzten Alters, werden von der Autorin in geradezu gehässiger Detailversessenheit – von einer Glasschale mit Vollkornkeksen über eine Pinnwand mit der ausgestellten Romantik gemeinsamer Urlaube in Rom, auf Rügen, beim Segeln und beim Küssen bis zum „schwarzen, altmodischen Telefon, das auf einem türkisen Deckchen auf der Ablage im Flur steht" (S. 121) und der beflissenen Mülltrennung im Hof – mit allen Attributen ausgestattet, über die dann die Party-Kids der Neunziger spöttisch herfallen dürfen. Die Selbstzufriedenheit von Alice, wie sie „da in Ruhe für sich und ihre Lebensgefährtin Teig knetet" (S. 115), wundert ihre neunzehnjährige

Nachbarin, die überdrehte, im Berliner Nachtleben erprobte Gymnasiastin Ada nicht minder als ihre Bekannte, die sieben Jahre ältere Studentin Katharina. Beiden stößt die Gemütlichkeit auf, in der sich die beiden „bierernsten Frauen" (S. 115) eingerichtet haben, zumal ihnen eine künstliche Befruchtung endlich Nachwuchs und dadurch – in den Worten Alices' – „eine neue Dimension des Frauseins" (S. 125) beschert hat, die ungestört empfunden sein will. Katharina beobachtet die glücklichen Eltern durch deren von einer „weihnachtliche[n] Kerzengirlande" umranktes Küchenfenster, wie sie unter dem Bild „von Oyama Puyamera, einer indischen Schutzgöttin für Frauen" gemeinsam – „pünktlich um 16.00" – meditieren: „Die picken", so ihr Kommentar, „aus jeder Religion, was ihnen so gefällt" (S. 206).

Auch die Eltern von Laura, Adas vierzehnjähriger Cousine, die zu ihrem Verdruß noch nicht das freizügige Party-Leben der Älteren führen darf, sondern am Gängelband elterlicher Obhut bis zur Mündigkeit „im unhippen Neukölln" (S. 174) ausharren muß, bekommen ihr Fett weg. Die zwar in vielen Belangen noch sehr kindliche Tochter hat doch ein feines Gespür für Habitusformen. So spricht sich in ihren Klagen über die Eltern mehr aus als der pubertäre Generationenkonflikt. Hannelore und Wolf – nicht Mama und Papa, „das finden sie zu altmodisch und auch nicht gleichberechtigt", wie Laura dem Leser in launischem Ton anvertraut (S. 18) – haben sich nächst „Hypno-Therapie" bei „einem komischen Inder" und „Wildwasser-Kajak-Fahren in der Ukraine" (S. 20) durch die antiautoritäre Erziehung ihrer Kinder selbstverwirklicht. Die bekundet sich darin, daß die Verabfolgung von Sanktionen vom Gewissensappell bis zur Ohrfeige durch „Klär-Gespräche" (S. 18) gepuffert wird, deren fester Institution sich die Tochter freilich neuerdings ebenso entzieht wie der familiären Vergemeinschaftung durch politische Fortbildung vor dem Fernseher. Die Einladung des Elternpaares zur gemeinsamen historischen Besinnung bei „eine[r] sehr gute[n] Sendung über die Gedenkstätte Plötzensee" (S. 20) lehnt Laura ab, nicht nur, weil sie den Ort „schon zweimal höchstpersönlich" besucht hat. „Ich habe jedesmal Alpträume nachher gehabt, mich hat das überhaupt nicht kaltgelassen, wie Wolf mir vorwarf, bloß weil ich da drin 'ne Tüte Chips gegessen habe, was er aus irgendeinem Grund ‚sehr unpassend' fand" (S. 20f.). Affektive Betroffenheit erkennt Wolf nur an, wenn sie sich auch als Statement ausstellt. Lauras Worte sind aber vor allem aufschlußreich für die Psychodynamik im Elternhaus. Denn exemplarisch verdeutlichen sie die Beziehungsfalle, in die das Kind von den Eltern verstrickt wird, freilich kaschiert durch den Jargon egalitärer Verständigung, der die realen, asymmetrischen Strukturen der Eltern-Kind-Beziehung verschleiert. Die

Bemerkung des Vaters, der Chips-Konsum an einer ehemaligen Hinrichtungsstätte des Dritten Reiches sei ‚unpassend‘, sinnt der Tochter ihre Entscheidungsautonomie hinsichtlich des angemessenen Verhaltens an. Sie hat den Charakter eines wertenden Kommentars, nicht aber eines ausdrücklichen Verbotes. Es steht der Tochter objektiv frei, diese Wertung als eigene zu übernehmen. Die Sanktionierung des vermeintlichen Fehlverhaltens der Tochter, welche die sprachlich angesonnene Autonomie untergräbt, vollzieht sich gleichwohl – nur verborgener und subtiler als durch ein Verbot des Vaters. Dieser spricht der Tochter nämlich die affektive Betroffenheit von der Hinrichtungsstätte ab. Wie die Tochter sich auch verhält, sie handelt falsch. Leistet sie dem Vater vorauseilenden Gehorsam – vorauseilend deshalb, weil er ja kein Verbot explizit ausgesprochen hat –, so handelt sie der angesonnenen Entscheidungsautonomie zuwider, denn aus freien Stücken sieht sie offensichtlich keineswegs ein, warum die Chipstüte unpassend sein soll. Entscheidet sie dagegen dem Ansinnen gemäß autonom und mithin ihrem Sittlichkeitsgefühl entsprechend nicht gegen den Chips-Genuß, dann wird sie bestraft durch Aberkennung ihres moralischen Empfindens.

Lauras Auflehnung gegen ihre Eltern äußert sich in einer Idiosynkrasie gegen die Attitüde der Belehrung und die Anmaßung einer gesinnungsethisch privilegierten Bewußtheit und Authentizität des Lebens, die sie mit ihrer Cousine Ada teilt. Die beiden halten zum Selbstschutz Formulierungen wie „bitte keinen auf Pädagogisch, ja" (S. 193) bereit. Objektiv unterstellt diese Wendung dem jeweiligen Adressaten die Absicht, sachliche Aufklärung zur selbstbezogenen Demonstration geistiger Überlegenheit zu mißbrauchen – „einen auf Pädagogisch" wäre eben weder authentisch sachbezogen noch authentisch pädagogisch, sondern bloß eine aus anderen Motiven vorgeschobene pädagogische Gebärde. Subjektiv muß diese Bedeutung allerdings keineswegs intendiert sein, denn die Redewendung ist Jugendjargon und mithin konventionalisiert; aber gerade deshalb ist sie auch aufschlußreich für Strukturen der Interaktion, in denen dieser Jargon sich ausgebildet hat und gegen die er seine Sprecher wappnen soll. Sie sind offenbar ständig auf der Hut vor den verborgenen Intentionen der anderen Aktoren, deren Sprache sie nicht ‚at face value‘ zu nehmen wagen. Es gilt sie vielmehr auf ihre eigentlichen Absichten zu durchschauen. Wenn Wolf und Hannelore ihre Laura in der Vorweihnachtszeit zur Kreativität beim Schenken anmahnen, um nach dem Fest die selbstgebastelten Präsente, was Laura so scharfsinnig wie trocken konstatiert, in den Müll zu werfen, „die Geschenke anderer Leute, wie Tee-Eier, Vasen oder blöde Kunstbände natürlich nicht"

(S. 18), dann wird deutlich, welche Beziehungsmuster der besagte Jargon subvertiert.

Während Tanja Dückers die Elterngenerationen in der perspektivischen Brechung der Kinder mit kräftiger Schraffur aufs Korn nimmt, entfaltet Judith Hermann eine eher subtile Ironie. In ihrem Erzählband *Sommerhaus, später* hat sie bezeichnenderweise die Geschichte über Koberling, den Überlebenden seiner wilden Jahre, als Mahnung an die Gefahr des lebenspraktischen Scheiterns durch die nachträgliche Mystifizierung der jugendbewegten Vergangenheit und der narzißtischen Steigerung in die Larmoyanz eines selbstbeschiedenen Winkelglücks ans Ende gestellt. Koberling ist der „Stopfkuchen" unserer Tage, doch während Wilhelm Raabe seinen Helden vor mehr als hundert Jahren noch mit der privaten Idylle aussöhnen konnte, die er mit Lebensklugheit auszufüllen verstand, läßt Hermann den ihren in Selbstmitleid versinken und in heilloser Zerstrittenheit mit sich selbst durchs Unterholz rund um seine Brandenburger Kate stapfen. Koberling hat es sich nie verziehen, daß er einen Schlußstrich gezogen hat unter die grauenhaften guten alten Tage. Durch die Negation seiner Vergangenheit begründet er allererst den Mythos, von dessen Hege und Pflege er schmerzhaft zehrt. Da hockt er nun auf seiner Scholle, vor ihm die Oder, deren still mäandernder Fluß unübersehbar weit aus seiner nächsten Umgebung herausführt und von ihm deshalb in einer Ambivalenz aus Bedrohung und Versuchung empfunden wird. Als er einmal auf dem Weg ins Oderbruch „das Gartentor hinter sich schließt, hat er das Gefühl, auf unsicheres Gebiet zu kommen" (S. 181). Das Sommerhaus, das er in Lunow gemeinsam mit Constanze und dem Sohn im Kleinkindalter namens Max zwischen Frühjahr und Herbst bewohnt, nutzt er als Ort der Zuflucht vor der Außenwelt. „Koberling wolle nicht soviel Besuch, ein Rückzug nach den Jahren in der Stadt, ein Sommerrückzug, im Herbst ginge es ja wieder nach Berlin" (ebd. S. 174), übersetzt Constanze den Gästen – „Koberling steht auf dem Hügel, als sie kommen" (S. 167) – die Beweggründe des abweisend schweigenden Gatten für den alljährlich halbjährigen Landaufenthalt. Er sah den Besuch, dem Constanze so bereitwillig über ihr Leben in Lunow Auskunft erteilt, bereits von seinem Hügel aus mit wachsender Beunruhigung kommen: Anna und einen „Kiffer", so seine bestechende Charakterisierung, nachdem die beiden mit ihrem Mercedes Diesel „den Sandweg hinaufgekrochen" (S. 167) waren und nach langer Polenreise bargeldlos, doch guter Dinge vor dem Gartentor des Rückzüglers zu stehen kamen. Während Anna dem Jugendfreund ihres Vaters wiedersehensfroh entgegenschreitet – Koberling „bleibt schützend am Tor stehen" (S. 169) –, denkt der nur daran, wie er wortlos signalisieren kann, „daß sie wieder gehen sollten. Daß Gäste hier nicht erwünscht waren. Daß alte Freundschaften nicht mehr galten. Aber sie begreifen nicht. Stehen da und glotzen" (ebd.) und richten sich auf drei Tage Erholung von den Ferien in der Lunower Sommerfrische ein.

Warum Koberling sich mit seiner Vergangenheit überworfen hat, die er zu einem guten Teil mit Annas Vater verlebte – „Widerliche, fast peinvolle Erinnerung an nächtelanges Kneipenhocken, an Idealaustausch, Illusionszertrümmerung, emporgezüchtete Gemeinschaftlichkeit. Verlogen, alles, denkt Koberling" (S. 176) –, kann er Anna nicht erklären, die – sie „möchte schon gerne wissen, warum" (S. 184) – das zu erfahren beansprucht, weil sie viele Kindheitserinnerungen an gemeinsame Erlebnisse in sich trägt. Er kann es nicht, weil er an der Aufklärung der Beweggründe gar nicht interessiert ist. Stattdessen speist er sie mit Ausflüchten ab: „Vielleicht, daß er Frauen hatte, die ich nicht mochte? Kleine Streitigkeiten, die wir nicht geklärt haben, irgendwelche Unstimmigkeiten. Wir haben unterschiedlich gelebt, glaube ich" (S. 185). Seine Bilanzierung der Platitüden, die er Anna zumutet, verrät ihn aber: „Koberling läuft ihr hinterher und möchte rufen: ,Das Leben ist nicht theatralisch, Anna!'" (ebd.). Genau das verzeiht er ihm nicht, dem Leben. „Früher, in den Nächten in seiner Einzimmerwohnung, Berlin und Winter, war er eingeschlafen mit einem Grauen vor all den Tagen, Monaten, Jahren, die da noch auf ihn warteten. Eine Zeit. Eine Zeit, die ausgefüllt, besiegt, zunichte gemacht werden mußte" (S. 178). Koberlings Rückzug nach Lunow ist Ausdruck eines Lebensgefühls, das mit übertriebener Selbstcharismatisierung begann und in Katerstimmung geendet hat, die Malaise der Enttäuschung darüber, daß die Bewegtheit des „Idealaustausch[s]", wie Koberling seinen jugendlichen Enthusiasmus zynisch nennt, auf der Stelle getreten hat und aus dem immergleichen Kneipendunst nicht herausgekommen ist. „Daß es ,so weiter' geht, *ist* die Katastrophe", sinniert Walter Benjamin in größer dimensionierten Zusammenhängen (Benjamin, S. 592), aber der Schrecken, der aus diesen Worten spricht, hat auch Koberling in den seinen erfaßt. Nur einmal durchbricht er die verbitterte Unnachgiebigkeit gegen sich selbst und läßt sich von einer sanften Welle der Sentimentalität forttragen in die leisen Worte: „Für Janis", während er seinen Kaffeerest über die Veranda kippt. Anna, die erstmals etwas anderes als Zurückweisung aus seiner Stimme heraushört, schaut auf, doch versteht nicht recht. Aber Koberling vermeidet den Blickkontakt, „schaut in die leere Kaffeetasse" wie auf den Grund seines Gedächtnisses und erläutert: „Für Janis. Dein Vater hat's immer gesagt, früher, wenn er Weinreste in den Garten geschüttet hat, für Janis, für Janis Joplin',, (S. 180). Das wäre vielleicht der Ort und Zeitpunkt einer beginnenden Verständigung zwischen den beiden über das, was war, doch für die Jüngere sind diese Worte nicht mit der magischen Bedeutung aufgeladen, die Koberlings Sentimentalität ihnen verleiht: „„Ja', sagt Anna einfach", und Koberling, der sich nun seinerseits abgewiesen fühlt, „wagt es nicht, aufzuschauen, irgend etwas ist ihm plötzlich entsetzlich peinlich". Die Verständigung kommt nicht zustande, Anna und der „Kiffer" verlassen die kleine Lunower Familie, und „Koberling spürt ein Ziehen im Magen wie eine ungeheure Kränkung" (ebd., S. 187), als Constanze ihm, dem Spätaufsteher, die frühmorgendliche Abreise der beiden berichtet.

Hermanns Koberling scheint auf den ersten Blick in diametralem Gegensatz zu stehen zu der Elterngeneration in Dückers' Roman: Hier die Selbstzufriedenheit einer selbsterfahrungszentrierten Nischenkultur, dort die Zerknirschtheit mißlungener Vergangenheitsbewältigung. Doch Koberling bleibt seiner Herkunft in der Weise der Negation nicht minder verhaftet als Alice und Petra, Hannelore, Wolf und Adas „Öko-Mutter" (S. 126) der ihren durch die Pflege ihrer Alternativität. Beides ist Ausdruck narzißtischer Selbstbezogenheit, der Anmaßung einer in den eigenen Lebenserfahrungen und Überzeugungen begründeten Herausgehobenheit – deshalb Koberlings Kränkung darüber, daß Anna sich seinem rüden Verhalten nicht länger aussetzt – und schließlich der Praxisverweigerung, die aus beidem resultiert. Man wird erwarten können, daß sich die jüngeren Generationen auf der Kontrastfolie der Älteren konturieren.

## Vom Leben in Berlin

Koberling und seine Familie leben auf dem Lande, aber Berlin bleibt als Ausgangsort einer Fluchtbewegung bei jedem seiner Schritte durch den Garten präsent. Die Nischenkultur der beiden Lesben in Dückers' Roman ist gezeichnet von einer sozialen Realität, die zwar einerseits solchen Nischen toleranten Raum läßt – „ich komme aus einer Kleinstadt, Lippstadt, und bis heute können die Leute mich und Petra da nicht ohne blöde Kommentare akzeptieren" (S. 121), erfährt Ada von ihrer Nachbarin Alice –, aber andererseits sie auch allererst provoziert. Denn sie schützen gegen die Anonymität der Millionenstadt. Auch Hannelore und Wolf statten ihr Leben mit Überzeugungen aus, die ihnen Besonderung dort sollen bewahren helfen, wo sie so schwer zu verteidigen scheint. Dazu gehören politische Fernsehsendungen ebenso wie Selbsterfahrungstrips und Rockmusik von Eric Clapton und den Rolling Stones. Die Repräsentanten der Elterngenerationen sind in beiden Büchern Kinder der

Großstadt. Wie ihre Nachkommen, die sich freilich ohne einen festen Bestand an Sinnorientierungen behelfen müssen.

Dückers führt dem Leser wohl ein Dutzend Figuren im Alter zwischen Vierzehn und Anfang dreißig vor, deren Leben charakterisiert ist durch die Absenz eines inhaltlich bestimmbaren Sinns, der ihrem Leben in ähnlicher Weise zu einer Orientierung verhülfe, wie den Repräsentanten der Elterngenerationen ihre Herkunft aus der ApO und der alternativen Subkultur mit ihren relativ fixen politischen, kulturellen und gesellschaftstheoretischen Wert- wie Lebensvorstellungen. Drei zentrale Instanzen der traditionellen Sinnbildung: lebenspraktisch verbindliche Deutungsmuster, geregelte Arbeit und feste diffuse Sozialbeziehungen (Lebenspartner, Familie, enge Freundschaften) fehlen in ihren Lebensentwürfen bzw. sind nur in neurotischer Verzerrung präsent. Während beispielsweise Karaul seine Freundin mit symbiotischen Verschmelzungssehnsüchten überlastet, verliert Elke, die als freie Übersetzerin an „James Morrows Aufsatz über Fruchtfliegen" (S. 77) sitzt, langsam jeden Kontakt zu ihrer sozialen Umwelt. Die Arbeit, deren Monotonie sie nur durch noch mehr Arbeit betäuben kann, vereinzelt sie völlig und treibt sie in eine menschenscheue Absonderlichkeit. Schließlich öffnet sie nicht einmal mehr ihre Gardinen – ein beklemmendes Stück aus dem Alltag der postindustriellen Arbeitswelt. Elkes und Karauls Lebensentwürfe scheitern an ihrer neurotischen Fixierung auf Liebe und Arbeit in einer als bedrohlich empfundenen urbanen Umwelt; sie treiben in eine strukturlose Innerlichkeit, die in dem Maße, wie sie Schutz bietet, auch die Bedrohung von außen steigert.

Jason und Elida, die Neuköllner „Paradiesvögel" (S. 97 u. ö.), wie der Kiez einhellig befindet, bilden dazu den nachdrücklichsten Gegensatz. Symbiotisch wirkt ihre Beziehung zwar auch, denn nirgends sind sie getrennt zu sehen, nirgends treffen sie andere Leute, und meistens schließen sie sich zu stundenlangem raffiniertem Liebesspiel in ihrer Wohnung ein, deren Interieur an ein Aquarium erinnert. Aber der Leser gewinnt den Eindruck, daß die Beziehung vollständig aufgeht in ihrer Darstellung, die dem Anspruch forcierter ästhetischer Künstlichkeit gehorcht. Ihre intimen Stunden in der Badewanne, auf dem meerblauen PVC des Küchenbodens oder dem mit blauem Flokati gepolsterten Küchenstuhl, nackt auf dem Sofa, oder sie „in einem Nixenkleid, hautenges türkisfarbenes Nylon mit Schuppenmuster, und einer wie ein Fischschwanz aufgefächerten Schlaghose", er „mit langem blauschwarzem Haar in einem ‚Ziggy Stardust'-Outfit" (S. 9), scheinen genauen Regieanweisungen zu gehorchen. Denen muß Jason auch bei seiner Arbeit folgen, denn er wirkt zeitweise als Porno-Darsteller. Henry Millers Ich-Erzähler in *Tropic of Cancer* konnte als unbeteiligter Beobachter der Kopulation zwischen einer Prostituierten und ihrem Freier die Erfahrung des Absurden abgewinnen, „als betrachte ich eine Maschine, deren Zahnradbetrieb ausgerastet ist" (Miller, S. 171). Eine solche Erfahrung präsupponiert einen Sinn, der verloren wurde (– und mit dessen Verlust Miller kokettiert). Jason dagegen bewegt sich auf ‚postabsurdem' Terrain. Er ist in allem, was er tut, Beobachter seiner selbst, doch nur, um etwas zu inszenieren, das seine Bedeutung allererst durch diese Inszenierung gewinnt. Als er sich unbemerkt unter die einander teilweise unbekannten Gäste einer Swinger-Party mischt, überlegt er, als wen er sich vorstellen solle. „Ich kann mich ja als Selbstdekorateur bezeichnen" (Dückers, S. 73). Seine und Elidas Dekoration entstammt vornehmlich dem Requisitenlager der Disco-Ära, und ihr Ehrgeiz besteht darin, Einzigartigkeit durch immer gewagtere Kombinationen der verwendeten Requisiten zu demonstrieren. Die beiden lösen die gegenständliche Welt – und in dieser auch sich selbst, die wöchentlich ihre Namen ändern und die Pseudonyme aufeinander abstimmen – auf in ein System von Zeichen, das seinen Sinn allein durch den offenen Prozess seiner internen Differenzierung empfängt. Deren Prinzip ist das der Kontrastivität. Erdbeeren essen sie nicht, weil sie gut schmecken, sondern um ihres ungewöhnlichen Arrangements mit „Broccoli, Zitronensaft darüber, zwei Mohrrüben für jeden zum Nachtisch" (ebd., S. 10), willen. Während Lauras Vater Wolf die Rolling Stones und Eric Clapton hört, weil ihre Musik seinem Lebensgefühl entspricht, die ‚Stimme' seiner Generation ist, fragt sich Jason: „Bach oder Byrds? Maria Callas oder Diana Ross?" (ebd.), wegen der Spannung, in der die Namen zueinander stehen, oder aber wegen der zufälligen Zusammenstimmung, welche sich im ersten Fall der Alliteration verdankt. Ihre Bemühung um Aufhebung der Subjektivität, an deren Innerlichkeit Karaul und Elke scheitern, in den Prozess der Erzeugung semiotischer Kontrastivität bringen Jason und Elida zu einem staunenswert konsequenten Abschluß, als sie sich in einem gestohlenen Wagen bei ziellosem Streifzug über die Autobahn zu Tode fahren und so nun selbst als bloße Zeichen zurückbleiben, als Signifikanten in den Zeitungsberichten von dem Unglück.

Jason und Elida sind die am wenigsten überzeugenden Figuren in Dückers Roman, weil man ihnen ihre erzählstrategische Funktion allzu deutlich anmerkt. Die schillernde Künstlichkeit ihres Lebens wird etwas bemüht der nur allzu grauen Realität des Neuköllner Alltags entgegengesetzt. In der Menschenmenge zwischen den Imbißbuden und Billigläden auf der „Trashmeile" Hermannstraße (neben dem ‚Sarg Discount' mit unwiderstehlicher Logik die ‚Waffen zweiter Wahl', S. 13) wirkt das Paar wie eine unwirkliche Erscheinung, nach der die Passanten sich umdrehen.

Für den stellvertretenden Betriebsleiter des – mit überdeutlicher Symbolik – örtlichen Klärwerks Herrn Lämmle ist es gar eine Epiphanie. Sollte ihm und seiner Gisela doch noch ein Kind vergönnt sein, so werde er es Neptun nennen und ihm die blauen Augen Jasons und Elidas wünschen, denn „ihre Augen haben die Farbe des Stillen Ozeans auf den Globen im Schaufenster von Karstadt" (S. 11), die seinen und Giselas dagegen sind braun, und in dieser Farbe spiegelt sich Herrn Lämmle der Jammer seiner Existenz zwischen Klärwerksdienst und nachmittäglichem Schuhcreme-Kauf. Er ist ein Voyeur aus romantischer Passion, wenn er nächtens auf die Familiengräber des Thomas-Friedhofs klettert, um das Paar in dem gegenüberliegenden Haus bei seinen Spielen hinter vorhanglosen Fenstern zu beobachten. Nicht die sexuelle Begierde treibt ihn, sondern die Sehnsucht nach einem besseren Leben, das er sich nur im schrillen Ambiente der seit zwei Dekaden vergangenen, aber von Jason und Elida wiedererweckten Popkultur vorstellen kann, und der Leser ahnt, das in ihr die Erinnerungen an seine Jugend und deren träumerischer Naherwartung sinnlicher Erfüllung wurzeln.

Die Autorin mag bei der Entwicklung dieser Figur an Walter Benjamin gedacht haben:

> In dem Traum, in dem jeder Epoche die ihr folgende in Bildern vor Augen tritt, erscheint die letztere vermählt mit Elementen der Urgeschichte, das heißt einer klassenlosen Gesellschaft. Deren Erfahrungen, welche im Unbewußten des Kollektivs ihr Depot haben, erzeugen in Durchdringung mit dem Neuen die Utopie, die in tausend Konfigurationen des Lebens, von den dauernden Bauten bis zu den flüchtigen Moden, ihre Spur hinterlassen hat (Benjamin, S. 47).

Die Textstelle findet sich im Zusammenhang einer geschichtsphilosophischen Erörterung Fouriers; Herr Lämmle lädt die Requisitenwelt der 70er Jahre mit einem utopischen Gehalt auf, der den Phalanstéres in nichts nachsteht. Sein Pathos steht in allerdings rührendem Gegensatz zu der Selbstwahrnehmung des Paares, das er aus sicherer Entfernung anbetet. – Die konstruktive Funktion des Klärwerksmannes im Romanganzen ist deutlich: Lämmle auf der einen Seite, Jason und Elida auf der anderen bilden die Pole, zwischen denen sich verschiedene Versuche der Lebensgestaltung durch ästhetische Differenzierung entfalten. Pole deshalb, weil nur zwischen den Extremen, die sie verkörpern, diese Gestaltung gelingen kann. Lämmle gibt die produktive Gestaltung des eigenen Lebens preis zugunsten der passiven Idolatrie fremder Selbstdarstellungen, und die anderen beiden betreiben Lebensgestaltung als Selbstdarstellung ohne Selbst, indem sie sich durch den vollständigen Verzicht auf lebenspraktische Sinnbildung gleichsam in ein unselbständiges Requisit ihres selbstgezüchteten Ambientes verwandeln. Zwischen diesen beiden Polen präsentiert Dückers aber andere Charaktere, die es besser machen wollen. Es sind die Partykids aus den Generationen der Vierzehn- bis Sechsundzwanzigjährigen, die über vielfältige Sozialkontakte nicht klagen können, die neben ihrer Jagd nach den urbanen ,events' zur Schule gehen oder studieren und das psycho-soziale Moratorium der Ausbildungszeit – in räumlicher Metapher: ihre „Spielzone" – glanzvoll zu durchfeiern scheinen. Im Zentrum stehen Laura, Ada und Katharina; sie repräsentieren dieselbe, allerdings altersspezifisch differierende Grundhaltung. Sie ist geprägt durch den Anspruch der Individualisierung durch ästhetische Differenzierung.

„Und was mache ich?", fragt sich Laura angesichts der Eltern, die in ihrer alternativen Nischenkultur Halt und Selbstbewußtsein finden. „Politik oder irgendeinen anderen Mannschaftssport gibt's nicht mehr" (Dückers, S. 23). Lauras Worte artikulieren das Bedürfnis nach Selbstsein in der urbanen Unübersichtlichkeit einer Vielzahl von massenweise praktizierten Tätigkeiten und gemachten Erfahrungen. Die Vierzehnjährige hat den Anspruch, etwas zu tun oder zu erfahren, das sie sich als unverwechselbar ihr selbst zugehörig zuschreiben kann. Dabei ist eine bestimmte Tätigkeit oder Erfahrung weniger wichtig als die dadurch erworbene Unterschiedenheit von anderen, denn Laura nennt beliebigerweise „Politik oder *irgendeinen* [Hervorh. M. S.] anderen Mannschaftssport". Sie strebt nicht nach Individuierung im Sinne von personaler Entwicklung durch die unvoreingenommen interessierte Auseinandersetzung mit dem ihr Fremden, sondern nach Individualisierung im Sinne von Anderssein. Die ironisch-pejorative Charakterisierung der Politik als ,Mannschaftssport' unterstreicht ihren Anspruch auf Individualität in diesem Sinne. Der Ausdruck macht sich lustig über die traditionelle Vergemeinschaftung im Dienste eines kollektiv geteilten Deutungsmusters. Zugleich erhebt er den Anspruch, diesen ,Dienst' an einer Idee als Sport, d.h. als leistungsethische Spielart der Selbsterfahrung zu decouvrieren. Doch solche Deutungsmuster „gibt's nicht mehr". Die vakante Stelle wird besetzt durch die jugendlichen peer-groups, in denen die Mitglieder sich durch bestimmte Verhaltensregeln und Vorlieben, durch Jargons und ,dress-codes' in die ästhetische Differenzierung als Haltung einüben. Sie reagieren mit feinem Gespür auf neueste Trends, und Berlin ist als Großstadt ein bevorzugter Ort, an dem solche Trends sofort ins Bewußtsein der Konsumenten vordringen. Wie Jason und Elida praktiziert schon Laura die ästhetische Differenzierung als Bruch mit der Konvention. Was konveniert, wird zerlegt und in überraschenden, provozierenden Kombinationen neu zusammengesetzt. Daher die Rede von Dingen, die ,abge-

fahren' oder ‚schrill' sind, von Musikrichtungen, die als ‚Bad Taste' ein-
schlägig sind, Geschichten wie die „von komischen Weirdos mit einer
Wohnung voller Schildkröten" (ebd., S. 24), die Bevorzugung von Grä-
bern und Schrottplätzen als Versammlungsorten der peer-group. Auf das
Arrangement von Geschmacklosigkeiten verwendet vor allem ihre Cousine Ada Ehrgeiz und Sorgfalt. Völlig perplex ist sie, als sie zwischen
dem Müll im Hinterhof ihres Wohnhauses eine Schaumstoffmohrrübe
sichtet, „ungefähr eineinhalb Meter hoch, vom Umfang eines ausgewach-
senen Menschen! Klasse Teil, bloß was soll man damit anstellen? Es
Alice vor die Tür zu stellen wäre doch etwas plump" (S. 122), und so
hievt sie das Objekt, dessen Reiz in der Kombination aus unhandlicher
Größe und völliger Gebrauchswertlosigkeit besteht, in ihre Wohnung. Ein
andermal trennt sie aus einem Bibliotheksbuch einige Seiten, auf denen
„Gesichter prominenter Massenmörder zu sehen sind" (S. 118) und überlegt sich, wie sie ihre Wohnung damit dekorieren soll. An diesen Späßen
haften noch die Eierschalen herkömmlicher Jugendstreiche, aber sie fügen sich derselben Logik ästhetischer Differenzierung wie ihr Marken-
bewußtsein, das sie als Expertin der Konsumsphäre ausweist. Ada verfällt
weniger der Warenästhetik als daß sie mit ihr spielt. So antwortet sie
Alice anläßlich eines kurzen Besuches auf deren Frage, ob sie etwas trinken wolle: „Nö, oder doch, hast du Quick Orange?" Nicht Durst ist ihr
Bedürfnis, sondern die Selbstattribuierung mit einem bestimmten Markenartikel. Und als Alice fragt, was das sei: „Okay, du hast es nicht,
schon gut" (S. 120). Doch nur scheinbar geht sie in ihrem Konsumver-
halten der Werbung auf den Leim, die den Jugendlichen Markenprodukte
entweder wegen ihrer vermeintlichen Unverwechselbarkeit oder aber als
unverzichtbaren Bestandteil eines jugendlichen Lifestyles ansinnen. Sie
durchschaut die künstliche Auratisierung von an sich austauschbaren
Standardartikeln und konsumiert sie gerade um dieser künstlichen Auratisierung willen. So ist die Bekleidungsfirma von H&M – deren Name im
Roman so häufig fällt, das man sie fast schon des Sponsoring, wenn nicht
des Buches, so wenigstens der Stiftung Kulturfonds verdächtigt, der die
Autorin ihre Förderung verdankt – nicht deshalb ‚in', weil sie gefragte
Mode zu niedrigen Preisen anbietet, sondern weil die gefragte Mode in
Wirklichkeit Billigware ist; sie ist nur als in ihrem Warencharakter durch-
schaute Mode gefragt. Alices Vollkornkekse weist Ada mit der Frage
verächtlich zurück: „Hast du auch was Ungesundes?". Kirschbonbons
lutscht sie dann mit einem Genuß, den Kirschen ihr kaum böten. Und
Katharina, die Laura und Ada zu Gast bei sich hat, legt Wert darauf, daß
der Spekulatius, den sie den beiden anbietet, „Netto-Krempel" ist

(S. 190), also aus dem Sortiment eines ostdeutschen Billigwarenmarktes stammt.

Individualisierung als ästhetische Differenzierung vollziehen die drei und ihre peer-groups durch Selbstverleugnung im Modus der Negation von Unmittelbarkeit und der Veralltäglichung des Außeralltäglichen mittels Profanisierung. Jede Kommunikation von Authentizität durch Affirmation wäre ihr Verrat. Das motiviert auch ihre Pflege des schlechten Geschmacks. Nils, gelegentlicher Liebhaber Adas und wie sie im Nachtleben der Clubs zu Hause, wagt der Freundin gegenüber eine Selbstmitteilung, die sich nicht in der Darstellung von Anderssein erschöpft. „Hier noch 'ne Zeichnung, über die du lästern kannst", reicht er Ada ein weiteres Unikat einer Reihe von Bildern, die er neulich gemalt hat. „Ada findet die Zeichnung noch schlimmer als die, die er ihr vorhin gezeigt hat. ‚Ist das alles?', fragt sie", und Nils läßt darauf die Zeichnung mit ausgestreckter Hand, wortlos, im Regen zerfließen. Dann erst die Reaktion des Bemitleidenswerten: „War doch echt ein cooles Bad-Taste-Bild, mußt du zugeben" (S. 205f.). Nils' Bemerkung bedeutet einen Rückzug ins Gehäuse der Selbstverleugnung, aus dem er sich für einen Augenblick hervorgewagt hat. Katharina, die aus Neukölln in das Szene-Viertel Prenzlauer Berg zieht, entwickelt in dieser Hinsicht geradezu eine sprachliche Idiosynkrasie:

> [J]etzt, die Sonnenburger, die Schönhauser, die Kastanienallee, eine wunderbare Grauzone, nicht mehr Osten, noch nicht Westen, genau richtig, um sich selber auszutesten. Klingt nach Werbeslogan. Was war das noch mal? Man redet schon so, ohne es überhaupt zu merken (S. 108).

Der affirmative Ausdruck individueller Erfahrungen und Vorstellungen, Wünsche und Vorlieben, Überzeugungen und Empfindungen soll vermieden werden, denn er ist zumeist bereits von der Sprache der Massenkultur öffentlich besetzt. Über die Mona Lisa sinnierend, läßt sie sich zu der Beobachtung hinreißen: „Die Ruhe, der blaßblaue Himmel, das Lächeln, das nichts verspricht und alles hält", unterbricht dann aber sofort ihr Gedankenprotokoll und reflektiert es nun wie einen mißlungenen Text: „was für blöde kitschige Zeilen, wo habe ich die bloß wieder aufgeschnappt? Manchmal weiß ich nicht mehr, ob man überhaupt noch einen eigenen Gedanken haben kann" (S. 111). Adas Kampf um Authentizität durch Selbstverleugnung reicht sogar bis an die Grenzen der Selbstzerstörung. Als Alice vor der Nachbarin versonnen das Töchterlein an die Brust legt, ihm die Milch und sich die Erfahrung ihrer Weiblichkeit gönnend, denkt Ada:

[W]ie ein Priester oder ein Fahrlehrer, sie meint es wirklich ernst, das ist keine Show. Für sie ist eine Brust nicht einfach 'ne Wölbung am Körper, die man gar nicht zwangsläufig toll finden muß, sondern etwas Großartiges, ein Privileg. Alle Frauen, Engel der Natur. Frauen in den Himmel, Männer auf den Mond (S. 125)

und starrt mit „Neid und Wut" vor sich hin. Während Alice verzaubert die Lallgeräusche der Kleinen kommentiert, hebt Ada das T-Shirt, zückt ihr Springmesser, „schneidet in ihre Haut, in ihre Brustwarze, sieht noch, wie etwas von ihr auf den schmutzigen Boden des Hofes fällt, und wird ohnmächtig" (ebd.). Ihr Verhältnis zu ihrem Körper ist ähnlich gebrochen wie zu anderen Erfahrungen, deren Positivität keinen authentischen sprachlichen Repräsentanten findet. Auf Alices Eröffnung, „daß sie auch sexuelle Erfahrungen mit Männern hat, aber immer wieder die Begegnungen mit Frauen als viel erfüllender, ehrlicher und vitaler erlebt hat", entgegnet Ada: „Geht mir nicht so, ist doch alles eine Suppe, von hinten ist es original das gleiche, mußt du zugeben" (S. 121).

Selbstverleugnung als treibender Motor der ästhetischen Differenzierung resultiert in der Dynamisierung der Trends zum Prozess ihrer permanenten Selbsttranszendierung. Und schließlich halten bereits diejenigen dem Individualisierungsdruck nicht mehr stand, die zu genau den gegenwärtigen Trends entsprechen. Das zeigen Felix, ein ehemaliger Liebhaber Katharinas, und Kiki. Zwischen den beiden ‚funkt' es nicht, obgleich Kiki sich sichtlich darum bemüht. Einer der Gründe ist ihr von Felix als übertrieben empfundener Ehrgeiz, die Codes der Szene in ihrem Auftreten zu verkörpern.

> Er hat Kiki von der Seite gemustert, und die Gründlichkeit, mit der sie sich gestylt hat, nur um auf der Kastanienallee herumzuhängen, deprimiert ihn. Natürlich sieht man die ganze Mühe erst auf den zweiten Blick, denn alles ist sehr unordentlich-ordentlich arrangiert, die Risse in ihrer schwarz-orangen Lederjacke eine kühl kalkulierte Geheimschrift (S. 132).

Kiki demonstriert einen Mangel an Selbständigkeit in dem Ehrgeiz, ganz genau auf der Höhe der Codes ihrer peer-group zu sein. Felix, in einer Mischung aus Mitleid und Abweisung, spürt diese Bemühtheit ihres korrekten Auftretens bei ihrem Anblick als ‚uncool' heraus. So ist das Szene-Leben ein Kampf um Anerkennung des Andersseins, und der kann anstrengend sein. Als er auf der Straße eine Kreislaufschwäche hat und in die Knie geht, hilft Kiki ihm wieder auf: „‚Relax', sagt sie zu Felix, ‚du hast ein stressiges Wochenende gehabt'" (S. 137).

Ist unter diesen Bedingungen eine souveräne Lebensgestaltung überhaupt möglich, also eine, die aus dem internen Verweisungszusammenhang ästhetischer Differenzierung herauszuführen vermöchte? Was läge außerhalb seiner? Zunächst einmal die Anforderungen einer Realität, die mit Selbstdarstellung nicht bewältigt werden können – Ada geht noch zur Schule, und ihre Fehlstunden häufen sich bedenklich. Dann auch die Fähigkeit zur Strukturierung des Lebens diesseits seiner außeralltäglichen Höhepunkte, die durch das Nachtleben herbeigefeiert werden, um sie gegenüber anderen sogleich wieder herunterzuspielen. Daß der erst vierzehnjährigen Laura die Tage während der Ferien in Gleichförmigkeit zerfließen, wenn sie gerade keine Verabredung hat treffen können, ist noch verständlich; beklemmend dagegen wirkt der inhaltslose Leerlauf der Tage in Adas Leben zwischen den ‚events‘. Und schließlich verlangt eine souveräne Lebensgestaltung die Fähigkeit zur Verständigung und der Artikulation von Zuneigung jenseits von Party-Talk und sportiver Liebesakrobatik, auch wenn deren Vokabular durch den Empfindsamkeitsschmus der Elterngeneration desavouiert scheint. Hinter der schnoddrigen Haltung der Jugendlichen verbirgt sich denn auch häufig die Sehnsucht nach menschlicher Nähe, die in der vollständig formalisierten Lebenshaltung ästhetischer Differenzierung keine Chance auf Artikulation hat. Die einzige Figur im Roman, die ein klares Bewußtsein davon besitzt, ist Katharina, und im Vergleich ihrer beiden jüngeren Freundinnen Laura und Ada glaubt sie eine Entwicklungslogik zu erkennen. Ada hält sie für „so verdammt abgeklärt mit ihren neunzehn Jahren. Laura wird sich bestimmt in die gleiche Richtung bewegen wie sie". Und mit Anspielung auf Lauras kindliche Verliebtheiten in den schmalzigen Sänger einer ‚boygroup‘ und danach in Benno, ebenfalls Bandleader, prognostiziert sie: „Erst hat's sich ausgeboygroupt und irgendwann auch ausgebennot, und dann kommt diese chronische Gelegenheitslover-Schiene" (S. 196f.). Diesem Sog ist sie, die sieben Jahre älter ist als Ada, entronnen, und so will sie gemeinsam mit ihrem neuen Freund „in unserem kurzen, flotten Leben noch einmal romantische Liebe probieren" (S. 206f.) – nicht ohne in gewohnter Weise die Authentizität ihres Wunsches durch die bewußte Profanisierung seiner Artikulation zu verschlüsseln. Denn die exakte Klassifizierung widerspricht dem so Klassifizierten und nimmt es in seiner Eigenart ironisch zurück, um es davor zu schützen, zerredet zu werden. Doch romantisch beschwingt ist die Formulierung gleichwohl, nämlich in ihrem existentialistischen Pathos, als ob es das letzte Mal sei, daß die Sechsundzwanzigjährige eine Chance auf Liebe habe. Romantisch daran ist die Vorstellung einer radikalen Zukunftsoffenheit, die keine Garantien auf Wiederholbarkeit enthält.

Der Soziologie sind die Verhaltensmuster, die Tanja Dückers porträtiert, nicht neu. Neu ist allenfalls das Ausmaß, in dem sie realisiert werden. Bereits 1950 präsentierte der amerikanische Soziologe David Riesman gemeinsam mit seinen Mitarbeitern Nathan Glazer und Reuel Denney der wissenschaftlichen Öffentlichkeit eine Studie, die in der Kultursoziologie Disziplingeschichte gemacht hat: *The Lonely Crowd. A study of the changing American character*. Riesman und seine Leute stellten sich darin der simplen und naheliegenden Frage, welchen Einfluß das Bevölkerungswachstum auf die Persönlichkeitsstrukturen der Menschen habe. Die Ergebnisse sind nach wie vor erhellend. Das Forschungsteam fand heraus, daß sich in den großen amerikanischen Metropolen neue und bis dahin unbekannte Verhaltensformen auszubilden begannen, die in den ländlichen Gegenden noch unbekannt waren, sich aber, so die Prognose, zügig ausbreiten würden. Unter ausdrücklicher Bezugnahme auf Max Webers wissenschaftstheoretische Begrifflichkeit faßte Riesman das beobachtete Material zusammen in dem Idealtypus des ‚other-directed character' (vgl. Riesman, S. 8, 31). Dabei handelt es sich um einen Sozialcharakter (vgl. ebd., S. 4), der sich in hoch industrialisierten Gesellschaften mit hoher Geburten- und niedriger Sterblichkeitsrate zu einem Zeitpunkt auszubilden beginnt, „at which resources become plentiful enough or are utilized effectively enough to permit a rapid accumulation of capital" (S. 17). Die stete Kapitalakkumulation ermöglicht allgemein einen Zuwachs an Wohlstand, der sich im Sinken der Geburtenrate widerspiegelt, und der Zwang kollektiver Naturbemächtigung weicht den vielfältigen Optionen individueller Lebensgestaltung, die in den Großstädten ausgestellt werden. Dem entspricht ökonomisch die Expansion des Dienstleistungssektors. Freilich bezeugt die Ausbildung von „ individualistic attitudes" (ebd.) nicht eine größere Resistenz des Individuums gegenüber den Ansprüchen, welche die Gesellschaft an es stellt, sondern gehorcht ganz im Gegenteil dem Konformitätsdruck, den die steigende ökonomische Bedeutung der Konsumption auf den einzelnen ausübt. Systemisch konform ist demnach eine „‚abundance psychology' capable of ‚wasteful' luxury consumption of leisure and of the surplus product" (ebd., S. 18). Individuelle Lebensgestaltung vollzieht sich durch Teilhabe des einzelnen am Konsum aller. Orientierung in der unübersichtlichen Mannigfaltigkeit der Konsumgüter bieten dem einzelnen nun nicht mehr innere Überzeugungen und traditionelle, internalisierte Wertvorstellungen, sondern seine peer-groups und die Massenmedien, deren Geschmacksurteile dem Konsumierten über seinen Gebrauchswert hinaus die Aura des Begehrenswerten und Außeralltäglichen verleihen. Deshalb reagiert der ‚other-directed character' sensibel auf Äußerungen seines Umfeldes, ist empfänglich für Trends und Meinungen – beziehen sich diese nun auf Couch-Garnituren, Musikstile oder Kochrezepte. Seine Lebensführung strukturieren temporäre, stets wechselnde Ziele, deren Inhalte gegenüber dem Anspruch ihrer Realisierung als solcher zu austauschbaren Größen absinken (vgl. S. 21). Wichtig ist allein deren Übereinstimmung mit den Geschmacksurteilen der peer-group und der Massenmedien, die den einzelnen in eine Kultur von Lebensstilen vergemeinschaften.

Das Verhaltensmuster der ästhetischen Differenzierung kann diese Theorie soziologisch gut erschließen. Es stellt nur die reflektierteste Form des ‚other-directed character' dar. Riesman legt sich aber darüber hinaus die Frage vor, wie dieser Charakter Autonomie realisieren könne. Autonom nennt er „people capable of transcending their culture at any time or in any respect" (S. 245). Seine Bestimmung von Autonomie ist plausibel: als aufrechterhaltene Spannung zwischen dem individuellen Besonderen und dem gesellschaftlichen Allgemeinen. Das eben meint ja Transzendierung, die dem, was sie transzendiert, in dieser Bewegung noch verhaftet bleibt, in ihm ihre Ermöglichkeitsbedingung hat. „For autonomy, like anomie, is a deviation from the adjusted patterns, though a deviation controlled in its range and meaning by the existence of those patterns" (S. 250). Diese Konzeption reicht indessen nicht hin zur Bestimmung von Autonomie im Rahmen eines außengeleiteten (‚other-directed') Verhaltensmusters, das auf der Selbstreferentialisierung der ästhetischen Differenzierung beruht, also darauf, das sich die ästhetische Differenzierung selbst zum Inhalt wird und mithin die Aneignung der Trends durch den einzelnen in seiner peer-group sich als deren Unterscheidung in sich vollzieht. Die Abweichung vom Muster ist hier gerade sein Inhalt. Und so reicht denn ebenfalls das Autonomiekriterium des „heightenden self-consciousness" nicht hin, das laut Riesman „the insignia of the autonomous in an era dependent on other-direction" konstituiert (S. 259). Doch faßt Riesman den Begriff des Selbstbewußtseins weiter als im Sinne von Reflexivität. Er meint vor allem auch das mimetische Vermögen der intuitiven Vertrautheit mit sich selbst, d.h. demjenigen nachzuspüren, das sich nicht ohne weiteres verbalisieren läßt und sich der Selbstdarstellung im Medium ästhetischer Differenzierung entzieht. Autonomie hängt demnach ab vom Erfolg der Bemühung des Außengeleiteten, „to recognize and respect his own feelings, his own potentialities, his own limitations" (ebd.). Diese Fähigkeit geht den meisten Figuren in Dückers' Roman bezeichnenderweise ab. Es wäre nicht zuletzt auch die Fähigkeit der Vorstellung und der Erfahrung von Glück.

# Vom Glück

Im Feuilleton der *Süddeutschen Zeitung* ist Tanja Dückers als Straßen-
ethnologin charakterisiert und damit zugleich ein Werturteil über ihre
Prosa ausgesprochen worden (Verena Auffermann: Der schrille Blick, SZ
v. 24. 3. 99). Die Rezensentin sieht in Dückers Buch vor allem eine Mate-
rialsammlung zu einem Roman, der erst noch zu schreiben sei. Daß Dük-
kers Prosa einen solchen Eindruck vermittelt, liegt an ihrer selbstgewählten Abstandslosigkeit zum Gegenstand. Ihr Verfahren zeigt eine Affinität
zur literarischen Reportage. Es erweckt den Eindruck, das Maskenspiel
der Akteure werde bloß aufgezeichnet. Das hat Methode, manche der
Episoden lesen sich stilistisch wie Auskünfte der Figuren in einem narrativen Interview; andere, als ob die Charaktere ihrer Autorin Bänder mit
Aufnahmen eines Diktiergeräts übergeben hätten, auf denen sie ihr Tun
protokollieren; wieder andere, als folge ihnen ein unsichtbares Kameraauge. Das alles steht im Dienste vor allem dieser Wirkung: das
scheinbar Berichtete sei aktuellen Datums, das Neueste zum Thema Ju-
gendkultur in Berlin. Tanja Dückers affirmiert die Selbstwahrnehmung
der Figuren, sie seien der Nabel der Welt, durch die Suggestion ab-
standsloser Aufzeichung und gibt so etwas von der Souveränität der literarischen Vermittlung preis. – Judith Hermann schreibt anders. Sie will
nicht berichten, sondern erzählen. Dabei geht es ihr nicht um die Auf-
zeichnung einer Wirklichkeit, sondern um deren Verwirklichung in der
Sprache, nicht um das Zeigen von Lebensstilen, sondern um die Evoka-
tion des Lebensgefühls, das solchen Lebensstilen zugrundeliegt. Dazu
sind Dückers' Figuren freilich schlechterdings nicht oder nur rudimentär
in der Lage; der Anspruch der Authentizitätsbewahrung durch Selbstverleugnung und der Mangel an reflexiver Selbstverständigung verschließt
ihr Innenleben ihnen selbst und dem Kameraauge, das auf sie angesetzt
wird. Allerdings sind die Charaktere in den beiden Büchern einander
verwandt. Bei Dückers zählen die Hauptfiguren zur Party-Scene, bei
Hermann ganz allgemein zur Jeunesse dorée. In der Erzählung *Bali-Frau*
läßt sie sich noch am ehesten auf die Kunst- und Theater-Szene festlegen.
Auch Hermann kennt die narzißtischen Stilisierungen der Künstlichkeit,
die nächtelangen Partyexzesse bis zur physischen und psychischen Er-
schöpfung.
    In *Bali-Frau* läßt sich die Ich-Erzählerin von ihrer Clique halbherzig
auf ein Premierenfest mitschleppen, weil ihre Mitbewohnerin Christiane
sich in „diesen verlotterten Altmännersex" des Regisseurs verguckt hat
(Hermann, S. 100). Die Geschichte ist von Beginn an durchwebt von der

melancholischen Erwartung des Immergleichen, also eigentlich von völliger Erwartungslosigkeit:

> Ich sah den Regisseur an, ich dachte an die zahllosen Regisseure und Dramatiker und Schauspieler und Bühnenbildner, die an Christianes und meinem Küchentisch gesessen, unter unserer Dusche gestanden, in unseren Betten gelegen hatten, ich dachte an ihre Stimmen auf unserem Anrufbeantworter, an ihre nächtlichen Schläge gegen unsere Tür, an die zerschmissenen Gläser und ungelesenen Briefe; ich dachte, daß immer irgend etwas nicht genug war, auch diesmal würde irgend etwas nicht genug sein (ebd., S. 100).

Es ist vor allem die Rhythmisierung der Sprache durch wiederholte, grammatisch redundante Konjunktionen und Anaphern, die das Gefühl des Überdrusses einfängt, von dem die Sprecherin geplagt wird. Dessen Grund ist auf eine kunstvolle Weise zweideutig. Denn erstens kann gemeint sein der Überdruß an der Unersättlichkeit der Liebhaber, deren Erwartungen auf dem Anrufbeantworter stranden und nachts vergeblich an die Tür der Angebeteten getrommelt werden. In diesem Fall würde suggeriert, es gebe ein Maß des Genügens, das an die Beziehungen angelegt werden könne und verrate, wann ihrer genug sei; daraus spräche die Lustlosigkeit, mit der sie bereits begonnen wurden. Aber ebenso kann die Formulierung besagen, daß sich der Überdruß in der Leere der versagten Erfüllung einnistet und sie mit Bitternis füllt. Vielleicht aber auch ist beides gemeint und die Versagung sinnlicher Erfüllung perpetuiert sich wieder und wieder in dem lustlosen Treiben mit den unersättlichen Liebhabern. Tatsächlich fährt der Satz vereindeutigend fort: „[I]ch dachte an dich, an die Eisblumen, an den Rauchgeruch, ich dachte, auch wir sind nicht genug". Der hier adressiert wird, ist ein Freund der Erzählerin, der nicht anwesend ist – „Ich hatte dich angerufen, du hast vor dem Fernseher gesessen und gesagt, du hättest die falschen Drogen genommen, du klangst müde und gereizt und wolltest nicht mitkommen" (S. 98) –, mit dem sie aber im Verlauf der Geschichte immer wieder innere Zwiesprache hält und dem sie dabei mehr Zuneigung einräumt als offenbar den Regisseuren, Dramatikern, Schauspielern und Bühnenbildnern unter ihrer Dusche. Die Worte spezifizieren das Nichtgenügen als ein existentielles Zurückbleiben hinter etwas, dessen Sinn verrätselt ist. Nicht nur ist ihre Zuwendung den Liebhabern nicht genug, und auch nicht nur genügen diese ihr selbst nicht, sondern „auch wir" sind nicht genug, genügen aber nicht etwa ,einander' nicht, sondern sind gemeinsam nicht genug für etwas, das nicht genannt wird und trotzdem in der Geschichte ständig durch seine Absenz präsent ist. Die Eisblumen und der Rauchgeruch, deren Vorstellung sich in dem Gedenken der Erzählerin an ihren Freund einstellt, partizipieren daran.

„Der Winter erinnert mich manchmal an etwas. An eine Stimmung, die ich einmal hatte, an eine Lust, die ich empfand? Ich weiß es nicht genau" (S. 97). Mit diesen Worten beginnt die Geschichte; sie legen die Spur zum Verständnis des Nichtgenügens, das die Erzählerin anläßlich des Premierenfestes empfindet, aber gemeinsam mit dem Leser erst erwirbt, je tiefer sie in den Exzessen der Party versumpft, die im Verlauf der Nacht vollends aus den Fugen gerät. Dabei war die Dramaturgie der Verführung oft erprobt und genau geplant, bei der die Erzählerin Schützenhilfe leistet, gemeinsam mit einem Dritten im Bund, Markus Werner, der zuviel Koks schnupft und trotz seines outfits mit räudigem Pelz und rosa Abwaschhandschuhen nicht auffällt. Christianes Eros ist wohlkalkuliert:

> Sie mußte noch einmal vor einem Toilettenspiegel gestanden haben, denn sie hatte sich ihr Haar jetzt zu diesem Knoten geschlungen, von dem ich wußte, daß sie ihn irgendwann mit einem Nadelziehen lösen würde, um dann ihr Haar in einer mich müde machenden Welle über ihren Rücken fluten zu lassen (ebd., S. 101).

Auch diese Müdigkeit steht im Zeichen der Melancholie, des Leidens an der Wiederholung. Zwar verebbt die projektierte Verführung in einem Chaos aus Trunkenheit, Betäubung und Vereinzelung: auf der Tanzfläche hockt ein Mädchen und schlägt sich wimmernd den Kopf blutig, eine Schauspielerin beschläft verbissen einen Bühnenarbeiter, Markus Werner wankt mit einem Megaphon „bekokst und besoffen" zwischen den letzten Gästen umher und brüllt herum, „die Leute gingen ihm aus dem Weg" (S. 104); der Regisseur hatte sich längst verzogen. Doch ändert auch dieser Ausgang nichts am Schema: der Exzess ist der letzte Versuch, aus den immergleichen Festen Funken der Außeralltäglichkeit zu schlagen und profanisiert sie doch nur um so mehr. In diesem Einerlei nur eine Ausnahme, eine wirkliche Auffälligkeit: die Frau des Regisseurs, die „Bali-Frau", weil sie aus Bali stammt, im roten Kleid, eine Frau „wie ein Kind, ein frühreifes Kind", wie die Erzählerin bemerkt, „sie sah verletzlich aus und schön", und: „so unwirklich in diesem Foyer, auf diesen Marmorplatten, unter dem Licht des Kronleuchters", tanzend auf dem Jahrmarkt der Eitelkeiten, „und ich wußte, daß der Stein unter ihren Füßen sehr kalt war" (S. 103). Am Ende des Festes ist sie es, die wie in einem Videospiel, das nach erreichter Punktzahl den Helden auf eine andere Ebene hievt, den dreien den unerwarteten Ausgang öffnet: Christiane zerrt die Freunde in die Nacht, denn die Bali-Frau wartet draußen vor einem Taxi und lädt sie ein, das Fest bei sich zu Hause fortzusetzen. Doch setzt nun erst recht Ernüchterung ein. Denn das Zuhause ist wirklich eins, mit einer Handvoll Kindern, die von der Klingelei aus dem Bett fallen und sich neugierig vor der Tür tummeln, als die Mutter mit den bleichen, übernächtigten Gestalten eintritt. In dieser Atmosphäre, die vier am Küchentisch, der Tee brodelt, die Kleinen sind wieder in den Betten und der Regisseur schläft auch, macht sich beim Besuch Verlegenheit breit, das Gefühl völliger Deplaziertheit, des Einbruchs in eine private Welt. Und so endet der Abend endgültig im Morgen, als die Bali-Frau die entgeisterten Gäste – Markus Werner entschlummert sanft im Schoße der Erzählerin – arglos wie ihre versuchte Annäherung an die darob völlig erstarrte Christiane, die doch auf anderes aus war, und beflissen um ein Verständnis des seltsamen deutschen Humors, beflissen auch um ihre nicht minder seltsamen Gäste, die bleich und verstockt auf der Küchenbank hocken, mit Blondinen-Witzen martert.

An dem fremden Küchentisch, an den die Erzählerin nach dem Premierenfest verschlagen wird wie Odysseus auf seiner Irrfahrt an die Gestade fremder Inseln, gefangen in der Endlosschleife dieser absurden Witzelei, verdichtet sich ihre Zwiesprache mit dem ferngebliebenen Freund zu einer wehmutsvollen Erinnerung, die den Anfang der Geschichte aufgreift und das empfundene Nichtgenügen, sein ominöses Losgelöstsein von allen Beziehungen erschließt:

Ich finde, wir haben gute Winter miteinander gehabt – wir haben uns nichts versprochen, ich wollte das auch so, dennoch, entschuldige mich, verspüre ich eine Eifersucht auf alle Winter, die du haben wirst, ohne mich (S. 110).

Das ist die Bilanz einer zu Ende gegangenen Beziehung und der schmerzhafte Versuch der Ablösung. Denn die Erzählerin ist erfüllt von der Sehnsucht nach einem Besitz in ihr, dessen Unerschwinglichkeit ihn erst begehrlich macht, dem Glück. Seine Flüchtigkeit treibt sie in das Nachtleben, seine Unwiederholbarkeit in die unendliche Wiederholung:

Ich habe mich an der Tür noch einmal umgedreht. Ich habe ein letztes Mal gedacht, zurückzugehen und zu dir zu kommen und mich neben dich vor deinen Fernseher zu setzen. Ich hätte den Fernseher ausgemacht, ich hätte dich angeschaut, es hätte ganz einfach sein können. Ich war so unentschlossen und holte tief Luft, und dann lief ich Christiane und Markus Werner hinterher (S. 99).

Sie spricht in einem Konjunktiv, zu dessen Indikativ sie keinen Schlüssel hat. Macht über das Glück ist ihr nur in der Vorstellung eines unrealistisch Möglichen gegeben und in der Erinnerung eines vergangenen Wirklichen. Wie sie davon träumt, was sie hätte tun können anstelle des Premierenfestes, so entsinnt sie sich des Winters – „und du hast die Eiskristalle von den Ästen gebrochen und an ihnen gelutscht. Wenn du auf dem Eis hingefallen bist, habe ich lachen müssen, bis mir die Tränen kamen „ (S. 110) –, wie er einmal war. Zwischen Möglichkeit und Vergangenheit ist derweil die Gegenwart auf dem Tiefpunkt angelangt, den mit gelungenem Sarkasmus die Blondinenwitze markieren: „Ich glaube, daß die Dinge von nun an immer so sein werden, wie sie es waren in dieser Küche" (ebd.). – Die Geschichte endet, wie sie beginnt: mit einer Reminiszenz des vergangenen, unwiederholbaren Glücks, von der ihr nur ein Hauch, eine Stimmung bleibt, die wie ein kleiner guter Geist in den winterlichen Dingen, den Eisblumen, dem Rauch, haust. „Ich werde jetzt schlafen gehen. Erinnert dich der Winter manchmal an etwas, du weißt nicht – an was" (S. 113).

Judith Hermann evoziert in *Bali-Frau* ein Lebensgefühl, das auch Tanja Dückers' Figuren ergreifen könnte, hielten sie auf ihrer Jagd nach den neuesten ‚events' für einen Augenblick inne und ließen es an sich heran. Nichts anderes als ein flüchtiges Glück ist auch ihnen beschieden. Davon zu unterscheiden wäre eines, das sich einer das Leben verstetigenden und gestalthaft synthetisierenden Sinnorientierung verdankte. Wo diese fehlt, ist ein solches Glück nicht mehr als die Chiffre des verlorenen Wissens, wie zu leben sei. Die Ich-Erzählerin in *Bali-Frau* klammert sich an die erinnerten Augenblicke des flüchtigen Glücks und resigniert daran, es nicht in das andere, die bloß glücklichen Augenblicke umfassende Glück umschmieden zu können. Auch die Erzählung *Sommerhaus, später*, die dem Buch seinen Titel lieh, handelt von diesen beiden Glücken. Da geht es um die Beziehung zwischen einer Frau, wie vom Premierenfest der anderen Erzählung, und Stein, dem Einzelgänger, Taxifahrer ohne festen Wohnsitz.

> Er war dabei. Und auch nicht. Er gehörte nicht dazu, aber aus irgendeinem Grund blieb er. Er saß Modell in Falks Atelier, legte Kabel auf Annas Konzerten, hörte Heinzes Lesungen im Roten Salon. Er applaudierte im Theater, wenn wir applaudierten, trank, wenn wir tranken, nahm Drogen, wenn wir sie nahmen. Er war auf den Festen dabei. – Und ab und an nahm ihn einer von uns mit ins Bett, und ab und an sah einer zu (S. 142).

Stein, der Famulus der Boheme. Er gehörte nicht dazu, denn: „Zu sagen hatte er nichts" und, noch unverzeilicher: „Er bekam ihn nicht hin, unseren spitzfindigen, neurasthenischen, abgefuckten Blick, obwohl er sich darum bemühte; meist sah er uns an, als ob wir auf der Bühne agierten" (S. 143) – die Logik der Ausschließung ist aus Dückers' Buch bekannt. Sie hatte ihn „in seinem Taxi kennengelernt. Er hatte mich zu einem Fest gefahren und auf der Autobahn eine Trans-AM-Kassette in den Rekorder geschoben, als wir da waren, sagte ich, das Fest sei jetzt doch woanders" (S. 140). Die kurze Beziehung zwischen den beiden verdankt sich dem flüchtigen Glück einer nächtlichen Autobahnfahrt durch Berlin, zur richtigen Musik, zur richtigen Zeit, am richtigen Ort: einem Augenblick. Das mag das Gesetz des Verliebens sein, doch in den drei Wochen, „in denen Stein bei mir lebte, fuhren wir mit seinem Taxi durch die Stadt" (S. 141) – und dabei blieb es, bei vereinzelten Augenblicken des Außeralltäglichen also, die nicht auf Dauer gestellt werden können. So zieht Stein denn weiter, zu Christiane, „dann zu Anna, zu Henriette, zu Falk, dann zu den anderen" (S. 142). Aber Stein, der den Code der Gruppe nicht beherrscht und deshalb außer bei Taxifahrten nur deren Zaungast ist, hat etwas unverwechselbar eigenes: eine Vorstellung vom richtigen Leben, vom umfassenden Glück. Und diese Vorstellung materialisiert sich schließlich in Gestalt eines alten verfallenen Gutshauses irgendwo in der Mark Brandenburg. Das Gutshaus ist auch der Grund für seine Rückmeldung bei der ersten in der Reihe seiner wechselnden Wohngelegenheiten, der Ich-Erzählerin. Er will ihr das Haus, selig vor Besitzerstolz, zeigen, und als sie endlich vor dem alten Kasten anlangen, drückt er ihr die Hausschlüssel in die Hand und malt seine Vision aus von einem Zusammenleben der Gruppe, der ganzen Familie, in seinem Schloß, „See, märkisch", sommers auf der Veranda, oder zwischen den Kastanien auf dem Hof, winters im Salon, im Billardzimmer, im Rauchzimmer. „Ich sagte: ‚Stein. Bitte. Hör auf'" (S. 150). Scheinbar abgeklärt sieht sie nur die Ruine, nicht, was aus ihr werden kann. Aber sie liest auch aufmerksam die Postkarten, die Stein ihr mit den Berichten von seinen vielen, rührend kleinen Fortschritten bei der Instandsetzung schickt, die erste mit den Schlußworten: „[W]enn du kommst, du weißt, du hast die Schlüssel immer noch" (S. 155); und „wenn sie einen Tag ausblieben, war ich enttäuscht" (ebd.). Die letzte Sendung schickt er aus Stralsund, einen Zeitungsausschnitt, der in knappen Worten von der Zerstörung des Gutshauses durch ein Feuer berichtet, mit dem Zusatz, der Besitzer sei als vermißt gemeldet, die Polizei schließe Brandstiftung nicht aus. Steins Vision vom umfassenden Glück zerbricht an der erzwungenen Vereinzelung, und die Erzählerin, die keine eigene Vision hat, aber hinter der Maske ihres „spitzfindigen, neurasthenischen, abgefuckten Blick(s)" von der fremden zehrt, wartet. „Die Uhr über dem Herd tickte", die Zeit ist nach der zerschlagenen Erwartung wieder ins Gleichmaß ihres unendlichen Verinnens gesetzt. „Ich dachte: ‚Später',, (S. 156).

Martin Seel hat für die Flüchtigkeit des Glücks den Begriff des „episodischen Glücks" geprägt und es zum umfassenden, das er das „übergreifende Glück" nennt, in eine unlösbare Beziehung gesetzt.

> Der Satz ‚Ich bin glücklich' kann sich auf ein Glück beziehen, das ich hier und jetzt empfinde, oder auf die übergreifende Qualität meines Lebens. Im ersten Fall ist von einer glückhaften Situation oder einem glücklichen Ab-

schnitt meines Lebens die Rede, im zweiten Fall bezeichne ich dieses Leben selbst als ein (soweit) glückliches. Im ersten Fall ist Glück eine Episode oder Periode, im zweiten Fall eine Gestalt meines Lebens (Seel, S. 62).

Für Seel ist klar: „Ein glückliches Leben ist ohne Episoden des Glücks nicht möglich" (ebd.). Während diese Behauptung unmittelbar einleuchtet, ist die folgende keineswegs selbstverständlich: „[V]on einem bloßen Wohlgefühl unterscheidet sich das episodische Glück wesentlich darin, daß es – für diejenigen, die es erfahren – in einem Horizont übergreifender Glückserwartungen steht" (ebd.), mit anderen Worten: ein episodisches Glück ist, wenn nicht ohne glückliches Leben, so doch ohne Vorstellung von einem glücklichen Leben nicht möglich. Damit wird das episodische Glück ethisiert: es findet Halt in einem Begriff des guten Lebens, wie vage wir ihn auch nur zu fassen verstehen.

Auf den ersten Blick fällt das flüchtige Glück, von dem Hermann handelt, aus Seels Bestimmung heraus. Ihre Charaktere leben jenseits eines festen Sinnhorizontes, den wir meinen, wenn wir vom guten Leben sprechen. Doch konzediert Seel eine Form des episodischen Glücks, das dem flüchtigen der besprochenen Figuren entspricht. Von ihm handelt der „ästhetische Glücksbegriff", vom „Glück des erfüllten Augenblicks" (S. 102). „Das Glück des Augenblicks ist radikal ein Glück hier und jetzt. Es ist ein herausgehobener Moment des Lebens, der nicht für das Ganze dieses Lebens steht" (S. 105), der „in meinem jetzigen Wollen und Wünschen gar nicht inbegriffen ist" (S. 101). Selbst wenn „der erfüllte Augenblick ein Augenblick der Erfüllung von Wünschen ist, so handelt es sich doch stets um eine Erfüllung, die das bisherige Wünschen transzendiert" (S. 106). Hier spricht Seel nun vom flüchtigen Glück unserer beiden Geschichten. Innerhalb des episodischen, das es auf eine „ekstatische Verfassung" (S. 107) hin zuspitzt, bildet es aber insofern eine Ausnahme, als es untauglich ist, „zu einem plausiblen Begriff des guten Lebens zu führen" (S. 108). „Denn dieses Glück sprengt unsere Vorstellung vom und unsere Erwartungen an Glück und enthält insofern leicht eine Tendenz zur Zerstörung der existentiellen Orientierungen, die uns bis dahin geleitet haben" (S. 107). Um so zerstörender wirkt es, wenn es keine signifikanten existentiellen Orientierungen mehr gibt, die seine Wirkung auffangen, und es durchschlägt auf den Grund der in der Gleichförmigkeit unendlicher Wiederholung gefangenen Persönlichkeit. Es kann daher zu dem Gefühl der Ich-Erzählerin in *Bali-Frau* führen: dem eines fundamentalen Nichtgenügens.

Ganz zu Recht rekurriert Seels Bestimmung des ästhetischen Glücksbegriffs auf Sören Kierkegaard, den Kopenhagener Flaneur und frühen Vorläufer der Jeunesse dorée in Hermanns Erzählungen. Die überspannten Glückserwartungen, die den jeder übergreifenden Sinnorientierung verlustig gegangenen Ästhetiker in *Entweder/Oder* umtreiben, enden in der Verzweiflung an der Alltäglichkeit. Die Heldin in *Sommerhaus, später*, ausgeliefert dem Ticken der Uhr, plagt dieselbe Gleichförmigkeit der Zeit, an der auch der Ästhetiker leidet. „Das Leben", klagt er, „ist mir ein bitterer Trank geworden, dennoch soll es wie Tropfen eingenommen werden, langsam, mit Zählen" (Kierkegaard, S. 27). Das flüchtig erfahrene, aber verflossene Glück zerrt sein Opfer in die Reflexion, welche die Unwillkürlichkeit des neuen Glücks vereitelt: ‚Bin ich jetzt glücklich?'. In den Worten Maries, der Heldin in der Erzählung *Camera Obscura*: „Glück ist immer der Moment davor. Die Sekunde vor dem Moment, in dem ich eigentlich glücklich sein sollte, in dieser Sekunde bin ich glücklich und weiß es nicht" (Hermann, S. 158).

## Verwendete Literatur

Tanja Dückers, Spielzone, Berlin 1999.
Judith Hermann, Sommerhaus, später, Frankfurt 1998.
Walter Benjamin, Das Passagen-Werk, Erster Band, Frankfurt/M. 1983.
Sören Kierkegaard, Gesammelte Werke, 1. Abteilung: Entweder/Oder, 1.Teil, Düsseldorf 1964.
Henry Miller, Wendekreis des Krebses, Hamburg 1970.
David Riesman, The Lonely Crowd, New Haven 1989.
Martin Seel, Versuch über die Form des Glücks, Frankfurt/M. 1995.

JÖRG DÖRING

# Großstadtlyrik nach 89
### Durs Grünbeins *In Tunneln der U-Bahn* und
### Bert Papenfuß' *hunger, durst & sucht*

## I

Die ganze Stadt paßt nicht ins Gedicht. Wer immer sich sorgt um die Erzählbarkeit Berlins, nicht erst seit 89, hofft auf den Roman. Die Literaturkritik verlangt den Wende-Roman – und wo sonst sollte er spielen als
in Berlin – und die Literaturwissenschaft – Döblin ist schuld – kann nicht
lassen von der Überzeugung, der Gegenstand Stadt komme literarisch zu
sich selbst am angemessensten nur im Roman. Seine Form entspricht den
Spezifika des Urbanen oder genauer: dem, was wir zumeist meinen, wenn
wir „urban" sagen: Größe, Dichte, Vielfalt, Vielstimmigkeit. Die Ver-
wandtschaft von Stadt und Roman weckt Erwartungen und zeitigt Enttäu-
schungen. Die neuen Berlin-Romane scheren sich weniger um die Frage:
Wie erzählbar ist die Stadt?, sondern nutzen Berlin als kontingente Kulisse für die Familiengeschichten ihrer Protagonisten[1] oder etablieren den
Handlungsort als Stätte neu-bundesdeutscher Kollektivsymbolproduk-
tion[2]: Berlin meint Einheit, Hauptstadt und Nation.

Im Schatten dieser neuen Berlin-Romane seit 89, die große öffentliche
Aufmerksamkeit gefunden haben, ist aber zeitgleich eine Vielzahl lyrischer Stadt- und Berlintexte entstanden, nach denen vorerst niemand gerufen hat. Das Gedicht – dem immer noch der höchste Verdichtungsgrad
aller literarischen Gattungen nachgesagt wird, und erklärtermaßen die
Textsorte mit dem Anspruch größter Abständigkeit zur normalen Ver-
kehrssprache der Städtebewohner – was sollte dieses verknappte, abstra-
hierte und radikal individuierte Sprechen, die kleine Form beitragen können zu einer angemessenen literarischen Repräsentanz der größer gewordenen Stadt?

Nun kann man fragen: Was überhaupt macht das Berlin-Gedicht zum
Berlin-Gedicht? Meinem Begriff einer Textgruppe liegt bereits eine nicht
unproblematische Klassifizierung zugrunde, die – vor aller Rücksicht auf
das Einzelgedicht – bestimmte Gedichtmerkmale herausgreift und analytisch vereinheitlicht. Sind Berlin-Gedichte von Berlinern, und wenn ja,

---

1   Vgl. den Beitrag von Christian Jäger in diesem Band.
2   Vgl. den Beitrag von Egbert Birr in diesem Band.

wann müssen jene zugezogen sein? Auch Grünbein und Papenfuß, um die es hier im folgenden gehen soll, sind keine gebürtigen Berliner. Werden Gedichte zu Berlin-Gedichten durch bestimmte topographische Signale, die Nennung von authentischen Straßen und Orten, die den Gedichtschauplatz mit Lokalkolorit ausstatten? („Zwischen Ost- und West-kreuz / pendelt die Stadt" – Kerstin Hensel in ihrem Gedicht *Abzug der Alliierten*). Erkennt man Berlin-Gedichte am Sprachstand, der semi-oralen Nachbildung des ortsgebundenen Idioms, an dem „lührischen Icke", von dem Erhard Schütz gesprochen hat?[3] („*Ma wieda durch Balin jegangen / die Luft jeschnuppert, Atmosphäre einjefangen*" – aus Robert Gernhardts *Balin, Balin*). Oder erzwingt das Sujet „große Stadt" einen Typus literarischen Sprechens über Berlin, der die Gattungsentscheidung rechtfertigt, d. h., etwas Bestimmtes über die Stadt läßt sich so und nur so – nämlich lyrisch – zum Ausdruck bringen? So wie im Expressionismus – der letzten literarhistorischen Strömung, der man einen originären Typus von Großstadtlyrik zuschreibt – der Reihungsstil als literarische Nachbildung eines spezifisch großstädtischen Wahrnehmungsmodus gelten konnte.

Um sich diesen Fragen zu nähern, kann man nun zwei methodische Wege beschreiten: Zum einen ließe sich eine Vielzahl jüngerer Gedichte kursorisch herbeizitieren, „Berliner Elegien", Texte über Mietshaus, Kiez, Mauer und Baustellenseen, geschrieben von so unterschiedlichen AutorInnen wie Steffen Mensching, Kerstin Hensel, Thomas Böhme, Brigitte Oleschinski, Uwe Kolbe, Thomas Kling, Ulrike Draesner, Irina Liebmann, Kathrin Schmidt oder Peter Hacks, um nur einige zu nennen. Ein solches Verfahren hätte den Nachteil, daß es selbst – und zwar im schlechten Sinne – lyrisch zu werden droht. „Mit Herz und Kopf und Witz und Schnauze entsteht in 100 Gedichten aus 100 Jahren das Porträt Berlins", verspricht der Klappentext der jüngsten Berlin-Lyrik-Anthologie *Berlin, mit Deinen frechen Federn* aus dem Stuttgarter Reclam-Verlag.[4] Die neueren, nach 89 entstandenen Texte scheinen dem Stadtporträt nichts Wesentliches hinzuzufügen, denn schon die Vorgänger-Anthologie *Berlin! Berlin! Eine Großstadt im Gedicht* von 1987 wußte, was das Berlin-Gedicht vor allem auszeichnet: geschrieben ist's – man ahnt es – „mit Herz und Kopf und Witz und Schnauze". Und wer das Nachwort zu dem 97er-Update zu Rate zieht, erfährt zur Charakteristik der jüngeren Berlin-Lyrik kaum mehr, als daß man irgendwie teilnehme „an einem Umbruch,

3 Erhard Schütz: Balin, Balin. Wo liegt Berlin? Ein paar Fäden aus dem Textlabyrinth der Stadt. In: Freitag vom 7.11.1997.
4 Berlin, mit deinen frechen Feuern. 100 Berlin-Gedichte. Hrsg. von Michael Speier. Stuttgart 1997.

wie er für die Geschichte dieser Metropole bezeichnend ist."[5] So funktioniert die Eingemeindung des Neuen ins immer schon Gewußte. Das ist nicht historisch konkret, sondern die Bestätigung des bekannten und immer wieder gerne kolportierten Berlin-Mythos von Karl Scheffler, die Stadt sei verdammt, „immerfort zu werden und niemals zu sein".[6] Wenn Umbruch zum Regelfall wird, dann bleibt auch das alte lyrische Stadtporträt unversehrt: Es paßt alles rein, auch die neuen Gedichte.

Der andere Weg, sich diesen jüngeren Texten zu nähern – und den ich favorisiere –, geht vom Einzelgedicht aus. Ich habe zwei davon ausgewählt: Durs Grünbeins *In Tunneln der U-Bahn*[7] und Bert Papenfuß' *hunger, durst & sucht*[8], um an ihnen konkret zu überprüfen, was sie gegebenenfalls zu Stadt- und Berlintexten werden läßt, was an ihnen für die gegenwärtige lyrische Stadttextproduktion charakteristisch sein könnte.

Zur Auswahl der beiden Gedichte soll noch gesagt sein, daß sie nicht frei ist von Willkür, mit ihr soll keine Wertung verbunden sein etwa der Art, daß nur Grünbein und Papenfuß einer genaueren Betrachtung für würdig erachtet werden – im Unterschied zu allen anderen AutorInnen, auf die ich noch hingewiesen habe. Was die Auswahl viel eher geleitet hat: die Gedichte sind sehr verschieden. Vielleicht erschließt sich in solcher Kontrastierung die Bandbreite gegenwärtigen lyrischen Schreibens über die Stadt und Berlin von ihren Rändern her.


## II


Durs Grünbeins *In Tunneln der U-Bahn* stammt aus dem 1991 erschienenen Gedichtband *Schädelbasislektion*. Innerhalb dieses Bandes stellt der Text das zweite Gedicht eines Zyklus dar, der *Niemands Land Stimmen* heißt.

*In Tunneln der U-Bahn* ist ein frei rhythmisiertes Langgedicht, man könnte von einem Prosapoem sprechen, das keine strophische Gliederung aufweist, sondern das zum Gedicht erst wird durch die Freistellung einzelner Satzbestandteile in Einzelversen, die der Vortrag auch hörbar machen muß. Doch es bleibt nicht bei dieser Freistellung von Satzbestandteilen, sondern zusätzlich – und das ist das Auffällige am Druckbild des

---

5   Ebenda, S. 118f.
6   Karl Scheffler: Wandlungen einer Stadt. Berlin 1931, S. 56f.
7   In: Schädelbasislektion © Suhrkamp Verlag Frankfurt am Main 1991, „In Tunneln der U-Bahn", S. 31-35. Im Anhang mit Genehmigung des Verlages vollständig wiedergegeben.
8   In: Berliner Zapfenstreich © BasisDruck Berlin 1996, „hunger, durst & sucht", S. 45f. Im Anhang mit Genehmigung des Verlages vollständig wiedergegeben.

Gedichts – ist der Zeilenfall typographisch verschoben als absteigende Linie der Einzelverse. Wenn man so will, ist der Abstieg in die großstädtische Unterwelt, von dem das Gedicht handelt, auch optisch hervorgehoben.

Schon die Überschrift offenbart eine Merkwürdigkeit: Als Ortsangabe ist sie seltsam unkonkret. Es heißt nicht etwa: „In der U-Bahn" oder aber „Im U-Bahn-Tunnel", sondern *In Tunneln der U-Bahn*, wobei der Plural das sich anschließende Textgeschehen als ein Verallgemeinerbares kennzeichnet – (etwa in dem Sinne: was einem in Tunneln der U-Bahn Bedenkliches, Mitteilenswertes usf. so widerfahren könnte).

Und nur die Überschrift weist das sich anschließende Selbstgespräch eines lyrischen Ich, das sich bis Vers 17 erstreckt und von so etwas wie einer Fragmentierungserfahrung handelt, als eine Reflexion aus, die offenbar in einer U-Bahn stattfindet und vielleicht beim Fahren *in Tunneln der U-Bahn* erst angestoßen wird. Das U-Bahnfahren kann mit Einschränkungen als spezifisch großstädtische Verkehrsform gelten, deswegen weist schon der Handlungsort – ohne das er schon konkreter benannt wäre – den Text aus als einen, der von Erfahrungen berichtet, die an eine bestimmte städtische Mindestausstattung geknüpft sind (wobei zu klären bleibt, ob solche Erfahrungen auch in den U-Bahnen von Gelsenkirchen oder Bielefeld zu haben sind...).

Vielleicht war diese Stille nichts / als die Halbwertszeit / einzelner Wörter / in mir (V. 1-4)

Die Stille, die das lyrische Ich umgibt, wird empfunden gewissermaßen als das Echo des eigenen Schweigens, wobei das Modalwort *vielleicht* einen Zweifel sät: vielleicht hat die Stille auch ganz andere Gründe, und die Empfindung beruht auf einer Selbsttäuschung. Wichtig ist das Tempus: Die Krise, von der erzählt wird, wird als erinnerte vergegenwärtigt: Die Stille *war*, d. h. sofern sein eigenes Schweigen erzwungen war, sind jetzt offenbar die Umstände nicht mehr gegeben, die das lyrische Ich am Sprechen gehindert haben. Was heißt es nun, daß die Stille als die *Halbwertszeit einzelner Wörter* in ihm verstanden wird? Grünbein bedient sich der Sprache der Teilchenphysik als Bildreservoir. Wenn Wörter Atomen gleichgestellt werden, die einen bestimmten Zerfallswert haben, dann ist einerseits die „Atomisierung" des Einzelwortes betont, d. h., die Wörter fügen sich nicht nur nicht mehr zu ganzen Sätzen, sondern schon sie als Einzelworte sind zerfallen, geschrumpft auf die Hälfte ihres Ausgangswertes. Andererseits deutet das Bild aber auch einen Nachhall an, gewissermaßen die Rest-Strahlung des Wortzerfalls, die noch immer wahrnehmbar bleibt. Ganz so, als ob hier poetisch ins Bild gesetzt wäre, wie einem schweigenden U-Bahn-Passagier durch die losen und verselbständigten Gesprächsfetzen, die ihn umgeben, ein Gefühl von gleichsam rauschender Stille sich aufdrängt.

Was dieser Wahrnehmungskrise in einem U-Bahn-Waggon folgt, ist das Selbsterkennungsproblem des lyrischen Ich: das urbane Gemurmel, „das an der Schädelnaht kratzt" (eine andere Grünbein-Formulierung aus dem Text „Brief über die Stimmen, den Bedingten Reflex und das System"[9]), wirft die Frage auf, wie das eigene Ich noch als zu unterscheidendes erfahrbar bleibt: Durch den Blick auf das Ausweispapier (*genehmigtes Ich,* V. 6), beglaubigt in einem Verwaltungsvorgang, doch trotz dieser amtlichen Identitätsvergewisserung bleibt es blind im Zentrum (*blinder Fleck,* V. 7), dort, wo der Sehnerv in die Netzhaut eintritt, an der Verschaltung zwischen Hirn und Wahrnehmungsorgan, wird das Ich verortet als im Wortsinn lichtunempfindliche Stelle – das Ich, das selbst nicht sieht oder – alternativ dazu – das sich erkennt als *bloßer Silbenrest* (V. 7): das Identitätswort als Produkt aus Wortrestverwertung, als nützlichen Sprachabfall von „Dich", „Mich", „Sich".

Dann folgt ein ironischer Akzent: das Ich, das sich *zersplittert* vorkommt, soll doch *wiedervereinigt* (V. 8) sein, doch die Reizvokabel weckt nur eine falsche Erwartung, denn das Selbsterkennungsproblem will gar nicht historisch situiert sein (als Problem der deutschen Wiedervereinigung), sondern die Erfahrung von Ich-Verlust und die Bemühung um neue Selbstvergewisserung gehen ständig miteinander einher: *zersplittert und wiedervereinigt / im Universum* [eben nicht nur in Dt.] / *von Tag zu Tag* (V. 8-10).

Wenn es dann im Folgevers noch heißt, das Ich sei nur *Gehalten vom Bruchband der Stunden* (V. 11), dann wird es endgültig zum Langzeitpatienten erklärt, den nur ein Zeitkorsett zusammenhält – *Stunden* betont sogar noch stärker den Aspekt von Zeit als v. a. gleichförmig empfundener Dauer.

Das den ersten Sinnabschnitt des Gedichts beschließende *I feel so atomized* in V. 15 ist, was den Aussagegehalt angeht, durchaus redundant, aber der Satz verändert den Gestus der Selbstbeschreibung des lyrischen Ich. Dadurch, daß dieses Fremdspracheneinsprengsel so sententiös klingt und wie herbeizitiert – beglaubigt vielleicht durch einen Pop-Song –, kann das lyrische Ich dem Eindruck entgegentreten, seine Schilderung einer Ich-Schwäche könnte als larmoyanter Leidensschrei mißverstanden werden.

---

9 Drei Briefe. In: Durs Grünbein: Galilei vermißt Dantes Hölle. Aufsätze. Frankfurt a. M. 1996, S. 46.

In den Folgeversen wird wieder ganz konkret an die U-Bahn-Szenerie erinnert: *Eine träge Masse war ich, / ein Passagier, / unter Tiermasken flüchtig / streunend / zerstreut / „Deut um Deut" / (wie sagt Freud?)* (V. 16-22) – also auch von der Psychoanalyse, die der Zerstreutheit, der Selbstauflösung in eine träge Masse vielleicht noch eine Deutung abringen könnte, ist keine Aufklärung mehr zu erwarten – was bleibt, ist ein schaler Reim – gewissermaßen als Bruchband der Verse... Aber das Bild *unter Tiermasken flüchtig / streunend* (V. 18f.) macht hellhörig, denn Grünbein läßt ein anderes berühmtes U-Bahn-Gedicht anklingen, in dem von Menschentieren die Rede ist: Benns *Untergrundbahn* von 1913 und die notorischen Verse: *„Ich armer Hirnhund, schwer mit Gott behangen. / Ich bin der Stirn so satt".*[10] Bei Benns lyrischem U-Bahnpassagier war es noch das leuchtende Beinfleisch einer schönen Mitreisenden, die „fremde[n] Feuchtigkeiten", die ihn aus der trägen Masse erhoben und sein Verlangen anschwellen ließen – nichts davon mehr bei Grünbein. In seiner U-Bahn-Szenerie fehlen die erotischen Sensationen und jede Metaphysik: das Tier im Manne ist kein vitalistisches Entgrenzungsversprechen mehr, sondern nur noch eine animalische Tarnung. Die Tiermaske dient zum Schutz, das Selbst soll unerkannt bleiben, und mit dem Plural *Tiermasken* ist angezeigt, daß entweder die Tarnungsidentität austauschbar ist (heute Hund, morgen ein anderes Tier) oder der lyrische Protagonist ein flüchtiges Masken-Ich unter anderen darstellt – *flüchtig* indiziert eine Bedrohung, gegen die auch die anderen U-Bahnpassagiere Tiermasken als Schutz aufbieten: die Untergrundbahngesellschaft soll hier offenbar als träge, getarnte Masse verstanden werden, die auf der Flucht vor irgend etwas Ungenanntem sich befindet. Wenn nun noch das Attribut *streunend* hinzutritt, dann ist es einerseits der Tarnungsidentität zugehörig (streunender Hund), andererseits macht es vordergründig auf einen Widerspruch aufmerksam: denn, so fragt sich, was sollte man sich unter streunendem Fliehen vorstellen? Der Widerspruch macht auf den Charakter der Flucht aufmerksam: die Bewegungsrichtung soll uneindeutig bleiben, die Flucht als solche nicht erkennbar sein – wenn man so will, der erneuerte Verhaltensimperativ „Verwisch die Spuren", Brechts bekannter Empfehlung aus dem *Lesebuch für Städtebewohner.*[11]

Mit diesen Verweisen auf Benn und Brecht sollte schon deutlich geworden sein, daß Grünbeins Gedicht nicht nur durch das Sujet ‚Untergrundbahn', sondern auch durch intertextuelle Bezüge zum Großstadtge-

---

10 Gottfried Benn: Untergrundbahn (1913). In: Einsamer nie. Gedichte. Berlin 1989, S. 30.
11 Aus einem Lesebuch für Städtebewohner. In: Bertolt Brecht: Gedichte 1918-1929. Frankfurt a. M. 1960, S. 161f.

dicht werden will: nicht signalhaft oder deutlich herbeizitiert, schließt es sich doch – durch in der Bildsprache des Gedichtes aufweisbare Referenzen – an den Kanon bewährter Großstadtlyrik an und sucht deren Topoi zeitgemäß zu reformulieren.

Ausgehend nun von diesem Befund, daß der Text in der Tradition von Großstadtlyrik gelesen werden will, kann die Interpretation jetzt zu überprüfen versuchen, ob sich diese These bewährt und wie der Text die Tradition modifiziert.

Wichtig ist die Pointe der vorausgegangenen Selbstbeschreibung des lyrischen Ich in V. 23-26: die Atomisierung und getarnte Vermassung wird nicht etwa als bedrohlich wahrgenommen, sondern lediglich als *Langeweile* der Ununterscheidbarkeit – *Vollkommene Langeweile des Ichs / Das sich in jedermann wiedererkennt, Ende / des Zweiten Jahrtausends / in einer U-Bahn*. Das bestätigt nun, trotz der Langeweile, die mit der Erkenntnis der Ununterscheidbarkeit einhergeht, auf verblüffende Weise eine Anforderung an das lyrische Ich, die häufig genug zum Gattungskennzeichen von Lyrik überhaupt erhoben wird: durch die rückhaltlose Versenkung ins gänzlich Individuelle paradoxerweise ein Allgemeines sagen zu können, so daß wir Lesenden uns das Gedicht als Spiegel je eigener Erfahrungen vorstellen können. Wenn hier nun gesagt ist, daß das gelangweilte Ich sich in jedermann wiedererkenne, scheint der Schulterschluß mit dem Allgemeinen gesichert: dann behauptet das lyrische Ich von sich aus schon die Vergleichbarkeit seiner Erfahrung mit allen unseren, wovon uns das Gedicht eigentlich erst noch überzeugen müßte. Das Gedicht-Ich beansprucht, sich in jedermann wiederzuerkennen, deshalb sollen wir als Leser uns im Gedicht wiedererkennen – ein suggestives Identifikationsangebot. Doch wenn alles ununterscheidbar geworden ist, wovon ist dann noch zu erzählen?

In den Folgeversen wird deutlich, warum die U-Bahn den ausgewiesenen großstädtischen Ort darstellt, am Ende des Zweiten Jahrtausends eine solche Erfahrung zu artikulieren: die öffentlichen Verkehrsmittel zur Rush-hour sind vielleicht einer der letzten Räume unfreiwilliger Vermassung (anders als die selbstgewählten, die „guten Massen" Canettis, bei Konzert, Clubevent oder Demonstration), die anderen urbanen Agglomerationsformen wie Autostau und Fußgängerzone bieten gegenüber dem U-Bahn-Waggon immer noch mehr Individualabstand und Bewegungsfreiheit.

Doch die U-Bahn wird hier nicht nur als großstädtischer Raum von erzwungener Vermassung, sondern auch als *Durchgangsort* (V. 27) thematisch. Was konnotiert nun diese seltsam soziologische Vokabel? Sie beweist, daß Grünbein nicht nur innerliterarisch an die Tradition von

Großstadtbeschreibung Anschluß zu halten versucht (s. Benn und Brecht), sondern auch – in der Sprache des Gedichts – sich einen Begriff aus jüngeren Debatten der Großstadt-Soziologie und -Ethnologie zu eigen macht und ihn durch dessen Stellenwert im Gedicht zugleich kommentiert. Durchgangsort meint einen Ort, den man aufsucht, nicht um zu bleiben, sondern um ihn zu durchqueren, und zwar nicht allein, aber in gemeinsamer Anonymität. Der Ethnologe Marc Augé hat solche Durchgangsorte sogar als „Nicht-Orte"[12] bezeichnet – zu ihnen zählen Autobahnen, Flughafen-Lobbys, Shopping-Malls etc. Die Mehrzahl unserer sozialen Lebensvollzüge zwischen Wohn- und Arbeitsort spiele sich – nach Augé – in solchen Transiträumen ab, die öffentlich zwar noch sind, aber strukturell nicht mehr z. B. die Begegnung mit dem Fremden forcieren (früher ein emphatisches Kennzeichen öffentlicher großstädtischer Räume), sondern in geteilter Einsamkeit nurmehr durchquert werden. Diese vollendete, öffentliche Einsamkeit ist für Augé Signum einer – wie er es nennt – „Übermoderne" und steht für den Verlust von städtischer Öffentlichkeit im traditionellen Sinn. Dieser Verlust wird nun nicht etwa stadtnostalgisch beklagt, sondern vielmehr die soziale Egalität dieser neuen Durchgangsorte hervorgehoben. In ihnen herrsche „solitäre Vertraglichkeit"[13] – d. h., sie funktionieren nach festen Regeln, die den Verkehr der vielen erträglich gestalten.

Wenn Grünbeins lyrisches Ich nun seinerseits die U-Bahn als rollenden *Durchgangsort* kennzeichnet, dann fragt sich, welche Eigenschaften sie mit den oben beschriebenen Transiträumen teilt und was sie davon unterscheidet. Einerseits ist die U-Bahn öffentlicher Ort, den man in der Regel nicht um seiner selbst willen betritt, sondern den man kraft seiner Eigenschaft als Beförderungsraum am liebsten so schnell wie möglich wieder verläßt. Insofern ist er Durchgangsort, und ob man bezahlt oder nicht, er ist vertraglich geregelt. Was bei der U-Bahn aber – gerade in Hauptverkehrszeiten – nicht funktioniert, ist das Konzept von der ordentlichen, schön solitären Begegnung im öffentlichen Raum – und davon handelt u. a. der Fortgang des Gedichts. Die erzwungene (aufgrund der Beförderungskapazitäten) Nähe der Fremden erschwert bisweilen den affektfreien Verkehr und die ungestörte Vereinzelung. Dadurch, daß Grünbein sein lyrisches Ich in den Folgeversen den Ekel und die Affekte aussprechen läßt, die gegen diese zudringliche Vermassung mobilisiert werden, macht er zugleich auf eine Blindheit der Augéschen Egalitätsvor-

---

12 Marc Augé: Orte und Nicht-Orte. Vorüberlegungen zu einer Ethnologie der Einsamkeit. Frankfurt a. M. 1994.
13 Ebenda, S. 111.

stellungen aufmerksam: die so clean und zivil erscheinende Einsamkeit von dessen Transiträumen ist erkauft durch *boarding pass* und Kreditkarte – ein strukturell exklusives Vergnügen. Die „solitäre Vertraglichkeit" schließt alle diejenigen aus, die dafür kein Geld haben. Grünbeins Durchgangsort U-Bahn ist wahrhaft egalitär (weil auch alle darin fahren, die nicht bezahlt haben), aber gerade deshalb funktioniert er nicht so reibungsfrei übermodern. Er fungiert – wenn man so will – als anachronistischer Rest einer traditionellen großstädtischen Öffentlichkeit, in der sich durchaus Erfahrungen und Affekte der alten Moderne reproduzieren lassen. Daher ist die U-Bahn immer noch ein zeitgemäßes Sujet für einen Großstadttext.

Welches sind nun die Affekte, die von Grünbeins lyrischem Ich gegen die erzwungene U-Bahn-Vermassung aufgeboten werden? Die Langeweile als Grundstimmung hält nicht zum Philosophieren an (was der in den U-Bahn-Wagen der BVG plakatierte Heidegger-Satz noch immer behauptet), sondern bietet Gelegenheit zum aggressiv gefärbten Blick auf die Mitfahrenden: *vergessene Deponien / einer neuen Art Dinosaurierfleisch* (V. 28f.) – der Aspekt des Vertierten wird hier noch um den des Ausgestorbenen erweitert; abgelagertes Fleisch einer untergegangenen Vorzeit. Das Fleisch sei *tätowiert von Tabus* (V. 30), d. h., es trägt sein Über-Ich äußerlich sichtbar, als Körperschmuck, der aber eher aussieht wie ein Schlachthof-Fleisch-Stempel; dann heißt es, das Fleisch sei *Von Gesten des Nahkampfs entstellt* (V. 31). Weil aber Gesten gemeinhin keine Spuren hinterlassen, muß gemeint sein, daß der Nahkampf, die Entstellung der lebend-abgestorbenen Fleischmassen noch im Gang ist. Der aggressive Impuls des lyrischen Ichs ist so dominant, daß seine Bilder in Schieflage geraten – (V. 36) *Trauben orgiastischen Fleischs zementiert* – ob Fleisch orgiastisch sein kann, wird man noch fragen können, aber zugleich orgiastisch und zementiert? Wieviel Widersprüche im Betrachteten kann der aggressive Blick noch vereinheitlichen?

Nach dieser textnahen Erörterung der Anfangsverse soll jetzt die Interpretation etwas beschleunigt werden. Die Gegenwelt zu der ekelgeleiteten Fleischbeschau sind in den Folgeversen die *Trapeze*, die *Schaukeln* (V. 38), die *Ruhe im Seiltanz* (V. 39), das *Frühstück im Freien* (V. 42) – eine etwas kitschige Frischluftutopie, aber der Eindruck von dem schwitzenden Feierabendfleisch bleibt überwertig: *Sieh dieses Fleisch, wie es im Halbdunkel gärt* (V. 44f.).

Dann verändert das lyrische Ich die Perspektive und richtet den Blick aus dem U-Bahnfenster nach draußen, und die Tunnelstollen, die leeren Stationen, Bahnsteigpenner, Plakatfetzen und überquellenden Papierkörbe erscheinen ihm als *Kulissen für einen Unterweltsfilm* (V. 63): Auch das ist ein aus der Moderne bekanntes Muster – die Engführung von filmischer Wahrnehmung und Großstadtrealität, sachlich begründet auch durch den U-Bahn-Blick, der sich wie ein Filmstreifen fortbewegt und die bewegten Bilder an den einzelnen Stationen mit harten Schnitten aneinanderfügt, unterbrochen von Tunnelschwärze.

Gleichzeitig ist der U-Bahn-Szenerie noch ein gleichsam mythisches Element eingeschrieben, sie wird zur Unterwelt: Die Treppenaufgänge werden als *Hadesstiegen* (V. 64) bezeichnet, die Obdachlosen sind das Schattenvolk (V. 61), und das lyrische Ich selber führt mit sich *das Suchbild der Toten* (V. 57), man denkt sofort an den mythischen Helden Orpheus auf der Suche nach seiner Eurydike – eine rühmliche Unterweltsfahrt mit schlechtem Ausgang. Durch die Kontamination von Kino und Mythos auf der Bildebene des Gedichts drängt sich dem Leser der Eindruck eines Breitwand-Sandalenfilms aus den 50er Jahren auf, und die veritable Katabasis von Grünbeins U-Bahn-Orpheus erhält einen ironischen Zug.

Dann gibt es noch eine momenthafte Identitätsvergewisserung des lyrischen Ich: *Das warst immer noch du! / Deine Glieder vom Sitzen steif* (V. 101f.) – wie so oft, weiß man, das man ist, erst im Schmerz, hier ganz unpathetisch im Gliederschmerz. Und die fortdauernde Unterweltsfahrt wird zur meditativen Gedächtnisreise, zur Reise in eine reine Innenwelt:

> Jede Verbindung zur Außenwelt / scheint unterbrochen, Kurs / unbekannt, bist du Herr / Über allen Gedächtniskomfort, / geleitet vom Gleichgewichtssinn, / in einer U-Bahn allein (V. 107-112)

Die schwitzenden Mitreisenden scheinen nun keine Rolle mehr zu spielen, Kurs unbekannt – die U-Bahnfahrt wird zur Existenzmetapher für die unumkehrbare, zukunftsoffene Lebensbewegung (so wie man – einmal in der falschen U-Bahn – bis zur nächsten Station keine Richtungsänderung mehr vornehmen kann). *dingfest / in welcher Geschichte?* (V. 91f.), fragt sich das lyrische Ich weiter oben. Und die einsinnige Fahrt wird als rein vegetativ gesteuert (vom *Gleichgewichtssinn*) beschrieben, komfortabel daran einzig die Erinnerung an die zurückgelassene Oberwelt.

Die Erinnerung an die Außenwelt zeigt, daß dieser meditative Teil der Unterweltserfahrung auch erkenntnisbefördernd sein kann (V. 114-131): oben herrscht Aufklärungsterror (*unter gefälschtem Zentralgestirn / mit den „Bedeutungen"*), die Außenwelt ist als *Triptychon* vorgestellt, das schon längst von seinem Höllenflügel *überwuchert* wird. So repräsentieren die Oberweltgeräusche den wahren Höllenlärm, während kehrseitig dazu im Untergrund die rauschende Stille der unverbundenen Gesprächsfetzen vorherrscht.

Am Ende des Gedichts – und darauf möchte ich abschließend aufmerksam machen – treffen zwei widersprüchliche Sprach-Gesten des lyrischen Ich aufeinander, die für die seltsam schlingernde Textbewegung des Gedichts insgesamt charakteristisch sind. Zum einen heißt es: *Einsamkeit; / Hyänengang hungriger Poesie / unterirdisch* (V. 132ff.) – hier identifiziert sich das lyrische Ich mit dem bekannten Einsamkeitstopos der klassischen Großstadtliteratur, zwar nicht in „solitärer Vertraglichkeit" wie in den vornehmen Transiträumen der Übermoderne, sondern einsam als Tiermaske unter Tiermasken. Doch hier gibt sich das lyrische Ich plötzlich und unerwartet als Dichter zu erkennen. Seine Tarnung ist die Hyänenmaske, der Aasfresser, der sich für seine Poesie von den Kadavern der Umsitzenden nährt. Man stellt sich eine Art Ekels- und Elendsdichtung vor, wie sie auch einen Teil des vorliegenden Gedichtes geprägt hat. Das ist noch einmal die kraftvolle Geste des alten Großstadtpoeten, aber sie ist eben auch nur Tarnung – und das verdeutlicht das Ende des Gedichts *(V. 155-158: Und siehst dich geschlagen / im Graubrotstaub / des enteigneten Alltags / Eines kleinen Mannes in Deutschland).* Bloß getarnt als Dichter sitzt das lyrische Ich in der U-Bahn, das sich nur vorgeblich labt an der letzten echten Metropolenerfahrung, die noch zu haben ist. In Wahrheit scheint sich seine in Alltagsstaub eingehüllte Existenz in ihrer Mickrigkeit von den anderen gar nicht zu unterscheiden. Die Besonderung, die verloren zu gehen droht in der Langeweile der Ununterscheidbarkeit, gelingt nur noch in der Pose des Dichterischen. Insofern ist Grünbeins „In Tunneln der U-Bahn" ein ironisches Großstadtgedicht über die Simulation von Großstadtgedichten. Daß solche Dichter- und andere Tiermasken nötig zu sein scheinen, sagt auch etwas über die realen Städte.

## III

Bert Papenfuß' Gedicht *hunger, durst & sucht* ist 1995 zuerst in der Zeitschrift *Sklaven* erschienen, deren Mitherausgeber Papenfuß ist. Die Zeitschrift hat den schönen Untertitel „Migranten, Briganten, Kombattanten", und in der Tat könnte man Papenfuß als anarchischen Wort-Kämpfer von „Damals in den Neunzigern" (auch ein schöner Beitragstitel aus den *Sklaven*) bezeichnen. Papenfuß liefert für jede Ausgabe mindestens ein Gedicht, das Umfeld, in dem diese Texte erscheinen, ist ihnen keineswegs äußerlich. Sie sind nicht primär geschrieben für das Ghetto der Werkausgabe, sondern finden sich neben ökonomischen Traktaten, Beiträgen wie „Lob der Faulheit", „Status Wo. Eins." oder „kauf nicht bei duden! (und den senf dazu auch nicht)" und immer wieder liebevollen Reminiszenzen an Franz Jung, jenem anarchistischen Multitalent aus den zwanziger Jahren – Wieland Herzfelde hat ihn einmal als den „Sprengmeister von Berlin" bezeichnet, den Papenfuß sich zum Vorbild nähme, hätte der Verehrte doch nur ein einziges Gedicht geschrieben. Gesammelt ergeben Papenfuß' „Sklaven-Texte" einen laufenden poetischen Kommentar zu den großstädtischen Verhältnissen, mithin sind sie auch eine Art ‚Fließtext Berlin' und daher für unseren Kontext relevant. Inzwischen liegt ein Teil von ihnen in dem 1996 erschienenen Band *Berliner Zapfenstreich. Schnelle Eingreifgesänge* (Berlin 1996) vor, auch das hier vorzustellende Gedicht *hunger, durst & sucht*. Es nimmt nicht wunder, daß so viel lustvolle Verbalmilitanz bisweilen Gegenreaktionen hervorruft. Da wird der Eingreif-Dichter Papenfuß, der selber längst Biermann, Bohley und Bürgerrechtsbewegung poetisch geschmäht hat, im Gedicht eines Kollegen schon mal selber am Spieß gebraten: In dem schönen, jüngst zu lesenden Peter-Hacks-Gedicht *Tamerlan in Berlin*[14], das von einer usbekischen Heimsuchung der neudeutschen Hauptstadt berichtet, heißt es – nach allerlei Barbarei, Denkmalschändung und Hütchenspielexzessen – am bitteren Schluß: *Von Fackeln zuckt ein Abglanz ums Gemäuer. / Am Straßenrand, auf offenem Feuer, / wird mit Hallo von Tamerlans Soldaten / Der linke Dichter Papenfuß gebraten.*

Nach diesem bißchen Häme jetzt endlich zum Gedicht.

Im Erstdruck in den *Sklaven*[15] steht dieses Gedicht neben einem Text über *Fern sehen*. Darin macht sich ein Autor Gedanken über TV-Konsum, vormals in der DDR und jetzt nach der Wiedervereinigung. Das Gedicht selbst ist schon auf den ersten Blick sehr viel lyrischer als das Grünbein-Gedicht. Es ist sehr regelhaft und symmetrisch aufgebaut, weist gleichförmige Strophen von je 10 Versen auf und bekommt sogar liedhafte Züge durch einen Refrain, der aus zwei prägnanten Dreizeilern besteht. In dem Text finden sich viele Arten lyrischer Anklangserzeugung wie Endreim, Binnenreim und Alliteration; schon die Überschrift stellt eine rhythmisch-musikalische Fügung dar, die mit dem Mittel der Vokalvermehrung arbeitet: das gleichwertig kurze *u* in *hunger, durst* und *sucht* erzeugt eine lautliche Symmetrie, die auch ein inhaltliches Korrespondenzverhältnis der drei bezeichneten Bedürfnisse erwarten läßt. Und in der Tat: jeder der drei Strophen scheint – vorläufig gesagt – eines dieser Bedürfnisse hauptsächlich zugeordnet. In der ersten Strophe geht es v. a. um Hunger und die Trieb-Ökonomie des Essens, in der zweiten v. a. um

---

14  Peter Hacks: Tamerlan in Berlin. In: literatur konkret Nr. 22 (1997-98), S. 37.
15  Sklaven (1995) 18, S. 33.

Durst und die Trieb-Ökonomie des Trinkens, in der dritten v. a. um Sucht und die Rausch-Ökonomie, wobei alle drei Bedürfnisse im Refrain nochmals gemeinsam aufgerufen sind: *fressen, sauf, sucht.* Was die Strophen inhaltlich zudem verbindet, ist, daß die erstrebte Befriedigung – trotz des Vollzuges der dafür notwendigen Befriedigungshandlungen: Essen, Trinken, Drogen nehmen – irgendwie mißlingt. Die Akteure, die diese mißlingenden Befriedigungshandlungen vornehmen, sind nicht so leicht auszumachen; ein lyrisches Ich gibt sich erst am Ende der zweiten Strophe eindeutig zu erkennen, bevor es dann in der dritten Strophe zum einzigen Protagonisten der Gedichthandlung werden kann. Eine Form von sich abwandelnder Symmetrie findet sich auch in den jeweils zwei Abschlußversen einer jeden Strophe. Sie bilden vor dem eigentlichen, auch typographisch hervorgehobenen Haupt-Refrain eine Art Binnenrefrain, der sich durch das Gedicht hindurch auf bezeichnende Weise modifiziert:

Strophe 1: *denn der reichtum der welt gehört uns allen schon*
*hunger, durst & sucht sind die früchtchen der furcht* (V. 9f.)
Strophe 2: *denn der reichtum der welt gehört uns: hassema'fluppe*
*hunger, durst & sucht sind die früchtchen der furcht* (V. 25f.)
Strophe 3: *denn der reichtum der welt ist in festen Händen schon*
*hunger, durst & sucht sind die früchtchen der Furcht* (V. 41f.)

Soviel zu formalen Auffälligkeiten des Gedichts. In meine Formbeschreibung des Gedichtaufbaus sind schon einige die Stropheninhalte betreffende Bestimmungen eingegangen, die allzu vorläufig waren und jetzt weiter ausgeführt werden müssen. Die erste Strophe, von der ich sagte, sie handele von der Trieb-Ökonomie des Essens, beginnt mit einer Ortsangabe, die als topographisches Signal in dem einleitend beschriebenen Sinne funktioniert: die *mulackritze* (V. 1) war, muß man heute sagen, eine Kneipe in der Mulackstraße, Berlin-Mitte, die recht bald nach 1989 eröffnet hatte, um an die legendäre Tradition der berüchtigten „Mulackritze" aus den zwanziger Jahren anzuknüpfen, wo damals Lumpenproletariat, Künstlerboheme und Transvestitenmilieu des Scheunenviertels sich begegneten, Heinrich Zille seine Objektstudien betrieb und der Film „Mutter Krausens Fahrt ins Glück" gedreht wurde. Die Einrichtung der originalen „Mulackritze" rettete, bevor Kneipe und Haus 1963 der Abrißbirne zum Opfer fielen, Charlotte von Mahlsdorf für ihr „Berliner Gründerzeitmuseum". Aber auch die neue „Mulackritze" erfreute sich v. a. bei Wessis rasch großer Beliebtheit, weil sich hier der als authentisch gefeierte Schmuddel-Charme des Berliner Ostens mit gepflegter West-Gastronomie trefflich verbinden ließ. Seit einigen Jahren gibt es auch sie nicht mehr. Durch die Nennung dieser Berliner Lokalität schon zu Beginn ist das Gedicht nicht nur topographisch konkret situiert (das wird sich im übrigen als Strukturprinzip herausstellen: jede Strophe beginnt so), sondern auch historisch. Die Gedichthandlung muß irgendwann in der Nachwendezeit spielen. Mit diesem Kontextwissen, das nur ein Berlin-Kundiger mobilisieren kann, wird der Handlungsort der ersten Strophe schlagartig signifikant, er weckt bestimmte Erwartungen an ein Berlin-Gedicht nach 89: Berlin-Mitte – das Laboratorium der Vereinigung, der Mischungsort zweier Halbstädte, *pars pro toto* für das Ende der Blockkonfrontation, die Erfahrung des Fremden im vermeintlich Benachbarten usw. Wie bestellt für die neue Stadtethnologie, war durch einen historischen Glücksfall eine der so beliebten *zones of transition* entstanden, ein sozialer Übergangsraum, dort wo Großstadtapologeten emphatisch noch eine Chance für das Urbane sich ausrechnen.

Papenfuß' Text beschreibt nun diese Szenerie der Vermischung, aber alles andere als lustvoll, sondern viel eher als Zumutung. Die Stimme des Gedichts, der Betrachter der Mulackritzen-Gesellschaft (ein lyrisches Ich ist es noch nicht), findet Lust allenfalls daran, den *hedonistische*(n) Ankömmlingen (*rehberger,* V. 4) ein möglichst unbekömmliches Gericht auf den Teller zu wünschen. Die Speisekarten-Lyrik der *nouvelle cuisine* wird verballhornt durch eine harmonisch-endgereimte Menüempfehlung: (be-)stechend gewürzt (*berberitzen,* V. 2) und geschlechtssensibel schon in der Zubereitung (*bernhardiner & bernhardinerinnen,* V. 3), wird der *westfraß* [...] *die wampe prall*(en) (V. 6). *westfraß* gibt einen Hinweis auf die Standortgebundenheit des Betrachters: der hier spricht, ist aus dem Osten. Syntaktisch bleibt unaufgelöst, ob nur die Bäuche der kindlich-genießerischen *rehberger* gemeint sind oder auch der Magen des lyrischen Betrachters, der selber für seinen Hunger in der *mulackritze* nichts anderes mehr vorgesetzt bekommt als *saumagen* (V. 8) und sich danach auch so fühlt. Der Hunger ist weg nach dem Einheitskanzler-Fraß, aber *die galle tropft* (V. 8), heißt es, also Zorn statt der erhofften Befriedigung. Der sententiöse Binnenrefrain, der die erste Strophe beschließt, entlarvt die falsche Bedürfnisökonomie des fröhlichen Schlemmens: der selbstzufriedene und unbefragte Genuß an dem *reichtum der welt,* der nun auch dem Osten versprochen sein soll, ist in Wahrheit eine Ersatzhandlung, eine verdrängte Angst vor den *schlappen* (V. 5), dem *angestauten durchfall* (V. 6). Der Diminutiv *früchtchen* soll dabei nicht etwa verniedlichen, sondern vielmehr die süße Entstellung der *furcht* (V. 10) anzeigen.

Der Hauptrefrain beschreibt dann im Duktus eines Abzählreims drastisch die Folgen der Verdrängung; wenn man das Endwort der Strophe hinzunimmt, hört man die Abwandlung des Faßbinder-Filmtitels „Angst essen Seele auf" heraus: der dritte Vers bricht einfach ab, so als ob die *seele* ausgezählt wäre. Der Imperativ *sauf* (V. 13) klingt dann wie das „weg!", die Strafe des Verlierers im Kinderspiel. Der Flucht in die Sucht folgt dann das alkoholisierte Aufbegehren im fünften Refrainvers, als ob *die sucht in die flucht* (V. 15) geschlagen werden könnte. Oder ist die Inversion nur eine Artikulationsstörung einer schwerer gewordenen Zunge?

Bis hierher also ein empörtes, ein engagiertes Gedicht, das zum Berlin-Gedicht wird, insofern es an einem konkreten Berliner Schauplatz aus östlicher Perspektive das Vereinigungsszenario und seine triebökonomischen Folgen beschreibt.

In der zweiten Strophe, in der sich die Stimme des Gedichts jetzt als lyrisches Ich konturiert (*ich unterstell allen alles,* V. 24), verlagert sich die Textbewegung weg aus Mitte nun an den Prenzlauer Berg: *in der helmholtzhitze erst die kante, dann die blöße* (V. 17) – ‚sich die Kante geben' steht umgangssprachlich für ein absichtsvolles Besäufnis – die Sommerhitze des Helmholtzplatzes wird ihr Übriges getan haben –, wobei das umgangssprachliche Bild auch die Schwellenerfahrung des Vollrausches antizipiert, den geplanten Absturz. Papenfuß' Vers spielt nun damit, daß die idiomatische Nähe von ‚sich die Kante'- und ‚sich eine Blöße'-Geben auch das Grund-Folge-Verhältnis von ‚sturztrunken' und ‚peinlich' scheinbar sprachlogisch zu erkennen gibt. Von der Kante bis zur Blöße ist auch sprachlich kein weiter Weg.

Doch auch diese Flucht ins Besäufnis mißlingt, rauschökonomisch bewertet. *die substantia nigra zickt* (V. 19), d. h., die Ausschüttung der körpereigenen Glücks-Drogen will nicht in Gang kommen, wohl weil auch Alkohol sich nicht als die geeignete Stimulanz erweist. Obwohl es Sommer ist und heiß, herrscht die Farbe schwarz vor (*substantia nigra, schwarzer drachenfisch,* V. 22, *frische düsternis,* V. 24), Ausdruck der verschatteten Grundstimmung des lyrischen Ich, seiner Wahrnehmungsstörungen und Gereiztheit (*aufm stammtisch aalt sich ein schwarzer drachenfisch,* V. 22, *laute(n) Bäume,* V. 23). Dem Generalverdacht des mißtrauischen Solitärs (*ich unterstell allen alles*) folgt dann am Schluß der Strophe die signifikante Abwandlung des schon bekannten Binnenrefrains: statt *der reichtum der welt gehört uns allen schon* wird jetzt die Wiederholung des Vereinigungsversprechens schnöde unterbrochen vom Schnorrer: *hassema' fluppe* (V. 25) – der Reichtum gehört eben doch nicht allen, und die Aufdringlichkeit des Schnorrers entlarvt die Wohlstandslüge, die der Binnenrefrain der ersten Strophe noch ungestraft aussprechen durfte.

In der dritten Strophe schließlich ist die Textbewegung in Weißensee angelangt, *spitze* (V. 32) wird von Ostberlinern der Verkehrsknotenpunkt genannt, wo Prenzlauer Allee, Ostseestraße und Prenzlauer Promenade sich berühren – die Flucht in die Sucht führt das lyrische Ich also immer mehr in Richtung Peripherie der Stadt. Die Strophe beschreibt nun ein völlig mißglücktes Erlebnis mit harten Drogen und zwar in der Sprache eines regional gefärbten junkie-slangs. *zugeotzt* (V. 33) heißt soviel wie ‚vollgedröhnt‘, *polnische suppe* (V. 37) ist ein ortsüblicher Drogencocktail aus Ecstasy, Speed und Strichnin, und *ausgeault* (V. 40) steht für Abrotzen.

So jämmerlich der Verkehrsknotenpunkt als Ort für ein Rauscherlebnis erscheint, so höhnisch widerspricht ihm sein Name *spitze*, der seinem Doppelsinn zufolge auch als Beifallsbekundung mißverstanden werden könnte, und damit spielt der Vers: ein Spitzen-Rausch am Straßenrand, bei dem das lyrische Ich *abgeklärt* (V. 34) vor sich hin prosperiert – die ironische Formulierung hält den rauschhaften Prosperitätsphantasien nach der Wende einen Zerrspiegel vor. Das wahre Bild des Neubürgers in blühenden Landschaften sieht aus wie ein Junkie am Verkehrsknotenpunkt.

Nach dem gescheiterten Rausch, nach *blutsturz und maulfurz* (V. 37) folgt die Ernüchterung. *die neurotransmitter sind knapp* (V. 39), also die Überträgersubstanz zwischen Nervenenden und Muskelfasern geht verloren, der Bewegungsimpuls, die Antriebsreize sind schwächer geworden; *der tiger ist gezähmt / vor mir liegt ein blatt papier* (V. 40), heißt es weiter. Das lyrische Ich könnte jetzt zum Dichter werden, bezeichnenderweise erst, nachdem das Raubtier in ihm gezähmt ist. Ähnlich wie bei Grünbeins *Hyänengang hungriger Poesie* werden hier Tier- und Schreibimago miteinander verknüpft, aber in anderer Zuspitzung: bei Grünbein tarnt sich das Ich als Hyänen-Poeten aus Besonderungszwang, bei Papenfuß ist der *drang & wucht*-Furor des Großstadttigers eine Rauschpose, die abgelegt sein muß, wenn das Schreiben beginnt. Das Gedicht bekommt fortan einen feierlich-getragenen Ton, und der Satz *wir haben wohl ausgeault* hat etwas von – beinah hätt' ich gesagt – kathartischer Nüchternheit. Die Erkenntnis des lyrischen Ich ist jetzt unumstößlich: der *reichtum der welt gehört* nicht *uns allen*, sondern ist – wie es in der letzten Abwandlung des Binnenrefrains heißt – *in festen Händen schon* (V. 41) – in den Händen der anderen jedenfalls oder im übertragenen Sinn: darauf zu hoffen, lohnt nicht, er ist anderweitig vergeben.

Der schöne letzte Vers des Gedichts *ein salzhering winkt mir; krepppapier* (V. 49) bricht das Schema der strophischen Gliederung und hängt nach. Für ihn lassen sich zwei Deutungen denken, eine tragische und eine ironische: in der tragischen wird der *Salzhering* in seiner vorgeordneten Bedeutung als Speisefisch verstanden, eine Art Katermahlzeit des Dichters – irgendwie pur und ein bißchen alttestamentarisch; und *krepppapier*

wäre die Kontamination von ‚Krepier‘ und ‚Papier‘: man denkt an zer-
knüllte Gedichte im Straßengraben oder gar an den Tod des Autors. Die
ironische Lesart versteht Salzhering in seiner nachgeordneten Bedeutung
als Lakritzsorte eines Bonner (damit westlichen) Süßwarenherstellers.
Dann wären in chiffrierter Form eben jene Reimsilben wieder aufge-
nommen, die alle Strophenanfänge gedichtübergreifend miteinander verbinden: *mulackritze - helmholtzhitze – verkehrsknotenpunkt spitze* – und
jetzt: ‚salz(lakritze)‘... In der Gedichttopographie könnten wir damit einen
vierten Schauplatz annehmen: den Schreibtisch des Dichters mit La-
kritztüte. Einen Salzhering (also Westfraß) als Belohnung fürs voll-
brachte Gedicht. Aber wirklich nur einen. Und *krepppapier* wäre nur die
willfährige Einübung in die neue gesamtdeutsche Rechtschreibung...


**IV**


Als Berlin-Gedicht ist das Papenfuß-Gedicht insofern von Interesse, als
es sich als solches (vorerst) nur bedingt zu erkennen gibt – und das bewußt. Zwar bietet es Hinweise auf konkrete Handlungsorte, aber bedient
sich nicht aus dem Fundus bewährter, selbst schon literarisch gewordener
Berlin-Topoi, jener ‚mental map‘ der Berlin-Literatur, die sich sicher sein
kann, vom Leser synekdochisch für <u>das</u> Urbane, <u>die</u> Großstadt Berlin
usw. verstanden zu werden. Ihre imaginären Koordinaten besagen: hier
erzählt sich die Stadt. „Alexanderplatz“ wäre so ein Topos, „Ecke Friedrichstraße“, auch Grünbeins U-Bahn in gewisser Weise. Papenfuß’ Groß-
stadt-Gedicht schert sich nicht um Verständlichkeit in diesem Sinne,
seine Handlungsorte sind milieuspezifisch chiffriert. Wer die *mulackritze*
nicht lokalisieren kann, wird die Textbewegung von Mitte an die nord-
östliche Peripherie nicht nachvollziehen, *helmholtzhitze* könnte für ein
Wortspiel gehalten werden, und daß der Verkehrsknotenpunkt in Weißensee *spitze* genannt wird, hat mir auch erst der Dichter selber erklären
müssen. Ebenso die Ost-Berliner Junkie-Ausdrücke *zugeotzt* und *ausgeault*, die ich – ganz dem westlichen Vorurteil gegenüber der Prenz-
lauer-Berg-Lyrik aufsitzend – für anarchische Wortverstümmelungen gehalten habe (von vielleicht ‚zugekotzt‘ oder ‚ausgejault‘) Zudem weiß ich
jetzt, daß in dem Binnenrefrain *denn der reichtum der welt* auch die Anspielung auf einen DDR-Schlager von Holger Biege verborgen ist.[16] Dies
alles mag deutlich machen, wie der Text – gewissermaßen als getarntes

---

16 Ich danke dem Dichter für ein äußerst instruktives Gespräch am 9.11.97 im Berliner „Tacheles“.

Berlin-Gedicht – eine bislang unbefragte Vorgabe unterläuft, Berlin-Literatur nach 89 müsse gesamtberliner Literatur sein: fröhliche Beiträge aus dem Vermischungsgebiet, die den Mythos des Urbanen zu restituieren helfen. Politisch wird das Papenfuß-Gedicht erst durch die Beharrung auf dem Milieu, aus dem und für das es geschrieben ist, und in dem es praktisch werden will: Ost-Berliner Eingreifgesang eben – insofern könnte man von kritischer Regionalliteratur sprechen.

In Grünbeins ironischer Simulation eines Großstadt-Gedichtes war Text der Stadt noch Text *über* die Stadt: die U-Bahn als Durchgangsort ist Rest-Ort der klassischen urbanen Affekte. Für Papenfuß' engagiertes Milieu-Gedicht, das sich weigert, Berlin als Übergangs- und Vermischungsraum darzustellen, heißt Text der Stadt in erster Linie Text für die Stadt.

In dieser Spanne bewegen sich Berlin-Gedichte nach 89.

## In Tunneln der U-Bahn


Vielleicht war diese Stille nichts
        als die Halbwertszeit
                einzelner Wörter
    In mir,
        und wer war ich:
                ein genehmigtes Ich,
Blinder Fleck oder bloßer Silbenrest. . . (-ich),
        zersplittert und wiedervereinigt
                im Universum
                        von Tag zu Tag,
Gehalten vom Bruchband der Stunden
                        zusammengeflickt
Stückweise
        und in Fragmenten
                »I feel so atomized.«

Eine träge Masse war ich,
        ein Passagier,
                unter Tiermasken flüchtig,
        streunend
                zerstreut
                        »Deut um Deut«
                        (Wie sagt Freud?).

Vollkommene Langweile des Ichs
        Das sich in jedermann wiedererkennt, Ende
                des Zweiten Jahrtausends
                        in einer U-Bahn
Hier unten am Durchgangsort
        rollender Halden, vergessener Deponien
                einer neuen Art Dinosaurierfleisch:

Fleisch tätowiert von Tabus,
        Von Gesten des Nahkampfs entstellt,
                tropfenschwer und geduldig.
Schwitzendes Fleisch in Kolonnen,

von peinlicher Vorsicht verklebt,

sorgenvoll

Trauben orgiastischen Fleischs zementiert
und von Schwerkraft taub in sich gekehrt,
fern der Trapeze, der Schaukeln,
der Ruhe im Seiltanz,
unverführt
Von Mysterienkarussellen
und einem Frühstück im Freien,
aufgehoben in keinem seltenen Wind.
Sieh dieses Fleisch,
wie es im Halbdunkel gärt,
am goldenen Feierabend,
Bald Wrack, bald Ruine,
Jahrzehnte im voraus veräußert,
in Hektik untergehend,
in Pausen alternd,
Eingepaßt ins Gestänge der Industrie.
Andere Stollen,
Andere Luken, die sich in Hohlräume öffnen
auf dieser Fahrt
unterm Nachtrand
an leeren Stationen vorbei.
Mit dem Suchbild der Toten,
vorbei am verstaubten Asyl
für den Durst vor der Auferstehung.

Papierkörbe, die überquellen,
wo die Schatten sich stärken werden
inmitten von Operettenstaffagen,
Kulissen für einen Unterweltsfilm
Mit Hadesstiegen noch aus der Gründerzeit,
Notpfennige blinkend in einer Pfütze
glasierte Ziegelwände,
Plakate und Schattenpflaster
wie unterm Glassturz
gesehen im blaugrünen Wasser
Dieser aquarischen Nacht.
Gußeiserne Träume
im Magazin eines Verkehrsmuseums,

Emailleschilder:
Namensknoten im Netzwerk
der unterkellerten Stadt,
So spät längst entvölkert,
bis in die Wurzeln gestillt,
leer von rebellischer Seligkeit,
Die es irgendwann hier gegeben hatte
(das ahntest du).
Passagen durchgeistert vom Taucherblick
eines schläfrigen Fahrgasts,
dessen Hirn stottert
Wie ein Motor, der absäuft.
So beruhigt, so verwirrt
hinter vermauerter Stirn:

Wenn du dich wendest,
wendet sich in dir die Furcht,
unumkehrbar zu sein
(Jede Zuflucht durcheilt)
dingfest
in welcher Geschichte?
In welchem Niemandsland,
unter den Füßen verpachtet?

Raschelndes Zwielicht
vorm Abstieg in eine Dunkelkammer
Druckausgleich: ∢
Von lauwarm zu steinkühl,
von blickfern zu hautnah,
vom Außen ins Innen.
Ein vages Möbelgefühl –
Das warst immer noch du!
Deine Glieder vom Sitzen steif,
Saugst du dich
an den Scheiben fest,
mit den Schemen längst eins.
Jede Verbindung zur Außenwelt
scheint unterbrochen, Kurs
unbekannt, bist du Herr
Über allen Gedächtniskomfort,
geleitet vom Gleichgewichtssinn,

in einer U-Bahn allein.

Doch was spielte sich wirklich ab
Dort oben vor dieser künstlichen
                Trennwand
                    mit leisem Terror
Unter gefälschtem Zentralgestirn,
        mit den »Bedeutungen«,
                den Monologen sovieler Stimmen,
Im Durcheinander von Zukunftsmärschen,
        von Geometrien und Ökonomien,
                von lautlosen Jahreszeiten,
                    ironischen Architekturen
In einer Landschaft, die immer zerrissener wird,
        immer ähnlicher einem Triptychon,
                dessen Mittelteil auslischt
Überwuchert vom rechten Höllenflügel,
        wo durch die dünnen Scharniere
                    das Flutlicht bricht
        Von Banketten und Kakophonien der Politik

& später zerfielen die Radioprogramme in Jazz.

Einsamkeit;
        Hyänengang hungriger Poesie
                        unterirdisch
Schlingernd im Labyrinth
                    eines Echobeschleunigers
Unterwegs auf der Spiralbahn
            toter Jahrhundertstimmen
                    hinter Lamellen aus Blei:
Ortlos, zeitlos,
        als seist du
                verdammt durch Geschichte
Zu eilen,
        verwandelst du dich
                in die Gedächtniswelle
Aus 1 000 verpaßten Gelegenheiten
                        zu leben,
    Zu lieben,
        alleinzusein und mit Freunden

Zu fliegen,
      im Aufruhr zu leuchten,
            im Zorn
Sich herumzuwerfen
      (in einer anderen Nacktheit)
Und siehst dich geschlagen
      im Graubrotstaub
          des enteigneten Alltags
Eines kleinen Mannes in Deutschland.


BERT PAPENFUß

***hunger, durst & sucht***


in der mulackritze haut man bordsteinschwalben
zusammen mit langschweinen, frischer berberitze
bernhardinern & bernhardinerinnen in mehlschwitze
hedonistische rehberger nuckeln an ihrer lakritze
wir sind feuer & fett, wir machen schlappen wett
die wampe prall vom westfraß & angestautem durchfall
mit nix als russinnen im kopf, korinthen in den topf
die galle tropft; saumagen & keine weiteren fragen
denn der reichtum der welt gehört uns allen schon
hunger, durst & sucht sind die früchtchen der furcht

   köter fressen katzen
   votzen klöten, & schnaps
   seele auf; sauf

   sturm, drang & wucht
   sucht in die flucht
   wie katzen köter

in der helmholzhitze erst die kante, dann die blöße
die raute ist die farbe, anarchie auch dekomposition
die substantia nigra zickt, bleiche thüringer klöße
gleich um die ecke, schummerige soziologiestudenten
glätten ihre enten & warten auf den wolkenstillstand
aufm stammtisch aalt sich ein schwarzer drachenfisch

117

ausm wald der lauten bäume flattern feile schnepfen
hinein in frische düsternis; ich untersten allen alles
denn der reichtum der welt gehört uns: hassema'fluppe
hunger, durst & sucht sind die früchtchen der furcht

köter fressen katzen
votzen klöten, & schnaps
seele auf; sauf

sturm, drang & wucht
sucht in die flucht
wie katzen köter

am verkehrsknotenpunkt spitze sitze ich voll zugeotzt
in meinem schweiß & prosperiere abgeklärt vor mich hin
meine augen bluten, die löffel dröhnen von dem gedöns
das auf mich einsabbert, langeweile steht aus, unerhört
spuckt aus, & zwar polnische suppe, blutsturz & maulfurz
ein trichterbechermann pißt in eine tulpenförmige urne
die neurotransmitter sind knapp, der tiger ist gezähmt
vor mir liegt ein blatt papier; wir haben wohl ausgeault
denn der reichtum der welt ist in festen händen schon
hunger, durst & sucht sind die früchtchen der furcht

köter fressen katzen
votzen klöten, & schnaps
seele auf; sauf

sturm, drang & wucht
sucht in die flucht
wie katzen köter

ein salzhering winkt mir; krepppapier

INES VON PLOETZ

# Don DeLillos und Paul Austers New York als literarische Paradigmen für Berliner Stadttexte?

> *Was heißt schon New York?*
> *Großstadt ist Großstadt;*
> *ich war oft genug in Hannover.*
>
> *Arno Schmidt*

Warum New-York-Romane in einer Diskussion Berliner Literatur nach 1989? New York als nachahmenswerte Kulturmetropole, dieser Mythos hat die Diskussionen kultureller Entwicklungen Berlins vor und nach 1989 geprägt und ist Ausdruck für die faszinierende Zentralität dieser Stadt. So ist für den Urbanist Dieter Hoffmann-Axthelm New York eine wahre Metropole, die die Kulturen der Welt an einem Ort in Einklang bringt und „zum Maßstab dessen [wird], was Welt ist".[1] New York wird hier als Spiegel der Welt begriffen. Der Schriftsteller Ingo Schulze spricht nach einem gemeinsamen Spaziergang mit dem amerikanischen Kollegen Richard Ford von einer bescheideneren und doch ähnlichen Zukunftsvision für Berlin: „Am Potsdamer Platz spürt man den Hauptstadtehrgeiz, für Deutschland das zu werden, was zur Zeit New York für die Welt ist."[2] Oder, anders gesagt: New York, der ‚Big Apple' der Welt und Berlin, der ‚kleine Apfel' Deutschlands.

Der Vergleich ‚Berlin – New York' inspirierte Berliner Künstler erstmals um die Jahrhundertwende, als die Hauptstadt der Gründerzeit zum Zentrum einer Industrienation avancierte. Ob im imaginären Blick über den Atlantik aus den Tiefen der Berliner Kaschemmen oder aus den Höhen der 4. Etage der Berliner Gründerzeitbauten, die schwindelerregende Skyline der planquadrierten Metropole offenbarte gigantische Dimensionen einer urbanen Zukunftsvision, deren Symbolisierung zum Zankapfel politischer Gesinnungen wurde. ‚Amerikanismus', das war einer der vielen Erlösung versprechenden Nachkriegsismen, dessen Anhänger, fasziniert vom Fordschen Produktionsmodell und Produkt, sich neue politische und libidinöse Freiheiten in einer funktionalisierten, traditionsfreien, neusachlichen Urbanität erhofften. „Man spricht des Oefteren von Berlin, wenn man amerikanische Städte nennt und meint hiermit dem Wesen die-

---

1 Dieter Hoffmann-Axthelm: Die dritte Stadt. Frankfurt a. M. 1993, S. 219.
2 Ingo Schulze. Berlin ist eine unschuldige Stadt. In: Die Zeit. magazin. Nr. 41 vom 3. Oktober 1997, S. 34.

ser Stadt näher zu kommen, ja es fast zu erklären und in einer bestimmten Gattung von Stadtcharakteren einzuordnen. Dies scheint mir falsch."[3] Mit diesen Worten destruiert Carl Einstein den Augenschein eines amerikanisierten Berlins, dem Künstler der Neuen Sachlichkeit[4] erliegen und der in zivilisationsskeptischen Werken ihrer Kritiker als Distopie entlarvt wird. ‚Berlin wird New York', diese Zukunftsvision verzerrt Fritz Lang in seinem Film *Metropolis* (1926) zur Fratze des alles verschlingenden Molochs, und Robert Musil karikiert in *Der Mann ohne Eigenschaften* (1930-1938) zeitgenössische Großstadteuphorien als soziale Zwangsvorstellungen von einer Art überamerikanischen Stadt.[5]

Nach 1945 sind der Symbolisierung New Yorks in der deutschsprachigen Literatur nicht nur die Desillusionen über die amerikanische Politik der McCarthy-Ära und den Vietnamkrieg eingeschrieben, sondern die amerikanische Metropole ist wie in den New-York-Romanen der Exilliteratur gleichzeitig Ort der Erinnerungsarbeit für die aus Europa zugereisten Protagonisten.[6] Am lebhaftesten wurde in der literarischen Öffentlichkeit der BRD Uwe Johnsons Romantetralogie *Jahrestage. Aus dem Leben von Gesine Cresphal 1-4* (1970-1983) diskutiert. New York als Tagebuch der mecklenburgischen Protagonistin Gesine Cresphal ist nicht nur Spiegel der amerikanischen Gesellschaft des Jahres 1968-69, der desillusionierenden Sowjetpolitik des Prager Frühlings und Dokumentation von Gesines Familiengeschichte, in der die Fäden von Johnsons Gesamtwerk zusammenlaufen und an deutsche Vergangenheit von der Machtergreifung Hitlers über den 2. Weltkrieg bis hin zur Teilung Deutschlands erinnert wird. New York ist für die Protagonistin auch der bewußt gewählte alternative Aufenthaltsort zur BRD, von der sie nach ihrer Übersiedlung in das rheinische Düsseldorf bitter enttäuscht wurde. Die Wahrnehmung ihrer neuen amerikanischen ‚Heimat' bleibt vorerst reduziert auf die täglichen Wege von und um den Riverside Drive bis zu ihrem Arbeitsplatz; Wege, deren Patina gründlichst mit dem ethnographischen Blick eines seriösen Reporters erforscht werden. Einen panoramati-

---

3  Carl Einstein: Berlin. Undatiertes Typoskript, vermutlich um 1913. Zitiert nach: Hermann Haarmann: Treffpunkt Berlin. Wechselbeziehungen der literarischen und künstlerischen Avantgarde in den zwanziger Jahren. In: Das poetische Berlin. Metropolenliteratur zwischen Gründerzeit und Nationalsozialismus. Hrsg. von Klaus Siebenhaar. Wiesbaden 1992, S. 123-138, hier S. 123.

4  Zum Einfluß des ‚Amerikanismus' auf Dichter der Neuen Sachlichkeit siehe: Helmut Lethen: Neue Sachlichkeit 1924-1932. Stuttgart 1975, S. 19-57.

5  Robert Musil: Der Mann ohne Eigenschaften. Bd. 1. Hamburg 1978, S. 31.

6  Zur literarischen Inszenierung New Yorks in deutschsprachigen Texten nach 1945 siehe: Ulrich Ott: Amerika ist anders. Studien zum Amerika-Bild in deutschen Reiseberichten des 20. Jahrhunderts. Frankfurt a. M., New York und Paris 1991; und Peter Enzberg: Das Bild New Yorks in der deutschsprachigen Gegenwartsliteratur. Heidelberg 1988.

schen Überblick jedoch erhofft sich Gesine von ihrer fleißigen Lektüre der New York Times, ihrer imaginären, moralisch-didaktischen Dialogpartnerin, der liberalen „alten Dame aus gutem Hause," auf deren objektive Berichterstattung von den kleinen Verbrechen der Stadt und den großen Amerikas sie zunächst vertraut, deren verfälschenden, marktorientierten Ton sie jedoch bald entlarvt. Wie also, nach dieser Enttäuschung ihres Ich-Ideals, soll sie die richtigen Worte für ihre Tochter Marie finden, um eine ‚Wahrheit' über die deutsche Vergangenheit zu vermitteln? Gesine stellt sich den Fragen der Nachgeborenen nach ihrem Vater und ihren Großeltern, und so entstehen die *Jahrestage*, collagiert aus erzählten Erinnerungen, dem kommentierten Zettelkasten ihrer New-York-Times-Lektüre und alltäglichen Erlebnissen in der Stadt. Die Niederschrift derselben delegiert sie allerdings aus Zeitmangel an den befreundeten Autor Johnson.

Aus der Binnenperspektive amerikanischer Autoren entsteht ein ganz anderes Bild der Metropole. Ihr New York ist nicht Erinnerungsort für die kollektiven Schockerlebnisse der europäischen Revolutions- und Kriegsgeschichte, sondern postmoderne, amerikanische New-York-Romane exemplifizieren vor allem literarische Bewältigungsstrategien für die sich immer wieder selbst überbietende Komplexität der Metropole. Dieses New York, Umschlagplatz globaler Waren-, Währungs-, Bilder- und Informationsfluten, wird in der Literatur als Zeichenstätte, als selbstreferentieller, sich selbst reproduzierender Text inszeniert.[7] In postmodernen New York-Texten stehen somit nicht historische und politische Fragestellungen im Vordergrund, sondern die zunehmende Vertextung der Stadt als ästhetisches Phänomen, über dessen Entschlüsselung sich die weiteren diskursiven Zusammenhänge erst erschließen.

Im folgenden sollen anhand der beiden New-York-Romane, Don DeLillos *Spieler* (1977) und Paul Austers *Stadt aus Glas* (1985), dem ersten Teil der *New York Trilogie* (1986), untersucht werden, welche Zeichen- oder Textmodelle die Stadt symbolisieren.

Das New York Don DeLillos veranschaulicht Jean Baudrillards semiotisches Konzept der postmodernen Stadt als Simulationsraum des Codes der Werbung und Medien, entlarvt aber die Grenzen des auf Re-

---

7  Zur Repräsentation New Yorks als Text in der amerikanischen Gegenwartsliteratur siehe: Hanjo Beressem: The City as Text: Some Aspekts of New York in Contemporary Art and Fiction. In: Amerikastudien/American Studies 37 (1992), S. 107-121; und Heinz Ickstadt: Kommunikationsmüll und Sprachcollage. Die Stadt in der amerikanischen Fiktion der Postmoderne. In: Die Unwirklichkeit der Städte. Großstadtdarstellungen zwischen Moderne und Postmoderne. Hrsg. von Klaus R. Scherpe. Hamburg 1988, S. 197-224; Don DeLillo: Spieler. Hamburg 1995, S. 9-10.

duktion von Komplexität ausgelegten Modells[8]: weder die anarchische Zeichendichte der New Yorker Straßen noch die Psyche der Städtebewohner werden vom urbanen Code vollkommen erfaßt. Don DeLillos Metropole, zentralisiert in und um das World Trade Center, vermittelt das Gegenbild zu Paul Austers New York in *Stadt aus Glas*. Dieser Text führt den Leser an die Peripherie der Stadt, in die Refugien vereinsamter Existenzen, die sich den sozialen und ökonomischen Vernetzungen entzogen haben und aus deren Perspektive sich New York als ein ganz anderer ‚Text der Stadt' erschließt: *Stadt aus Glas* ist ein Palimpsest historischer Stadtdiskurse, deren Utopien – die Stadt als Paradies und die Stadt als Ort authentischer Sprachproduktion – von den urbanen Solitären kollektiv fortgeschrieben und überschrieben werden. In diesem Prozeß der Vertextung der Stadt führen die einzelnen Charaktere immer neue Zeichensysteme ein, seien es ‚Zeichen-Schritte' auf dem Stadtplan als Matrix oder poetische Klanggebilde, deren Hermetik für Uneingeweihte nicht entschlüsselbar ist. Im ‚roten Notizbuch' jedoch, dem kollektiven Text der Stadt, entsteht ein literarischer Ort, in dem diese Botschaften im Prozeß des Lesens und Schreibens überliefert werden.

Diese Literarisierungen New Yorks aus amerikanischer Perspektive, New York als ‚Zentralstelle des Codes' oder als Palimpsest utopischer Stadtdiskurse – gelten sie als Paradigmen, an denen sich deutschsprachige Autoren bei ihrer Produktion von Stadttexten orientieren? Gibt es Parallelen zwischen dem literarischen New York in Paul Austers *Stadt aus Glas* und Don DeLillos *Players* und dem New York und Berlin in aktuellen deutschsprachigen Romanen? Geleitet von diesen Fragestellungen soll dieser kleine Exkurs in die amerikanische Stadtliteratur abschließend in den Berliner Kontext zurückgeführt werden.

---

8  Baudrillard konzipiert die postmoderne Stadt als hermetischen Raum des Codes, in dem alle Bereiche des Urbanen – von der Architektur, der Freizeitangebote bis in die Residuen der Psyche städtischer Individualitäten – von dem Code der Medien, der Werbung und des Kapitals funktional organisiert werden. Der Stadtraum ist ein „zerstückelter Raum distinktiver Zeichen [in dem jede] Tätigkeit, jeder Augenblick des täglichen Lebens [...] durch vielfältige Codes einem bestimmten Zeit-Raum zugeordnet" (S. 214) sind. In dieser Stadt gibt es keine Handlungsfreiheit und kein authentisches Erleben, da jedes Ereignis im Modell des Codes präfiguriert ist. Somit ist alles Geschehen in der Stadt Simulation, da zwischen Original und Modell nicht mehr zu unterscheiden ist. Jean Baudrillard: Kool Killer oder Der Aufstand der Zeichen. In: Aisthesis. Wahrnehmung heute oder Perspektiven einer anderen Ästhetik. Hrsg. von Karlheinz Brack, Peter Gente, Heidi Paris und Stefan Richter. Leipzig 1990, S. 214-228.

## Don DeLillos *Spieler* – oder der Ausbruch der simulierten Stadt?

Jeder urbane Kinogänger, der schneller, besser und vor der Masse des Premierenpublikums informiert sein will, geht das Risiko ein und setzt sich in einen Sneak Preview, in der Hoffnung, durch sein Insiderwissen im Stadtgespräch brillieren zu können. Im Gestus einer solchen ‚verstohlenen' Vorausschau eröffnet Don DeLillo seinen Roman *Spieler* mit dem Prolog ‚Film', der den New Yorker Angestellten Lyle, einem Börsenmakler, und Pammy, einer Textgestalterin des ‚Grief Management Councils', im Landeanflug auf die Stadt ihr Schicksal in einem Stummfilm vorspielt. Auf der Leinwand wird der reibungslose Verlauf eines Golfturniers durch einen bewaffneten Überfall genauso plötzlich gestört, wie in der Binnenhandlung des Romans ein Mord an der New Yorker Börse den Protagonisten Lyle aus der Alltagsmonotonie herausreißt und in einen mysteriösen terroristischen Anschlag auf das Finanzzentrum verwickelt. Aber nicht nur die Protagonisten werden im Prolog auf den Handlungsverlauf vorbereitet, sondern auch der Leser bekommt Einblick in die zirkuläre Textstruktur der Simulation, die, wie sich zeigen wird, im Verlauf des Romans als die dominante Struktur der Stadt als ‚Raum des Codes' erkennbar wird.

Simulation, undifferenzierbare Ähnlichkeit zwischen Fiktion und ursprünglicher Referenz, produziert auf der Erzählebene einen unendlichen Verweisungszusammenhang von Zitaten, denen das Original abhanden gekommen ist. Dies erfährt der Leser schon im Prolog, der zwar zunächst eine Vorbereitung auf den Anfang des Geschehens suggeriert, sich aber als Quereinstieg in den Kreislauf der sich ständig wiederholenden Modelle entpuppt: Die Handlungsstruktur des Romans kopiert die des Films, und das narrative Verfahren des Textes imitiert die Kameraführung, deren Wirkung im Prolog besonders hervorgehoben wird:

> Intimität von Entfernung. In diesem Zusammenhang wirkt der Raum nicht so sehr wie etwas intuitiv Erlebtes, sondern eher wie eine abgestufte Reihe von Dichtewerten. Er schiebt sich in kompakten Blöcken dazwischen. Was die Kamera mit den Zuschauern gemein hat, ist eine bewußt empfundene optische Verstohlenheit.[9]

Im Film wird der subjektive Blick auf die Landschaft im Sinne eines intuitiven Erlebnisses durch den technisierten Blick der Kamera ersetzt, der Raumausschnitte durch Collage und Sequenzierung in abstrakten Mustern anordnet. Eine solche räumliche Ästhetik zeichnet auch den Roman aus, dessen Handlungsverlauf nicht psychologisch motiviert ist, sondern

---

9  DeLillo (wie Anm. 7), S. 9-10.

in dem abrupte Szenenwechsel – collagiert, sequenziert und spiegelbild-
lich arrangiert – eine abstrakte Textkomposition bilden, deren Strukturen
den Geschehensablauf plausibel machen. Um dies zu erkennen und um
die überraschenden Schnitte und bildlichen Déjà-vu-Erlebnisse zu genie-
ßen, wird der Leser implizit aufgefordert, sich gleich dem Kinogänger
mit der ‚optischen Verstohlenheit' der Kamera zu identifizieren. Text als
Stummfilm lesen, dessen räumliche Strukturen aufspüren, ist folglich ein
Lektüreangebot des Romans.

Ganz im Sinne der Simulation, einer Endlosschleife reproduzierter
Modelle, wird im ersten Teil des Romans dann auch die Kameratechnik
von Lyle als Wahrnehmungsfilter für bildliche Informationen bewußt
einstudiert und zwar beim Fernsehen, oder, besser gesagt, dem genuß-
vollen, wahllosen ‚channel switching' oder ‚zapping':

> Doch die visuell-taktile Freude am Programmwechseln hatte Vorrang, wo-
> durch selbst verstreute Inhaltsfragmente in angenehme territoriale Abstraktio-
> nen umgewandelt wurden. [...] Ihn interessierte der Wiederholungsaspekt der
> Werbung. Das gleiche Filmmaterial mehrmals zu sehen war ein Test für den
> Einfallsreichtum des Auges, seine Fähigkeit, eine variable Auswahl zu treffen,
> einen Zeitausschnitt zu gliedern.[10]

Nicht Bildsequenzen als Geschichten, sondern als abstrakte, optische
Muster minimalistisch arrangierter Ähnlichkeiten faszinieren Lyle, den
implizit idealen Leser des Romans, dessen Komposition auch aus räumlichen Abstraktionen besteht.

‚Authentizität', individuelles, einzigartiges Erleben, ist unmöglich in
einer solchen Welt der Reproduktion, deren ausufernde Indifferenz in der
Binnenhandlung des Romans durch die zunehmende Ununterscheidbarkeit zwischen Figur und Stadtraum symbolisiert wird. Oder, anders gesagt: in der Simulationsgesellschaft steht New York Modell für seine
Bewohner.

Dementsprechend gewinnen die Figuren rudimentäres psychologi-
sches Profil „aus ihrer Beziehung zu den Gegenständen, die sie umgeben
oder mit denen sie sich umgeben haben – als Innensicht, die in der Ansicht eines Innenraums verdoppelt wird."[11] In diesem Sinne gewährt ein
Blick in das Interieur des Apartements der Protagonisten Einblick in deren Paarbeziehung:

> Den Gegenständen wohnte ein partielles Gefühl von Gemeinsamkeit inne. [...]
> Gegenstände waren bewegungslose Erinnerung. Schreibtisch, Bett und so
> weiter. Gegenstände würden denjenigen überleben, der zuerst starb, und den

---

10  Ebenda, S. 20.
11  Ickstadt (wie Anm. 7), S. 217.

anderen daran erinnern, wie schnell sich ein Leben halbieren ließ. Es ging viel weniger um Tod als um Trennung. Stühle, Tische, Kommoden, Umschläge. Alles war eine gemeinsame Erfahrung, die Pammy und Lyle trotz ihrer Ungerichtetheit verband, trotz der schiefen Apparatur ihrer Übereinstimmung. Daß sie übereinstimmten, stand außer Zweifel. Treulosigkeit und Verlangen. Man brauchte die beiden nicht auseinanderzuhalten. Sein Körper, ihrer. Sex, Liebe, Monotonie, Verachtung.[12]

Pammy und Lyle erfahren Gemeinsamkeit als ein Gefühl in den Dingen, die als materialisierte, statische Erinnerung mentale, dynamische Erinnerungsbilder ersetzen: „Gegenstände waren bewegungslose Erinnerung." Aber auch tragische Ereignisse wie Trennung und Tod werden in diesem Roman nur funktional auf einer materiellen Ebene als Auflösung des gemeinsamen Hausrats symbolisiert.

Diese Objektivierung von Intimität faßt die elliptische Reihung „Sein Körper, ihrer. Sex, Liebe, Monotonie, Verachtung" in nuce zusammen: Sex bleibt das inszenierte geometrische Zusammentreffen von bekannten Körperoberflächen, deren Routine sich der allgegenwärtigen Monotonie des Alltags anpaßt.

Nicht nur die privaten Innenräume bilden identitätstiftende Gehäuse der Figuren, sondern auch die täglichen Passagen durch die offenen Räume der Stadt. So die Gebäudefassaden des ‚Financial Districts', die Lyles täglichen Wege rahmen: „Es war die Stadt, die Hitze, ein endloses Gefühl der Wiederholung. Die Gegend wiederholte sich in Blocks aus monochromatischem Stein. Lyle hatte das Gefühl, in den *Dingen* gegenwärtig zu sein."[13] In dieser kurzen Episode verschmelzen Figur und Stadt zu einer gemeinsamen Oberfläche aus Gefühl- und Raumstruktur.

Die vollen Konsequenzen dieser Symbiose zwischen den städtischen Räumen und ihren Bewohnern offenbaren sich jedoch erst in Pammys kontemplativem Blick auf das Welthandelszentrum, ihrem Arbeitsplatz für das Grief Management Council, einer kommerziellen psychologischen Beratungsstelle. Wie der Name des Gebäudes ‚World Trade Center' schon andeutet, vollzieht sich dort ein umfassender Kommerzialisierungsprozeß, in dem sogar Gefühle als globale Ware gehandelt werden. Die Resultate dieses Trends prophezeien Pammy schon die gigantischen Ausmaße der Wolkenkratzer:

Wo sonst sollte man all diesen Kummer stapeln? Irgend jemand hatte vorausgesehen, daß die Menschen sich irgendwann nach einer Möglichkeit sehnen würden, ihre Gefühle zu kodifizieren. Man würde eine Verwaltungsstruktur benötigen. Teams von Verhaltensforschern würden sich in der Kanalisation

12 DeLillo (wie Anm. 7), S. 57.
13 Ebenda, S. 53.

versammeln und ein Futurismusmodell entwickeln, das auf Archivierungsverfahren basierte.[14]

In dieser Zukunftsvision radikalisiert sich das Konzept einer funktionalen Stadt im Bild des kollektiven Gefühlsarchivs, in dem jede Gefühlsregung der Stadtbewohner einem bestimmten ‚Zeit-Raum', einer kodifizierten Signatur in der hermetischen Verwaltungsmaschinerie zugeordnet wird. Insofern verschmelzen in diesem Bild nicht nur Stadt und solitäre Figur, sondern die Stadt und die Masse ihrer Bewohner, da deren Gefühle und der Stadtraum einer ähnlich abstrakten Verwaltungsstruktur unterworfen werden.

‚World Trade Center', das ist zum einen Symbol einer kollektiven Psyche der Stadt, zum anderen aber auch Synekdoche für das Konzept der Stadt als Simulationsraum:

> Für Pammy hatten die Türme nichts Dauerhaftes. Sie blieben bloße Konzepte, trotz ihrer Masse nicht weniger flüchtig als irgendeine herkömmliche Lichtverzerrung. Der Eindruck des Flüchtigen wurde zudem noch dadurch verstärkt, daß der Büroraum bei Grief Management ständig umorganisiert wurde.[15]

Inspiriert von den Lichtspiegelungen auf den blanken Oberflächen der Wolkenkratzer, die diese in ein bewegtes Bild transformieren, interpretiert Pammy die monumentale Statik der Türme als arretierten Ausdruck für dynamische Konzepte des ständigen Umbaus und innenarchitektonischen Ausbaus der Stadt; eine ständige Variation von Modellen, die auch die Gefühle der Bewohner und auf einer Metaebene die Struktur des Textes organisiert. Fokussiert in diesem Blick auf das architektonische Herz der Kapitale, erscheint Simulation, modellhafte Reproduktion, als omnipräsentes Ordnungsprinzip der Stadt.

Don DeLillos Roman ist jedoch keine kritiklose Exemplifikation dieses Stadtmodells, sondern veranschaulicht dessen Schwachstelle: die Unmöglichkeit einer vollkommenen Synchronisierung der Stadtbewohner zu einer ununterscheidbaren Masse, „ausgerichtet auf ihren jeweiligen Wahn einer Identifikation mit Leitmodellen und bereitgestellten Simulationsmodellen."[16] Don DeLillos Spielern ist eine solche schablonenhafte Existenz schlicht zu langweilig – Lyle „fragte sich, ob er zu kompliziert geworden war"[17], Pammy „fragte sich, ob sie zu kompliziert geworden war"[18] – und in diesem Sinne begeben sich beide auf die Suche nach al-

14  Ebenda, S. 22.
15  Ebenda, S. 22-23.
16  Baudrillard (wie Anm. 8), S. 216.
17  DeLillo (wie Anm. 7), S. 21.
18  Ebenda, S. 61.

ternativen systemsprengenden Erfahrungen. Abermals Baudrillardschen Gedankenwegen folgend, sucht Lyle neue Nervenreize als ,fatale Strategien' in der hyperbolischen Überbietung des Systems durch einen präzise kalkulierten Terroranschlag auf die New Yorker Börse. Das Komplott bleibt aber wider Erwarten unausgeführt, und selbst sein Gelingen hätte die Stadt als ,Raum des Codes' nicht unterminiert, denn, so der Kommentar eines Terroristen, auch dieses Ereignis ist von den Medien schon präfiguriert:

> Diese Dinger [die Sprengsätze] gehen wirklich hoch, Lyle, wenn sie richtig zusammengebaut werden. Es bewirkt nichts. Nur ein weiteres Medienereignis. Unschuldige Menschen tot und verstümmelt. Zu welchem Zweck? Um öffentliche Aufmerksamkeit für die Bewegung zu kriegen, weiter nichts. Auch nur wieder Medien. Sie wollen in die Schlagzeilen. Das Interesse der Öffentlichkeit. Sie wollen dramatisieren.[19]

Die materielle Zerstörung der New Yorker Börse kann die Kapitalströme nicht stoppen, im Gegenteil, der Sensationswert des Ereignisses bietet willkommene Gewinnsteigerungen für die Medienindustrie.

Einen möglichen Ausweg aus der hermetischen Metropole entdeckt letztendlich Pammy im ,Oral New York':

> Überall dröhnten die Geistermaschinen – durch die Kanalisation, unter Kellertreppen, in Klimaanlagen und in den Rissen im Bürgersteig. Alle diese komplizierten Texturen. Clownhafte Taxies, die auf einen zufuhren. Natriumdampflampen. Die Stadt beharrte bescheiden auf ihrer eigenen faserigen Schönheit, die gewebten Arrangements von Verfall und Genie, die die eigenen Sinne herausforderten, sich auszubreiten. [...] Sie ging unter der Markise einer Absteige vorbei. *Transients* stand darauf. Durchreisende. Irgend etwas an dem Wort irritierte sie. Es nahm einen abstrakten Ton an, wie es in ihrer Erfahrung zuvor Worte getan hatten (obwohl selten), die sich in ihrem Denken als Spracheinheiten erhalten hatten, die auf geheimnisvolle Weise die Verantwortung von Inhalt gemieden hatten. Tranzhento. Was es vermittelte, konnte selbst nicht in Worte gefaßt werden. Der funktionale Wert war irgendwie aus seiner Rinde herausgerutscht. [...] Es vergingen Sekunden, bevor sie die Bedeutung begriff.[20]

Plötzlich überschreitet Pammy die Grenzen des funktional organisierten Raumes und erfährt das ,Oral New York', das vitale Leben auf den Straßen New Yorks, als anarchische sinnesreizende Textur unbekannter Klänge, Düfte und Stoffe. ,Oral New York', die gesprochene Stadt im Gegensatz zur Stadt als Sprachsystem, deren erklingende Zeichen vermitteln eine Erfahrung, die im Code nicht festgeschrieben ist. So das

---

19  Ebenda, S. 208.
20  Ebenda.

Wort ‚Transients', hier auch in Lautschrift umschrieben als ‚Tranzento',
übersetzt als ‚Durchreisende' und eigentlich Zitat von Pammys Vokabular, ‚transient', mit dem sie den Eindruck des ständigen Umbaus der
funktionalen Stadt[21] bezeichnete. In diesem Augenblick nimmt sie erst
den Wortklang wahr, bevor sie ihn mit einer Bedeutung verknüpft, und
entdeckt das Unwiederbringliche jeder sprachlichen Aussage (parole)
losgelöst von der Sprache als System (langue).

‚Oral New York', auf den ersten Blick verspricht das sinnlich vitale
Staßenleben einen alternativen (Zeichen-) Ort zur Leere der simulierten
Kapitale, an dem das New York der 20er Jahre, die Transitstadt der vielen
Durchreisenden aus Dos Passos' *Manhattan Transfer* (1925), noch einmal lebendig wird. Ob aber dieser Ort seine ‚Authentizität' bewahrt und
nicht als stereotypisiertes Freizeitmodell zur Regeneration der Sinne von
der Medienwelt einverleibt wird, bleibt offen.

**Paul Austers *Stadt aus Glas* oder das rote Notizbuch als Retter in der
Einsamkeit**

Paul Austers *Stadt aus Glas* porträtiert ein ganz anderes New York, eher
die melancholische Schattenseite zu Don DeLillos postmoderner Metropole. Denn nicht das Herz der Kapitale in und um das World Trade Center, sondern das Labyrinth der New Yorker Straßen und andere Refugien
adressenloser Existenzen sind die Handlungsschauplätze des Romans.
Auch nicht die postmodernen Angestellten, gefangen in den kodierten
Modellen des Urbanen, sondern intellektuelle Aussteiger, fasziniert von
utopischen Stadtdiskursen, bestimmen das Geschehen. Dementsprechend
bildet nicht die ‚Stadt als Simulationsraum' die Textgestalt des Romans,
sondern ein Palimpsest synchroner und diachroner Stadtdiskurse, dessen
Spektrum der Titel *Stadt aus Glas* konnotiert: Gläserne Städte, das sind
sowohl die Passagen des 19. Jahrhunderts – die Wandelhallen des Pariser
Flaneurs – als auch die ‚Schaufenster' der Cafés, deren Ausblick Poes
*Man of the Crowd* in den Sog der Passantenströme hineinzieht. *City of
Glas*, der englische Originaltitel, parodiert Augustines *City of God*, ein
Traktat über eine transzendentale Gesellschaftsordnung, sowie die purita-
nische Utopie der ‚City upon a Hill', dem Paradies auf dem amerikani-
schen Kontinent. Diese verschiedenen vom Titel signalisierten literari-

---

21  In der amerikanischen Originalfassung des Textes lautet die oben zitierte Textpassage „To
    Pammy the towers didn't seem permanent. They remained concepts, no less transient for
    all their bulk than some routine distortion of light." In: Don DeLillo: Players. London
    1977, S. 19.

schen Stadtmotive – der urbane Beobachter als Lesender und Schreiben-
der des Stadttextes und die Stadt als Ort einer immanenten Gesell-
schaftsutopie – verknüpft Auster im klassischen Stadtgenre des Detek-
tivromans. Bildet ein ungeklärter Vater-Sohn-Konflikt den ursprüngli-
chen Anstoß für detektivische Nachforschungen, so avanciert in deren
Verlauf die Einlösung der traditionellen Utopie der Stadt als immanentes
Paradies zum eigentlichen Rätsel. Wie sind die historischen Stadtdiskurse
und auch die Zeichen im babylonischen New York, einem Ort der Einsamkeit und Kommunikationslosigkeit zu deuten, um einen dialogischen,
urbanen Sprachraum zu errichten? Eine utopische Perspektive ermöglicht
das rote Notizbuch als kollektiver Text der Stadt, in den vereinsamte Existenzen ihren sprachlichen Ort einschreiben.

Die Stadt als Intertext diachroner und synchroner Stadtdiskurse verbirgt eine Vorstellungswelt, in die Quinn, ehemals Dichter und Essayist,
in Trauer über den Tod von Frau und Sohn aus dem städtischen Kultur-
betrieb geflüchtet ist. Sein New York ist eine Welt der Fiktionen, sowohl
seiner ausufernden Lektüren von Edgar Allan Poes phantastischen Geschichten und Marco Polos Reisen als auch seiner fingierten Identitäten
als Paul Auster, William Wilson, dem Autor seiner Detektivromane und
Max Word, dem Protagonisten dieser Geschichten. Sein New York ist
aber auch ein ‚Nirgendwo‘, ein unerschöpflicher Raum von endlosen
Schritten, in die er als ‚Niemand‘ auf seinen kathartischen Wanderungen
durch die Stadt eintaucht, um sich für Augenblicke von seinen Erinnerungen zu befreien:

> Verloren nicht nur in der Stadt, sondern auch in sich selbst. Jedesmal, wenn er
> ging, hatte er ein Gefühl, als ließe er sich selbst zurück, und indem er sich der
> Bewegung der Straßen überließ, sich auf ein sehendes Auge reduzierte, war er
> imstande, der Verpflichtung zu denken zu entgehen, und das brachte ihm
> mehr als irgend etwas sonst ein Maß von Frieden, eine heilsame Leere in sei-
> nem Inneren. [...] Durch das ziellose Wandern wurden alle Orte gleich, und es
> war nicht mehr wichtig, wo er sich befand. Auf diesen besten Gängen ver-
> mochte er zu fühlen, daß er nirgends war.[22]

In der Rolle des Flaneurs oder des Reisenden synchronisiert Quinn Blick
und Schritt mit dem Rhythmus der Straßen und entäußert sich ‚als sehen-
des Auge‘ in die auf ihn einströmenden Bilder, die in ihm ein befreiendes
Gefühl von Einsamkeit und Leere evozieren. Ähnlich Don DeLillos
Spielern, die sich in von den Medien entlehnten Mustern bewegen, ver-
schanzt sich Quinn in literarische, urbane Rollen und gerät so in den Sog
einer simulierten Welt.

---

22 Paul Auster: Die New York-Trilogie. Hamburg 1989, S. 10.

Zufälligerweise eröffnet sich ihm ein Ausweg, denn durch einen fehlgeschalteten Telefonanruf für den Detektiv Paul Auster erhält Quinn die Möglichkeit, als ‚authentischer' Detektiv aus seiner hermetischen, fiktionalisierten Existenz herauszutreten. Die Chance ergreifend, erklärt er sich bereit, Peter Stillman vor seinem Vater, Prof. Stillman, zu beschützen. Diese Aufgabe führt ihn jedoch nicht in eine ‚reale' Stadt, sondern, im Gegenteil, verstrickt ihn in einen Fall, dessen Protagonisten selbst literarische Rollen parodierend ihm seine eigenen Probleme widerspiegeln und dessen Rätsel ihn nicht nur zu einer Schärfung seiner Beobachtungsgabe, sondern auch zur Interpretation historischer Stadtdiskurse herausfordert.

Stillman, seinem Namen nach noch Mensch, aber von messianischem Sendungsbewußtsein erfaßt, den Menschen ein Paradies auf Erden zu errichten, erhielt diese Eingebung während seiner ersten wissenschaftlichen Arbeit ‚Der Garten und der Turm: Frühe Visionen der Neuen Welt', einer Abhandlung über puritanische Gesellschaftsutopien, den ersten Schriften zur amerikanischen Stadt. Die Interpretation dieser Texte überzeugt ihn von der Idee, daß die Revision des babylonischen Sprachverfalls, die Rekonstruktion der adamitischen Sprache, das Paradies auf Erden ermöglichen würde. Von dieser Utopie besessen, isoliert er zunächst seinen Sohn wie Kaspar Hauser von allen menschlichen Kontakten, in der Hoffung, Peter würde unter diesen Umständen eigenständig die göttliche Sprache erwerben. Das Experiment wurde jedoch aufgedeckt, Stillman wegen Kindesmißhandlung in eine psychiatrische Anstalt eingewiesen, und nun, nach seiner Entlassung, soll Quinn ihn zur Sicherheit seines Sohnes beschatten. Stillmans Wanderungen durch die Stadt erscheinen aber ganz und gar nicht als ein Rachefeldzug gegen seinen Sohn, denn der harmlose, verwahrloste Professor sammelt lediglich Abfall, den er in seinem roten Notizbuch akribisch rubriziert. Eine mysteriöse Tätigkeit, die Quinn nun selbst nicht mehr flanierend, sondern als ‚private eye' gehend, sehend und schreibend zugleich, ebenfalls in einem roten Notizbuch dokumentiert. Zusammenhänge werden allerdings dann erst transparent, nachdem Quinn beginnt, Stillmans Bewegungen im Stadtraum als Zeichen zu deuten und auf dem Stadtplan als Matrix abzubilden: ‚Der Turm von Babel' ist die Botschaft, die Stillman im Gespräch selbst aufschlüsselt:

> Meine Arbeit ist sehr einfach. Ich bin nach New York gekommen, weil es der verlorenste, der elendste aller Orte ist. Die Zerbrochenheit ist allgegenwärtig, die Unordnung universal. Sie brauchen nur die Augen zu öffnen, um es zu sehen. [...] Jeden Tag gehe ich mit meiner Tasche umher und sammele Gegenstände. [...] Ich erfinde neue Wörter, die den Dingen entsprechen. [23]

---

23 Ebenda, S. 97.

Nicht mehr der Vater-Sohn-Konflikt steht im Mittelpunkt der Detektivge-
schichte, sondern die Verwirklichung einer humanen Stadtutopie in New
York, dem gegenwärtigen Zentrum nicht nur des babylonischen Sprachverfalls, sondern einer analogen materiellen und sozialen Zerstörung.
Diese versucht Stillman aufzuhalten, indem er nun wie Gott auf Erden
den Dingen einen Namen gibt, der ihrem Wesen entspricht, oder zei-
chentheoretisch gesprochen, indem er die Einheit zwischen Bezeichnen-
dem und Bezeichnetem wiederherstellen will. Diese absolute Sprach-
struktur soll dann das Fundament bilden für das zweite Paradies auf dem
amerikanischen Kontinent, dem verwandelten utopischen ‚Turm von Babel': „Sobald er einmal vollendet wäre, würde der Turm groß genug sein,
um alle Bewohner der neuen Welt aufzunehmen. Es würde einen Raum
für jeden Menschen geben."[24] Stillmans materielle Raumutopie bleibt jedoch unverwirklicht, und verloren in der Hermetik seiner idiosynkrati-
schen Sprachschöpfung, verschwindet Stillman als abstraktes Zeichen in
der Oberflächentextur der Stadt: „Stillman war also fort. Der alte Mann
war ein Teil der Stadt geworden. Er war ein Fleck, ein Satzzeichen ein
Ziegel in einer endlosen Ziegelmauer."[25]

Dieses offene Ende der Geschichte wird noch einmal verdoppelt, denn
Quinn, Stillmans utopische Suche nach einer authentischen Sprache wei-
terverfolgend, verliert sich ebenfalls in den Weiten der Stadt. Übrig bleibt
das rote Notizbuch, fragmentarische Chronik des immergleichen Schick-
sals von Einsamkeit und Verlust, daß nicht nur Quinn und Stillman, sondern die Masse der einsamen Passanten New Yorks ereilt, „die mit sich
selbst reden, die murmeln, schreien, fluchen, stöhnen, die sich selbst Geschichten erzählen, als hörte ihnen jemand zu."[26] Übrig bleibt aber auch
das rote Notizbuch als kollektiver Text der Stadt, als Sprachraum für die
endlosen Schritte und Schreie, unerfüllten Utopien und fragmentarischen
Poesien, adressiert an den zukünftigen Dialogpartner, den Leser.

Das rote Notizbuch, in diesem Text der Stadt im Text der Stadt spie-
gelt sich noch einmal die Makrostruktur des Romans *Stadt aus Glas*, einem Palimpsest, dessen Offenheit die Grenze zwischen Fiktion und
‚Wirklichkeit' unaufhörlich transzendiert. Nicht nur tritt der ‚reale' Paul
Auster, als Rollenkostüm ‚Detektiv' und als sein fiktives Alter ego wohn-
haft am Riverside Drive in den Text ein, um dort von Quinn in seiner
Familienidylle der harmonischen Trias Siri-Daniel-Paul als allwissende
Autorität, aber auch als fingiertes, ‚reales' Alter ego Quinns und als Spie-
gelbild dessen verlorener Vergangenheit aufgesucht zu werden, in der

---

24 Ebenda, S. 63.
25 Ebenda, S. 112.
26 Ebenda, S. 133.

Erwartung, des Rätsels Lösung zu erfahren. Auch den urbanen Beobachtern verschwimmt auf ihren labyrinthischen Wandelgängen „[v]erloren nicht nur in der Stadt, sondern auch in sich selbst"[27], der Blick für die Differenz von Realität und Fiktion, Stadtraum und psychischem Raum. In diesem Prozeß entsteht eine prismatische Textstruktur aus fragmentierter Stadt, dissoziierender Sprache und gespaltenen Identitäten, deren immanente Utopie von harmonischer Ganzheit nicht verwirklichbar ist, in der aber lesend, gehend und schreibend immer neue Zusammenhänge geknüpft werden. Dieses Spiegelkabinett der Lesenden und Schreibenden wird im roten Notizbuch potenziert, dessen multiplen Autoren, Stillman, Quinn, der sich später hinzugesellene anonyme Erzähler und natürlich auch Auster[28] sowohl die historischen, aber auch ihre eigenen Utopien lesen, über- und fortschreiben und sich so ihren literarischen Raum gestalten, als Refugium ihrer Ortlosigkeit.

## Resümee

Don DeLillos und auch Paul Austers New York, in beiden literarischen Paradigmen dominiert die Stadt als textuelle Oberfläche: Ob als Simulationsraum, als ‚Oral New York' oder als Palimpsest synchroner und diachroner Stadtdiskurse, hinter der Zeichendichte der Sprachstädte bleiben mögliche psychologische Tiefendimensionen der Figuren verstellt. Den Spielern Don DeLillos scheint die omnipräsente Medien- und Konsumstadt ein oberflächliches Charakterprofil zu diktieren, wohingegen Austers Figuren, deren traumatische Lebensgeschichten nur angedeutet bleiben, sich in den Text der Stadt entäußern, sei es als abstraktes Satzzeichen oder als Doppelgänger einer literarischen Figur im intertextuellen Gewebe der Stadt. Obwohl in beiden Texten individuelle Erfahrungsräume von einer mediengesteuerten oder literarhistorischen Stadttextur entweder vereinnahmt oder exkommuniziert werden, bleiben Orte individueller Utopien erhalten: das ‚rote Notizbuch' als dialogischer Sprachraum oder das ‚Oral New York' als Ort der Revitalisierung in einer stagnierenden Konsumkultur.

Nach diesem kleinen Exkurs in die amerikanische Stadtliteratur zurück in den Berliner Kontext: Findet sich die weitverbreitete Erwartungshaltung einer Renaissance der Berliner 20er Jahre in der Literatur der 90er erfüllt und orientieren wohlmöglich Autoren wie in vergangenen

---

27 Ebenda, S. 10.
28 Paul Auster publiziert unter dem Titel ‚Das rote Notizbuch' („The Red Notebook") biographische Fragmente. In: Paul Auster: The Art of Hunger. New York 1993, S. 321-359.

Zeiten ihre Stadtvisionen wieder am amerikanischen Vorbild? Konstatieren sie gar gleich ihren Vorvätern eine neue Oberflächlichkeit und Versachlichung der Stadtkultur? Diesmal natürlich nicht als Reaktion auf Innovationen in der Industrie, Verkehrsmittel- und Konsumgüterproduktion, sondern auf die multimediale Vernetzung und Globalisierung. Und gesetzt den Fall, daß sich diese Erwartung erfüllen würde, eigneten sich dann nicht gerade DeLillos und Austers selbstreferentielle Zeichenstädte als literarische Paradigmen für die Symbolisierung einer globalisierten postmodernen Urbanität?

Vergleichende Perspektiven eröffnen sich vor allem in der Populärkultur und sogar noch in Vorwendezeiten. Wie schon der Titel *Berliner Simulation* (1983) signalisiert, inszeniert Bodo Morshäuser, ein gemäßigter Advokat der bundesrepublikanischen Jugend- und Subkultur der frühen 80er Jahre, die geteilte Stadt als Simulationsraum, jedoch nicht aus einer ähnlich kritischen Perspektive wie Don DeLillo als ein Langeweile und Leere (re)produzierendes Modell, sondern, im Gegenteil, für ihn eröffnet das Paradigma der Simulation neue gestalterische Freiheiten.[29] In einer Stadt der getrennten Räume zwischen Ost und West, aber auch zwischen Hoch- und Populärkultur, ermöglicht das gleichberechtigte Zitat unterschiedlicher Diskurse und Genres die Überschreitung kultureller Demarkationslinien, die im amerikanischen Kontext nicht mehr als Novum gelten würde. Simulation, das bedeutet aber auch neue Freiheiten auf der Handlungsebene von Morshäusers Liebesgeschichte zwischen Sally und dem anonymen Ich-Erzähler. Denn nicht wie im New York Don DeLillos reduziert Simulation das Großstadtleben zur Alltagsmonotonie, sondern für Morshäusers Protagonisten bietet das bewußt simulierte Erlebnis wie die spontane Reproduktion einer Filmszene in Wartehaltung an der Bushaltestelle eine willkommene Abwechslung in der Berliner Enklave: „An der Haltestelle braust Beifall auf. In der Simulation fühlt man sich gleichwohl."[30] Morshäusers Berlin verlangt nach der Simulation der Simulation.

Paul Austers New York in *Stadt aus Glas* gilt im deutschen Kontext weniger als beispielhaft für seine komplexe Textstruktur, sondern zählt neben seinen Filmen *Smoke* und *Blue in the Face* zu Austers vielen Fiktionalisierungen der amerikanischen Metropole, die auf dem deutschen

29 Als umfassende Interpretation des Paradigmas der Simulation in Bodo Morshäusers Roman siehe: Thomas Wegmann: Von der Fälschung zur Simulation. Datenarbeit in großen Städten: Nicolas Born und Bodo Morshäuser. In: Deutschsprachige Literatur der 70er und 80er Jahre: Autoren, Tendenzen, Gattungen. Hrsg. von Walter Delabar und Erhard Schütz. Darmstadt 1997, S. 130-153.
30 Bodo Morshäuser: Die Berliner Simulation. Frankfurt a. M 1983, S. 73.

Kulturmarkt als Verkaufsschlager gehandelt werden. Die *New-York-Trilogie* als Taschenbuchausgabe, *Stadt aus Glas* als Comic oder der unlängst erschienene Bildband *Paul Austers New York*[31] – in immer neuer Aufmachung und Auflage wird paradoxerweise Austers Suche nach ‚Authentizität' zum ständig reproduzierten Modell.

Eine Referenz zur Textstruktur von Austers Roman verbirgt sich in Joachim Blanks und Karl-Heinz Jerons virtueller Stadt *without addresses* *www.documenta.de*, einem auf der Dokumenta 97 ausgestellten Beitrag zum Internetprojekt *Internationale Stadt Berlin*. Auf dieser Website konnten Besucher mit den Spuren ihres Kursers eine komplexe Infrastruktur gestalten, denn die „Gesamtheit der Besuche bildet die Struktur, das Wegesystem. Die sich selbst schreibende Website hat keine Adressen, keinen Index."[32] Als ein konzeptueller Link dieses bewußt auf Beteiligung des Rezipienten ausgelegten Projektes ist ein Briefing in Paul Austers *New York Trilogie* abrufbar, eine Aufforderung an den eingeloggten Stadtbesucher, Stillmans Beispiel folgend den eigenen Stadtplan auf die Website als Matrix einzuschreiben.

Don DeLillos und Paul Austers New York – gibt es nun Parallelen zu Berliner Stadtromanen nach 89? Erfüllt sich die ersehnte Renaissance der Berliner Metropolenliteratur als postmoderne Version von Alfred Döblins *Berlin Alexanderplatz* für die auch diese amerikanischen Stadtromane Pate stehen? Christian Jäger[33] untersucht Ingo Schramms *Fitschers Blau* (1996), Peter Wawerzineks *Mein Babylon* (1995), Klaus Schlesingers *Die Sache mit Randow* (1996), Thomas Brussigs *Helden wie wir* (1996) und Monika Marons *Animal triste* (1996), nach einem dem Döblinschen Opus ebenbürtigen Stadtparadigma, muß aber feststellen, daß ganz andere Thematiken die Stadt und ihre Wahrnehmung überlagern: Ost-West-Politik nach 1945 und Gewissensfragen des politische Handelns, der Eigenverantwortlichkeit und persönlichen Schuld, also genau die Themen, die Uwe Johnsons Gesine Cresspahl in der 70er Jahren in New York zu bewältigen suchte. Verknüpfte sie aber mit dem Erinnerungsort New York die Utopie eines moralischen Rahmens für die Lösung der deutschen Probleme, so zeigt Christian Jäger, daß in den Romanen dieser neuen Schriftstellergeneration politische Vorgänge vor allem auf familiale Psychodramen, des öfteren auf zwanghafte Ödipuskonstellationen rückbezogen werden, deren Evaluation nicht so sehr eines Ethikers, sondern eher eines Familienpsychologen bedarf. Berlin und New York, daß sind in

---

31 Gerard de Cortanze: Paul Austers New York. Hildesheim 1998.
32 Joachim Blank, Karl-Heinz Jeron: Internationale Stadt Berlin. Informationsblatt für Dokumentabesucher.
33 Der Aufsatz von Christian Jäger in diesem Band.

diesen Romanen getrennte Orte, wobei in der deutschen Stadt die soziale Wirklichkeit der Entfaltung des Ichs und seines Glücksanspruchs im Wege steht, für die die amerikanische Metropole aber unbegrenzte Möglichkeiten verspricht. Dies ist zumindest die Reiseerfahrung der nach gescheiterter Liebe dem Leben entsagenden Ich-Erzählerin in *Animal triste*:

> Ich glaube, daß in New York jeder erleben kann, was er erleben will. Daß so viele Menschen dort fast zu Tode kommen, bedeutet wahrscheinlich weniger, daß New York so gefährlich ist, als daß so viele den Wunsch haben, wenigstens einmal den Tod zu überleben, was voraussetzt, daß sie zuvor in seine Nähe geraten müssen.[34]

Diese Nähe erschreibt sich die Ich-Erzählerin des Romans, in dem sie zunächst alle zeitlichen und räumlichen Koordinaten verabschiedet – ihre nie ersetzte Brille beraubt sie der räumlichen Klarsicht und ihr Alter, ob 90 oder 100, erinnert sie nicht mehr – und gegen Ende eins wird mit den fleischfressenden Pflanzen ihres Bettbezugs, dem Fetisch vergangener Lust, die für sie auch in New York noch einmal lebendig wurde, denn dort war ihr „der wiedererstandene Brachiosaurus, der Inbegriff des maßlosen, leibhaftig begegnet."[35]

Ein literarisches Credo auf die magische Anziehungskraft der ‚Droge New York' ist Michael Schultes *New York City. Stadt der hundert Städte* (1997), eine Zusammenstellung seiner Eindrücke eines zweijährigen New-York-Aufenthaltes, die mit einer Tabularasa des Gedächtnisses beginnt: „sieht man zum erstenmal New Yorks Skyline, vergißt man alles, was man über New York gelesen und gehört hat. Vielleicht weil man in Rom an die Vergangenheit denkt und in New York an die Gegenwart und Zukunft."[36] Später werden dann aber seine unvergeßlichen Eindrücke von legendären Orten wie dem Chelsea-Hotel, der New Yorker Subway, Washington Square und Centralpark mit einer beflissenen historischen Recherche unterfüttert und der Leser an verborgene Winkel, wie die freien Buchläden ‚Shakespeare & Company' und ‚Posman Books', Oasen für Leseratten, deren Addressen selbst die stadtkundigen Harvardianer in *Let's Go New York* (1995) ‚alternativen' Stadtneulingen vorenthalten. Schultes Prosa spricht von einer persönlichen Leidenschaft, die man sich als Reiseführer nur wünschen kann und deren Botschaft auch lauten könnte: Berlin wird wie New York? Egal! New York bleibt immer eine Reise wert!

---

34  Monika Maron: Animal Triste. Frankfurt a. M. 1996, S. 216f.
35  Ebenda, S. 219.
36  Michael Schulte: New York City. Stadt der hundert Städte. Frankfurt a. M 1997, S. 11.

MARK E. SCHMIDT

# Der große Schauplatz jämmerlicher Mordgeschichte oder die Krimi-Kapitale
### Berlin-Krimis der neunziger Jahre*

> *Forgetting the endless drive against nature*
> *– city dweller.*
> *First rebase ourselves into organic murder.*
> *You 're well welcome to us.*
> *Get out of my city you mediocre suit!*
> *The Fall*

Große Städte und große Verbrechen bilden von alters her eine Liaison dangereuse, beginnend bei Sodom und Gomorrha, der Hure Babylon und dem Rom der Kaiserzeit. In der Literatur formiert sich diese Verbindung samt dem Genre Kriminalroman spätestens in der Mitte des 19. Jahrhunderts mit den Mystères de Paris des Eugène Sue, die den Nährboden nicht allein für klassische Autoren wie Gaboriau oder Leblanc bildeten, sondern die in kürzester Frist auch in Berlin heutzutage namenlose Nachahmer fanden. In England entdecken zur selben Zeit Dickens und Collins London als auf kriminellem Grund errichtete Hauptstadt. Ihnen folgten Doyle und Chesterton, die allerdings schon wieder damit begannen, ihre Detektive gelegentlich in die Provinz zu schicken, wo die Verbrechen überschaubarer und daher aufklärbarer waren, was die crime-ladies, von Christie und Sayers bis Grimes bereitwillig kultivierten. Da es in Deutschland nur wenig große Städte gab, kaprizierten sich Krimiautoren, sofern sie sich auf Städte bezogen wie bspw. Paul Lindau, weitgehend auf Berlin, und auch die angeseheneren Literaten siedelten Erzählungen im kriminellen Milieu der Spreemetropole an – ob nun Paul Gurk oder Alfred Döblin.

Neuerlicher Beliebtheit erfreut sich die Hauptstadt als Ort des Verbrechens, nachdem sie wieder Hauptstadt geworden ist. Seit den fünziger Jahren war Berlin eher als Spielplatz der Agententhriller geschätzt, als Schnittstelle all der kalten Krieger, die darauf aus waren, sich kalt zu machen und dabei den eisernen Vorhang so oft passierten, daß er schon bei Hitchcock (Torn curtain) als zerrissener erscheinen konnte. Mit dem endgültigen Fall der Mauer ist nicht allein die Ost-West-Drehscheibe dys-

---

* Der Titel ist zum Teil entliehen vom Verfasser der ersten deutschsprachigen Sammlung von Kriminalfällen: Georg Philipp Harsdörffer (Der Grosse Schauplatz jämmerlicher Mordgeschichte. 1649. Neue Auswahlausgabe: Leipzig und Weimar 1988).

funktional, sind auch die Agenten selbst obsolet geworden. Statt dessen wurde die ehemalige Hauptstadt der DDR nun ebenfalls zum Schauplatz all jener Eigentumsdelikte, die mit blutiger Konsequenz auf dem Weg der sozialen Umschichtung begangen werden. Doch nicht die rein quantitative Ausweitung der im Westen üblichen Delikte macht Berlin für Krimiautoren interessant: hinzukommen zum einen die so noch nicht zu beobachtende Vereinigungskriminalität, Korruption und Unterschleif in den höheren Etagen von politischer Verwaltung und Ökonomie, und der dermaßen in nuce gleichfalls noch nicht dagewesene Aufbau des organisierten Verbrechens, der Einzug von diversen mafiosen Verbindungen, die die ostzonalen Defizite an Schmuggel, Strich und Stoff zu beheben versuchen.

Die gesteigerte Beliebtheit Berlins, insbesondere was die Schilderung organisierten Verbrechens angeht, läßt sich unmittelbar und wörtlich veranschaulichen, wenn man sich Fernsehproduktionen der letzten Jahre anschaut, in denen sich ganze Einsatzgruppen mit zumeist ausländisch bestimmten Verbrechensvereinigungen herumschlagen, ob es sich nun um die *HeliCops* oder *Die Straßen von Berlin* handelt. Als literarischer Verbrechensschauplatz ist Berlin so en vogue, daß zeitweilig eine eigene Reihe *Berlin Crime* existierte, darüber hinaus bieten Stadtführungen Gänge zu den Orten bedeutsamer Untaten, und auch literarisch wird der Berliner Verbrechensgeschichte gehuldigt.[1]

Organisiertes Verbrechen, Verzahnungen von Politik und Kriminalität bilden aber in den Kriminalromanen einen verhältnismäßig geringen Anteil, der sich insbesondere im Umkreis der Berliner Olympiabewerbung ansiedelt[2] oder die Spekulation um Grund und Boden, den legendären Berliner Baufilz, mit mörderischer Energie ausgestattet sieht,[3] also an realen Ereignissen anknüpft, die tatsächlich für diverse reale Skandale und -dälchen sorgten. Die grande dame des Berlin Krimis, Pieke Biermann, führt zwar eine Chiffrefigur für die Ost-Mafia ein,[4] doch eigentlich nur zum Zweck der Negation, denn die Mutmaßungen über östliche Verursacher oder Mitwirkende erweisen sich als nicht zutreffend, vielmehr sind die Probleme hausgemacht. Russen- oder Vietnamesenmafia bleiben auch bei anderen Autoren lediglich Dekor.[5] Die angesichts steigender Gewalttätigkeit aus dem rechten Spektrum naheliegende Auseinanderset-

---

1 So in Carl Peter Steinmann: TatOrt Berlin. Erlesene Kriminalfälle. Berlin 1997.
2 Merschmeier; -ky: Fendt hört mit; Goyke: Schneller, höher weiter. Die vollständigen Nachweise finden sich in der Auswahlbibliographie im Anhang.
3 Kempe; Merschmeier; Schweitzer.
4 Wodkas Bazookas in Biermann: Berlin Kabbala, S. 121 u. ö.
5 Vgl. Ebertowski: Berlin Oranienplatz; Eik; Fester oder Wissmann.

zung mit Neonazi-Organisationen unterbleibt weitgehend,[6] und die Alternative, auf die Vergangenheit zurückzublicken, als Berlin voriges Mal gesamtdeutsche Hauptstadt war und ein ungeheueres kriminelles Potential vorhanden und am Wirken war, zu thematisieren, ließ sich überhaupt nur selten ausmachen.[7]

Wenn so aber das organisierte Verbrechen in den Romanen weitgehend nicht stattfindet, stellt sich natürlich die Frage, welche Delikte dann begangen werden, und die naheliegende Antwort lautet: Sexualverbrechen. Einerseits weiß man um die ökonomische Fruchtbarkeit der Verbindung von sex und crime, andererseits verwundert doch die dermaßen ausgeprägte Vorliebe für psychopathische Mörder oder gar Serienkiller, die das reale Berliner Kriminellenmilieu nicht gerade beherrschen. Gern thematisiert wird dabei Schwulenszene,[8] Prostitution[9] oder Pädophilie[10]. Recherchen und kriminelle Begebenheiten führen oftmals in eine Vielzahl von Lokalitäten, wirken wie aus einem Szeneführer für Berlin genommen: Einschlägige Szene-Clubs wie Boogaloo oder Tresor, Hirschbar oder Arena[11] tauchen ebenso auf wie die Alternativläden Tacheles oder Ex, bessere Resaurants wie Borcherts oder das Café Orange neben nichtssagenden Allerweltbars wie Kattelbach[12] oder Sidney[13]. Dementsprechend sind die beliebten Straßen samt umliegender Gegend Oranien- und Oranienburger Straße, Potsdamer Straße und Mehringdamm/Gneisenaustraße, so wie Winterfeldt- und Stuttgarter Platz. Die Wahl der Orte verweist bereits auf die Themen, werden doch drei Rotlichtbezirke – Potsdamer, Oranienburger und Stuttgarter – aufgeboten und der traditionelle Schwulenkiez in Nähe von Winterfeldt- und Nollendorfplatz sowie

6 Ausnahmen sind Ard/Illner: Gemischtes Doppel, Biermann: Violetta und Hilgenstein.
7 Cravan: Fluchtpunkt, Fester. Und wohl nicht zufällig stammt die einzige historische Krimifolge (Berlin-Noir-Trilogie), die im Berlin der Nazis angesiedelt ist, von einem englischen Autor namens Philipp Kerr, der die Reichshauptstadt folgendermaßen skizziert: „Berlin unter der nationalsozialistischen Regierung: ein großes Spukschloß mit dunklen Winkeln, düsteren Treppen, finsteren Kellern, verschlossenen Zimmern und einem ganzen Dachboden voll losgelassener Poltergeister, die mit Büchern warfen, Türen knallten, Glas zerbrachen, in der Nacht schrien und die Besitzer gewöhnlich so sehr in Furcht versetzten, daß sie manchmal bereit waren, zu verkaufen und auszuziehen. Doch die meiste Zeit stopften sie sich bloß die Ohren zu, bedeckten die geschwärzten Augen und versuchten so zu tun, als sei alles in Ordnung. Von Furcht eingeschüchtert, sprachen sie sehr wenig, nahmen keine Notiz davon, daß der Teppich unter ihren Füßen sich bewegte, und ihr Gelächter war wie das schwächliche, nervöse Lachen, das man immer hört, wenn der Chef einen kleinen Scherz macht." (S. 70)
8 Fester; Gulden; Gronau; -ky: Fendt; Merschmeier; Staffel.
9 Biermann; Cravan; Markert/Nägele; Tornow.
10 Goyke: Ruf doch mal an; Nelle; -ky: Einer muß es tun.
11 Vor allem bei Staffel und Fester.
12 So bei Erbertowski: Berlin Oranienplatz.
13 Biermann: violetta; Schweitzer.

138

in der Oranienstraße nebst der angrenzenden Drogenszene an Kottbusser Tor und Damm. Gleichzeitig mischt sich an den genannten Orten teilwiese kriminelles Milieu mit linksalternativer Szene, nobler in Schöneberg und dem westlichen Kreuzberg, was das Alternative anbelangt schon historisch in Charlottenburg, und als Gemenge zwischen autonomer Militanz und post-alternativem Hedonismus in SO 36. Offensichtlich sind etliche Verfasser und Verfasserinnen in diesen Soziotopen zu Hause, kamen aus Westdeutschland zwecks Studium nach Berlin, versuchten sich in zwei oder drei geisteswissenschaftlichen Fächern wie Nelle, Dorn, Ebertowski, Markert/Nägele oder Tagger und arbeiten publizistisch, in einer Mehrzahl von Fällen eben als Journalisten: so Bergmann, Cravan, Fester, Illner, Kempe, Köhler, Merschmeier, Schweitzer. Wenige lassen sich als professionalisierte Krimiautoren bezeichnen: außer Ard, Biermann, -ky, Rank und Goyke besitzen allenfalls Mechtel und Ebertowski Anwärter-Status.

Mehrheitlich bricht in die von Personal und Örtlichkeiten her recht überschaubare Szene das Böse ein. Die heile Welt des Netzwerkes von Beziehungen wird gestört, und auch Linksalternativen scheint am Verbrechen keine subversive Qualität mehr zu haften, die es für die Surrealisten und Dadaisten wie Walter Serner noch ebenso besaß, wie in den ausgehenden sechziger und frühen siebziger Jahren, als man de Sade wiederentdeckte und die legendären Verbrecher als Gegner der bürgerlichen Ordnung schätzte. In den Kriminalromanen der Nachwendezeit zerstört das Verbrechen einen schwer einzurichtenden, relativ fixen Freundes- und Bekanntenkreis, die jeweilige Liebe droht daran zu zerbrechen, und lang gehegte Verbindungen werden zweifelhaft oder zerschnitten. Man alpträumt den Untergang aller das urbane Ich stützenden Strukturen, und die Gewalt ist eben die der Psychopathen oder von perversen Magnaten, mit finanzieller Macht und krimineller Energie versehenen Figuren, die zumeist selbst im Dienst einer diffusen, ihnen übergeordneten Struktur stehen. In den futuristischen Szenarien, die in *Terrordrom, Gen Crash, Digitale Tänzer* oder *Kalter Frühling* entworfen werden, zeigt sich am deutlichsten, wie sehr diese Gewalt eine systemkonforme ist, integrierbar, konsumierbar und vor allen Dingen verkäuflich. Um eine Beziehung zu retten, bleibt nichts anderes übrig, als sich auf den Weg zu machen und einen anderen Ort zu suchen, gemäß dem märchenhaften Motto „etwas Besseres als den Tod finden wir überall".

Berlin erscheint in diesen Erzählbewegungen, insofern es eben ein großstadtspezifisches Moment in diesen Netzwerken gibt, die so in Dörfern nicht existieren, wo man beieinander wohnt und sich umstandslos häufig sieht. Die Stadt hingegen erfordert zumindest von den Zugezogenen, daß sie sich über Entfernungen hinweg Beziehungen aufbauen und erhalten, Beziehungsaufbau und Pflege erfolgt dann zumeist an öffentlichen Orten, die zugleich eine gewisse Intimität wahren[14]: eben Bars, Cafés und Clubs. Ohne die Treffen an solchen Orten ist soziales Leben ausserhalb der Arbeit kaum zu haben, und dort zeigen sich die Protagonisten am empfindlichsten vom Einbruch des Verbrechens getroffen. Verlustängste laden das Verbrechen in einer Weise negativ auf, die in klassischeren Krimis so nicht zu lesen ist, was die professionellen Schreiber klar veranschaulichen: Morde in Hohenschönhausen oder Hermsdorf stehen nicht nur räumlich in Distanz zu den eher innerstädtisch gelagerten Verbrechen, auch in ihrer Bedeutung zeigen sich Differenzen. In den Vororten erscheint Kriminalität nicht als etwas von außen Kommendes, sondern klassisch als etwas unter der Normalität Verborgenes; keine feindliche Invasion des Fremden, sondern die Entbergung des Latenten, das unter einer dünnen zivilisatorischen Schicht liegt. Dieser soziopsychologische Blick hängt natürlich an der Professionalität des Schreibers, der ein serielles Genre, wie es der Krimi darstellt, beherrscht. Die Vielzahl von Dilettanten, die sich des Berlin-Krimis annimmt, schreibt augenscheinlich dicht an der Autobiographie, so daß sich Emotionen in unangenehmer Unvermitteltheit preisgeben. Unbehaglich ist dies, da es nicht einlöst, was ein Krimi verspricht: die Auflösung eines rätselhaften Verbrechens qua Vernunft oder Aktion, entweder viktorianisch den Irrwegen der Ratio folgend oder hardboiled die Verstrickungen des private eye beobachtend, dessen Handlungen denen der kriminellen Gegner immer ähnlicher werden. In beiden Fällen ist der Krimi ein reflexives Erzählen, das sich auf die Möglichkeiten der Vernunft oder des ethischen Handelns in einer bestimmten Gesellschaft richtet und nicht die indirekte Thematisierung von Sentimentalitäten. Solch reflexive Geschichten installieren die Distanz bereits mit dem Protagonisten, der ein sexueller Solitär zu sein hat und lediglich ein oder zwei mitarbeitende, subalterne Partner besitzt. Gelegentliche erotische Verwirrungen münden nie in dauerhafte Beziehungen, denn er ist wesentlich, auf geradezu existentialistische Weise allein, ob er nun Sherlock Holmes oder Miss Marple, Sam Spade oder Nestor Burma heißt.

Die dilettantischen Detektive sind in ihre Beziehungsnetze verstrickte, recht mittelmäßige Helden, von ebenso durchschnittlich liebenswerten Freunden umgeben sind, wie sich auch die Bösewichte nicht zu diabolischer Größe steigern. Am Ohr und Auge der schreibenden Dilettanten ist offenbar ebenso wie an denen der Lektoren vorbeigegangen, daß Litera-

---

14 In größter Deutlichkeit vorgeführt in Markert/Nägele.

tur eine Verdichtungsleistung ist und gerade ein unterhaltendes Genre wie der Krimi wenig Sorge vor Typisierung – deutschen Kritikern klingt das allzuoft gleich Stereotyp oder Cliché – zu haben braucht, sich aber vor omnipräsenter Mittelmäßigkeit zu fürchten hat, wie der Teufel vor dem Weihwasser. Und der Großteil der von Journalisten oder anderen Debütanten geschmiedeten Plots und Protagonisten läßt schon in der Konstruktion gravierende Mängel erkennen, wie besonders die Tempobehandlung deutlich macht: ewig lange psychologistische Grübeleien, hinter denen der ohnehin dürftige Handlungsstrang verschwindet,[15] oder ausführlichste Beziehungsgeschichten, an deren Rand auch mal eine Drohung anfällt.[16]

Krimis als Geschichten, die von Spannung, von suspense leben, hängen entscheidend von der Dramaturgie des Erzählverlaufs ab. Man muß zu dosieren wissen, wann ein Aufschub günstig ist, wie lang er sein darf und wann die Handlung zu beschleunigen ist. Grundsätzlich hängt die Entfaltung auch vom gewählten Subgenre ab: grundsätzlich ist hardboiled handlungsorientierter und von größerer Schnelligkeit, viktorianisch ein wenig langsamer, mit längeren narrativen Passagen, und neuere soziopsychologisch angelegte Kommissarkrimis in der Tradition Glausers, Simenons oder Sjöwall/Wahlöös bewegen sich langsamer auf das Ende zu, da sie gemeinhin unterschiedliche Erzählstränge einführen, die eigentlich in Anlehnung an die alten Mysterers de Paris und dicht an neueren Fernsehserien, immer an einem Spannungshöhepunkt, den Erzählstrang wechseln und dadurch die Aufschiebungen/Suspensionen vermehren. Dramaturgisch funktional ist dies nur bei gleichermaßen spannenden Erzählsträngen und faszinierenden Nebenprotagonisten. Wenigen gelingt dieses Gleichmaß der Aufmerksamkeitsverteilung und die Dramaturgie der Tempiwechsel. Und diese wenigen sind eben routiniertere Autoren, an denen die geradezu handwerkliche Beherrschbarkeit des Metiers deutlich wird: Goyke und -ky sind hier vor allem zu nennen.

Hardboiled gelingt in den Berlin-Krimis, die diesem Aufsatz zugrunde liegen, nur ein einziges mal: Carl Willes *Exit Berlin* ist in erstaunlicher Weise hartgekocht oder abgebrüht oder cool, ohne einen daueralkoholisierten Privatdetektiv zu benötigen, der das Flair der Schwarzen Serie vom *Malteser Falken* bis zu *L. A. Confidential* in die verlorene Stadt, nach Lost Angeles oder Peaceville, das alle Pissville nennen,[17] oder Berlin bringt. Statt dessen wird in virtuosen Perspektivenwechseln von in der

---

15  Vgl. expl. Bergmann.
16  Vgl. expl. Schweitzer.
17  Vgl. Dashiell Hammett: Red Harvest. New York 1929. Übersetzung: Rote Ernte. Zürich 1976.

DDR untergetauchten Terroristen, Stasioffizieren und Kreuzberger Autonomen erzählt, wobei ein erstaunliches Maß an exzessiver Gewalt geschildert wird, die sich so häufig in neueren Filmen wie *Casino, Good Fellas, Untouchables, Reservoir Dogs* oder *Pulp Fiction* findet; eine mit viel Liebe zum Detail geschilderte Brutalität, die sich durch die Nähe zum Körper, durch die diesem zugefügten Verletzungen – angesichts derer die Ironie versagt[18] – als hardboiled definiert wie bspw. bei James Ellroy[19].

Natürlich fehlt es nicht an romantischen Philipp-Marlowe-Klonen, die am Paul-Lincke-Ufer entlangwanken[20] oder als moderne Variante auf Ecstasy durch den Technoclub *Tresor* taumeln[21], doch sowohl in Diktion wie Aktion verfehlen sie ihre Vorbilder um Längen. Eine gute Mittellage erreichen Thorsten Tornow und Mani Beckmann, da erstgenannter sowohl sprachlich als auch in der Konstruktion zumindest von Chandler viel gelernt hat, und Beckmann – formal geschickt – lediglich einen Teil seines aus drei Protagonisten-Perspektiven erzählten Doppelmordes im hardboiled-Stil vorführt, um ihn nachträglich, wo nicht zu desavouieren, so doch stark zu ironisieren.

Das Gros der Berlin-Krimis besteht jedoch aus den vermeintlich realistischen Krimis besagter soziopsychologischer Orientierung, die versuchen, ein Gutteil der sozialen Realität zu beschreiben. Stadt erscheint darin nicht in panoramatischem Blick, sondern notgedrungen fragmentiert: ein Ensemble von Ausschnitten, deren Dreh- und Angelpunkt das jeweilige Kommissariat ist – vorzugsweise in der Schöneberger Keithstraße gelegen –, von wo aus Expeditionen in andere Bereiche der Stadt unternommen werden, nach Tegel oder Zehlendorf, Hohenschönhausen oder Spandau, Herms- oder Wilmersdorf. Die von Routiniers entwickelten Kommissare treiben sich weniger in Kneipen und mehr im Büro herum, recherchieren vor Ort oder schicken ihre Gehilfen, lavieren zwischen ebenso unleidlichen wie intellektuell unbedarften Vorgesetzten, den schlichten Tathandlangern und den raffinierten Organisatoren. Bürokratische Zwänge kommen ebenso zur Sprache wie die abenteuerliche Schattenseite der Normalität, die in ihrer Funktionalisierung auch ausdrücklich benannt wird.

Es war immer ein ähnliches Muster: Das Unglück brach in eine bürgerliche Idylle, weil man nur vor diesem Hintergrund das Unglück überhaupt wahr-

---

18 So bspw. die ausführlich Foltersequenz, in welcher dem Stasiführungsoffizier eine erhitzte Ahle in die Harnröhre geschoben wird.
19 Vgl. expl.: Blutschatten. Berlin und Frankfurt a. M. 1992.
20 Wie bei Beckmann; Bergmann; Cravan; Mechtel.
21 Fester.

nahm, in ungeordneten und zerstörten Verhältnissen waren Katastrophen schließlich normal. Womöglich war das auch in diesem Hermsdorf so.[22]

Dies Muster gilt für alle soziopsychologisch angelegten, kommissarzentrierten Mordgeschichten, und auf die Weise, die das obige Zitat vorführt, sind sie auch mehrheitlich selbstreflexiv und darüber hinaus ausgewiesen intertextuell, verweisen auf literarische Vorbilder oder Vorgänger wie Holmes oder Spade. In den dilettantischen Kriminalromanen, wo Kommissar Zufall ständig zu Gast ist, wird stets der Versuch unternommen, dessen Auftreten weniger dilettantisch erscheinen zu lassen, indem die Autoren darüber räsonieren und ihn zu legitimieren suchen:

> Inzwischen wußten sie natürlich, daß die Wahrheit nicht logisch ist. Inzwischen wußten sie, daß Mörder nicht durch Nachdenklichkeit, sondern durch Zufälle überführt werden. Einer verplapperte sich in irgendeinem Bierrausch, besoffen in einer Kaschemme, oder einer wird von seinem besten Kumpel verpfiffen, weil der sich irgendetwas davon verspricht: [...] In jedem Fall war die Wirklichkeit schäbig und die wirklichen Lösungen hatten nie etwas von der Eleganz und inneren Konsequenz, die der Arzt und der Kommissar gemeinsam ausgetüftelt hatten, betrübliche Routine der Wirklichkeit, immer das Gleiche, Dummheiten und Mißgeschicke, die einander geradezu erstaunlich glichen, Intrigen, Versäumnisse, Schusseligkeiten, und vor allem Zufälle, immer wieder Zufälle. Aus denen setzen sich Erfolg und Mißerfolg zusammen.[23]

Und so kann der Zufall munter in den Text geraten bzw. den Text generieren und Verbindungen zaubern, Anschlüsse stiften, wo Raum für die rationale Konstruktion wäre. Whodunnits können auf diese Weise natürlich nicht entstehen, Mitdenken und Rätseln erweist sich angesichts hervorgezauberter Täter und dürftiger Plots als frucht- und aussichtsloses Unterfangen. Vielleicht liegt einer der Gründe für die reichliche Anzahl solch unzulänglicher Plots ja in den Gesetzen des Marktes, die in einem der gelungeneren Texte folgendermaßen dargeboten werden:

> Neue Plots gibt's in diesem Genre nicht; neue Tatorte, neue Stilrichtungen und eine gänzlich andere Krimiästhetik ebenfalls nicht. Die Leute schreien aber nach dem Neuen. Das Neue an sich ist die Gottheit heute, die angebetet wird. Qualität und Inhalt sind doch scheißegal. Was bleibt der Branche denn da anderes übrig, als neue Namen zu bringen.[24]

Der Zwang zur Innovation erscheint demnach als pure Dekoration, sät Zweifel ob der Möglichkeiten einer tatsächlichen Neuerung im Genre –

---

22 Ebertowski: Aikido, S. 40.
23 Bergmann, S. 67.
24 -ky, Fendt, S. 100.

und unterläuft dabei eines der Charakteristika zeitgenössischer Kriminalromane, das selbst eine Innovation darstellt, nämlich das hohe Maß auto-
reflexiver Passagen, die immer schneller Bezug nehmen auf die jüngsten
Produktionen in der Geschichte des Kriminalromans, so daß selbst der
Autor des vorstehenden krimiskeptischen Zitats in eine Krimihandlung
eingeht:

> Er setzte sich wie vom Donner gerührt in den Saal, und als der Autor seine
> Lesung begann – ein Kriminalautor mit abgewetzter Lederweste und hell-
> grauem Haar, das ein wenig exzentrisch zu einem Pferdeschwanz zusammen-
> gebunden war–, konnte er sich ein paar Minuten lang kaum auf dessen Worte
> konzentrieren und wurde erst wieder aufmerksam, als der Autor dem Publi-
> kum mitteilte, daß er im Hauptberuf Professor für Soziologie sei. Ein Sozio-
> loge, das schien die einhellige Meinung des Publikums zu sein, mußte über
> die Hintergründe der Kriminalität mehr mitzuteilen haben als jeder andere,
> mehr noch als Polizisten, Richter, Anwälte oder die Verbrecher selbst. Aber
> an seinem eigenen Fall war Robert schlagartig klar geworden, wie wenig
> kriminelle Energie, Egoismus oder Verschlagenheit eigentlich nötig waren,
> um zum Verbrecher zu werden.[25]

Der einzige bekannte Krimiautor, der zugleich als Professor für Soziologie lehrt, ist eben der oben zitierte -ky, der in seiner universitären Existenz als Horst Bosetzky firmiert. In solchen Verweisen und Überlegungen zeichnet sich ein spielerischer Umgang mit dem Genre ab,[26] das mehr
als Krimikulisse dient als ein relativ formalisiertes Erzählgerüst, in dem
man sich auch als literarischer Neuling leicht bewegen und unterhaltsam
das präsentieren kann, was einem wichtig scheint. Wichtig ist in den
neunziger Jahren in Berlin-Krimis weder das Anliegen, den Sieg der Vernunft zu präsentieren, noch den Kampf des einzelnen zu schildern, der
sich in einer moralisch verrotteten Gesellschaft eine gewisse Würde bewahren will. Zwar wird auch Sherlock Holmes Methode noch zitiert,[27]
aber lediglich um in der weiteren Erzählhandlung deren Scheitern vorzu-
führen. Daß selbst die Abduktion[28] als detektivisches Schlußverfahren
nicht mehr zureicht, korrespondiert mit den mindestens zweideutig gewordenen Spuren und Zeichen, die nicht mehr entziffert werden können,
deren Bedeutung sich wuchernd wandelt – wie das V im *Terrordrom*, wie
der Gencode im *Gen-Crash*. Letzte Versuche, eine Zeichenordnung über

---

25  Cahn: Gen-Crash, S. 157.
26  Im übrigen dürfte Heinz Gehrke, der Verleger der Edition Marode, aus Beckmanns Tabu
    auch auf Frank Goyke als Lektor der Edition Monade verweisen.
27  „Alle Spekulationen können falsch sein. Nur die Fakten zählen. [...] Wenn man das Un-
    mögliche ausschließt, bleibt die Wahrheit übrig." (Mechtel: Der unsichtbare Zweite, S. 74.)
28  Vgl. dazu Thomas A. Sebeok und Jean Umiker-Sebeok: „Du kennst meine Methode".
    Charles. S. Peirce und Sherlock Holmes. Frankfurt a. M. 1982.

die Stadt zu legen, etablieren eine Ordnung, der die reale Stadt nicht entspricht – eine Anstrengung des Täters, noch einmal Lesbarkeit zu stiften, wo nur noch Ruinen von Zeichen und Sprache sind. Exemplarisch vorgeführt wird dies in Nelles *Kaltem Frühling*, wo die Leichen an bestimmten Orten plaziert werden, die den Schnittstellen der Stadtplanraster entsprechen, aus deren Buchstabenkoordinaten noch einmal ein mythischer Name gebildet werden kann, der aber selbst keine sinnvolle Einheit formt, sondern nur der Irreführung dient. Zerfall der Stadt und der Zeichen gehen mit den in nächster Zukunft spielenden Krimis Hand in Hand, signalisieren eine einzig verbliebene Gewißheit:

> Die Menschen im Hochhaus hatte man konsequenterweise als Puffermaterial vorgesehen. Kanonenfutter, die Ähnlichkeit war wohl nicht zufällig, wie Berlin überhaupt etwas von einem Kriegsschauplatz hatte. Und es war nur konsequent, wenn die Straßen mit ihren kraterartigen Schlaglöchern jetzt aussahen, als befände sich die Stadt im Belagerungszustand. Permanenter Belagerungszustand, was war das Leben in der Stadt anderes? Ihr Blick fiel auf das große Z, das auf einer Hauswand prangte. Kein Wunder, daß dieser Zorro langsam populär wurde. Hatte Berlin nicht schon lange auf einen Befreier gewartet.[29]

Die Stadt, die einst zum Werden verdammt war, ist in den Belagerungszustand geraten. Nachdem die Mauer gefallen ist, träumt man von neuen Grenzen, läßt die Bezirke Mitte und Kreuzberg zu einem Hochsicherheitstrakt werden, in dessen Grenzen der Bürgerkrieg gestattet und kommerziell verwertet wird, oder der gesamte Innenstadtbezirk wird unter Quarantäne gestellt, mit Stacheldraht umzäunt, von Militärs gesichert. Phantasmen, deren realer Grund wohl in Kreuzberger Maifeiern der ausgehenden achtziger Jahre zu sehen ist, als der seinerzeit SO 36 benannte Teil Kreuzbergs mehrfach isoliert oder verbarrikadiert wurde. Jedenfalls scheint es so, als würden die Szenen dieser karnevalistischen Auszeit des Rechtsstaates fortgeschrieben:

> Lautsprecherwagen forderten die Passanten auf, umgehend in ihre Häuser zurückzukehren und die Anweisungen im Rundfunk zu befolgen. An den Strassenecken waren kleine Kontrollhäuschen errichtet, in denen Posten mit Maschinenpistolen standen. Über manchen Wohnblocks kreisten Hubschrauber, und als die Dunkelheit hereinbrach, kontrollierten ihre Scheinwerfer Plätze und Innenhöfe. Trotz des Ausgehverbots sah man überall Gruppen von diskutierenden Menschen, die sich nicht an die Vorschriften hielten. Einige hatten kleine Feuer angezündet und tranken Bier und Schnaps aus mitgebrachten Flaschen.[30]

---

29 Nelle: Kalter Frühling, S. 126.
30 Cahn: Gen Crash, S. 263.

Mit der Wende ist auch dem kleinen, gallischen Dorf Berlins, SO 36, die Abgrenzbarkeit abhanden gekommen, die vormalige Überschaubarkeit und Ruhe wichen dem hektischen Verkehrsaufkommen des nahezu zentralen Stadtbezirkes. Was Kreuzberg aufgrund seiner Randlage innerhalb der Insellage West-Berlins besonders deutlich getroffen hat, gilt aber auch für alle anderen Bezirke und die Autoren, die in Charlottenburg oder Schöneberg residieren. Und die West-Berliner leiden offensichtlich an der Wiedervereinigung beider Stadthälften, machen sie als eine persönlich-private Bedrohung aus, in der vormals fixe Koordinaten insbesondere des gepflegten Beziehungsgefüges vom Zerfall bedroht werden. Wie sich dies für die ehemaligen Bewohner der Hauptstadt der DDR darstellt, läßt sich aus den Krimis nicht erschließen, da nur wenige nach der Wende Kriminalromane veröffentlicht haben (Rank, Eik Goyke, Illner). Einzig eine ost-westliche Koproduktion formuliert die Sehnsüchte eines ehemaligen Ost-Kommissars namens Gabler, der auf Bewährung im Westen Dienst tun darf:

Für einen Bruchteil seines Lebens packte ihn das verrückte Gefühl, alles sei noch beim alten, er säße an einem ganz gewöhnlichen Wochentag in seinem angestammten Büro im Ostberliner Polizeipräsidium. Dort draußen vor dem Fenster lag eine geteilte, in gehorsamer Gelassenheit in sich ruhende Stadt, in der alles seinen sozialistischen Gang ging. Siegesgewiß erhob sich Trabi-Gestank über die Hans-Beimler-Straße. Kurt Hager besuchte einen Sickzirkel der „Volkssolidarität" in Marzahn. In der 17-Uhr-Ausgabe der „Aktuellen Kamera" verkündete ein junger Reporter Top-News aus der sozialistischen Arbeitswelt. Auf den Gängen des Polizeipräsidiums schlugen schallend die Türen, die zur Wochenendarbeit Verdammten machten sich auf den Weg zu ihren Neubauwohnungen und Datschen. Noch zwei Anrufe, dann würde auch er alle Fünfe gerade sein lassen. Für den Sonntag hatte er Karten für das TSC-Turnier in der Werner-Seelenbinder-Halle. Vielleicht würde Simona mitkommen, wenn er sich im Gegenzug bereit erklärte, mit ihr am Abend zuvor ins Theater zu gehen. Gabler lächelte verträumt.[31]

Halluziniert hier möglicherweise ein ehemaliger DDR-Bürger die Idylle früherer Ordnung, was angesichts des gemischten Autorenteams nicht klarzustellen ist, so ist andererseits unzweifelhaft, daß den Westlern am Osten wenig liegt. Dies wird immer deutlich, wenn eine Recherche dorthin führt: alles grau, morbide und kaputt – und die Zukunftskrimis rechnen nächst den revolutionären Maifeiern auch diesen Zustand auf Gesamtberlin hoch. Der Degout vor zerfallenden Altbauvierteln und sozialistischer Plattenbauweise, dieser westliche Dünkel führt zu eigenartigen Blüten oder Enten:

31  Ard und Illner: Doppel, S. 8f.

Ich fuhr vom Bahnhof Zoo mit der S-Bahn bis zum Alexanderplatz. Von Döblins Alexanderplatz existierte vermutlich bloß noch der S-Bahnhof und ansonsten kein Fitzel mehr. Wohin man auch sah: Plattenbauten, Plattenbauten, Plattenbauten.[32]

Abgesehen davon, daß auch im Westen wenig von Döblins Alexanderplatz zu bemerken ist, stimmt die Aussage für den Alexanderplatz auch nicht: zwei Randbebauungsblöcke stammen noch aus den ausgehenden Zwanzigern, und der Platz in seinem aufgerissenen Zustand, in ständigem Umbau befindlich, ist wahrscheinlich das Döblineskste, was sich in Berlin findet. Von der Schönheit des weiten Platzes, seiner grandiosen Freizügigkeit, die er zu DDR-Zeiten besaß, ist hier nichts bemerkt worden und wird nach der neuen, kleinteiligen Piefke-Möblierung wenig übrig bleiben. West-Autoren besitzen eine eigenartige Antipathie gegenüber dem Verfall, verbunden mit einem Horror vacui, der nicht allein für die Architektur gilt. Ein Wunsch nach kleinteiliger Gliederung teilt sich immer wieder mit, den am ehesten gründerzeitliche Bebauungen, mit schmucken Altbauten ohne gravierende Kriegsschäden erfüllen; Bebauungen, wie sie sich an den benannten Lieblingstatorten häufig finden. Diese etwas kleinstädtische Gemütlichkeit als spießig oder bequem zu qualifizieren ist wenig hilfreich, steht sie doch gegen Plattenbauten und Plätze, mithin gegen Baustrukturen, die wenig individualisierend wirken. Es geht dabei um bürgerliche Individualität, um die Möglichkeiten, sich zu individualisieren in einer identifizierbaren Architektonik, die nicht diffundiert. Auch der Verfall ist demnach als Chiffre eines Verlustes an Identifizierbarkeit zu lesen, als Drohung eines umfassenden Grauwerdens, in dem die gründerzeitlichen Ausdifferenzierungen sich schrecklich nivellieren. Die Angst vor der Egalisierung als eines vermeintlichen Identitätsverlustes treibt also die Autoren um, motiviert ihren Ost-Dünkel. Eine emanzipierte West-Kommissarin formuliert es wünschenswert deutlich:

,Morgen, Genosse Lüders', begrüßte ich ihn. [...] Seitdem vor einigen Jahren der Kommunistenstaat in Ostdeutschland zusammengekracht war, sprachen wir uns gelegentlich mit der dort für Polizisten üblich gewesenen Bezeichnung an, die wir immer albern gefunden hatten; wir hatten durch unsere Arbeit auch mit Ostberliner Bullen zu tun, aber in meinem Kommissariat gab es nicht einen, und niemand bedauerte es.[33]

Albern und unangenehm, weil dem Kommunistenstaat eben trotz aller Mängel egalitäre Tendenzen innewohnten, die im Westen als Vermas-

32 Ebertowski: Oranienplatz, S. 139.
33 Gronau: Weiberwirtschaft, S. 5.

sung und Konformitätsdruck verstanden werden. Eva Schweitzer schafft es exemplarischerweise in ihrem unsäglichen Unkrimi *Hauptstadt-Roulette*, fast keine ehemaligen DDR-Bürger auftreten zu lassen – und wenn, dann als Stasiknechte oder unmündige Bürger, von einer hysterischen Ex-Dissidentin abgesehen. Sarkastische Schwarze-Serie-Detektive würden den Ex-Hippieknallchargen, die die Hauptfiguren abgeben, sowie der Autorin nahelegen, es doch lieber mit Russisch-, statt mit Hauptstadt-Roulette zu versuchen.

Subjektivität als bourgeoise Form der Besonderung zeigt sich in den Romanen im Bemühen, Weltläufigkeit anzuzeigen, indem oftmals Ortswechsel vorgenommen werden: Man reist kurz nach Amsterdam, Paris, London, Barcelona, weilt in Straßburg, Südfrankreich oder Sasso Marcone (Wissmann), auf Malta oder Mallorca; jedenfalls an europäische Orte, die nicht provinziell sind, irgendwie für gehobenen Lebensstil stehen, und mit Hilfe weniger Signalements läßt sich der Metropolenbewohner zum Globetrotter wandeln, was insbesondere den Journalisten ein Anliegen zu sein scheint und berufsbedingt leichtfällt – schließlich gilt: der Journalist ist, was er reist. Die exotischen Unterbrechungen des grauen Berliner Alltags korrespondieren mit der Vorliebe für das, was man mal die schillernden Figuren oder Paradiesvögel der bürgerlichen Gesellschaft nannte: Prostituierte und Transvestiten, Schwule und Lesben, kurzum die Lieblingstypen bourgeoiser Antibürgerlichkeit. Die Charlottenburger Detektivinnen wissen sich provokant durch Latex, Leder und Highheels von Durchschnittsbürgern, vom Normalfall abgehoben, und nichts ist schrecklicher als der Normalo[34], nicht einmal der Kriminelle. Lediglich die beiden Routiniers Goyke und -ky, denen dafür Dank gebührt, stellen Homosexuelle und andere Normale in beschwichtigender Normalität dar, feiern nicht eine dissidente Individualität, die nie individuell war und längst nicht mehr dissident ist. Natürlich bringt es ein Ostler auf den Punkt:

Daß Meike ihm ihre lesbische Neigung gestanden hatte und der Herointote schwul gewesen war, beeindruckte Conny nicht. Auf der Premierenfeier hatten sich mehr Homo- als Heterosexuelle amüsiert. [...] Inzwischen waren selbst im deutschen Krimi die Privatdetektive schwul und jede bessere Ermittlerin scharf auf Frauen. Um SM war es schon bei Mickey Spillane gegangen. Es konnte nur noch eine Frage der Zeit sein, bis Transvestiten und Transsexuelle den Detektiv-Beruf und das Fernsehen vollständig übernahmen.[35]

---

34 Exemplarischst nachzulesen bei Biermann und Dorn.
35 Eik: Geist, S. 72.

Die Identität, die sich durch die Kenntnis exotischer Orte und einschlägiger Lokale ebenso definiert wie durch die skurrilen, speziellen Freunde der Protagonisten oder Protagonistinnen – wie ex-kommunistische Lesben, die noch mit siebzig verweht sexuelle Begehrlichkeit versprühen, oder Steinvelder Nonnen, die als Kampfsportmeisterinnen lehren –, diese Identität ist jene ideale der Selbstverwirklicher, deren Verlust oder gegenwärtige Unmöglichkeit prominent von Lukács und Adorno beklagt wurde. Das selbstidentische, authentische und – nicht zu vergessen – großbürgerliche Ich wird nicht allein von außen bedroht, durch die mörderischen Störungen in seinem Beziehungsgefüge, sondern auch von innen. Ständig wird es verunsichert und fragwürdig durch etwas, was es selbst nicht zu benennen weiß, das in den Kriminalromanen aber in Form des Psychopathen auftaucht und an diesem die Gefährdung des Ich veranschaulicht. Ist somit ein Grund angegeben, warum die Delikte bevorzugt von Geistiggestörten vollzogen werden, erklärt sich zugleich, warum Berlin der privilegierte Ort solcher Aktionen zur Veranschaulichung und/oder Überwindung vermeintlicher Identitätsverluste ist: wegen der in aller Drastik nur in dieser Stadt zu erfahrenden Veränderung der Lebensbedingungen durch die Vereinigung der beiden deutschen Staaten. Die mental map, die innere Karte, die man gemeinhin von seinem Lebensraum ausbildet und die damit einhergehenden Bewegungs- und Wahrnehmungsmuster wurden nirgends so weitreichend verändert wie in West-Berlin. Ein Umland steht offen, andere Wege sind gangbar und zu gehen, neue Orte der Abendunterhaltung oder des Einkaufens entstehen und entstanden. Kreuzberg liegt im Zentrum, und Charlottenburg rutscht an die Peripherie, in Schöneberg schließen die Clubs, während die Szene in Mitte boomt, die Boutiquen an der Friedrichstraße machen denen vom Kurfürstendamm den Rang streitig, gigantische Discountmärkte entstehen im brandenburgischen Speckgürtel und am Potsdamer Platz eine dritte City, die traditionsreichere Humboldt-Universität läuft der Freien Universität den Rang ab, wie die Volksbühne der Schaubühne hinsichtlich der Innovation etc., etc., etc. Anders gesagt:

> Berlin war eine richtige Stadt geworden, womit in den 80er Jahren auch keiner mehr gerechnet hatte, eine regelrechte Metropole.[36]

Berlin ist also etwas anderes geworden, und diese Änderung produziert Unsicherheit, eine Unsicherheit, die sich schon darin zeigt, daß überhaupt so viele Autoren zum Genre Kriminalroman greifen, zu einer Erzählform mithin, die relativ fixe Strukturen und Erzählkonventionen aufweist und genau darin ein Stück Sicherheit bietet. Um weitere Sicherheit zu gewin-

36 Bergmann, S. 13.

nen, lassen einige Autoren den Osten einfach aus oder verlegen die Handlung in Vorwendezeiten.[37] Natürlich handelt es sich dabei nicht allein um die Verunsicherungen des Alltagslebens, sondern auch um das weltanschauliche Koordinatensystem, das verwirrt wurde und das mit dem lokalen und privaten korreliert. Gerade hatten sich die Ex-68er von letzten linken Resten befreit und den weltweiten Zusammenbruch des real existierenden mit dem Abbau des privaten Sozialismus synchronisiert, sich so auf die Sieger-Seite des Kalten Krieges gerettet, ist festzustellen, daß der Sieg und das Leben auf der Sonnenseite nicht gar so zufrieden macht, wie man es sich wünschte – was für Ost wie West gilt. Am diagnostizierten Ende der Geschichte gibt es ein weit verbreitetes Unbehagen, suchen und ersehnen einige die Fortsetzung.

Ein deutliches Symptom ist die Ostalgie, die den Westlern zusehends unangenehm geworden ist, da sie anzeigt, daß die Bürger der DDR ihren Staat offenbar nicht so sehr als totalitäre Diktatur erlebten, wie es sich der Westen wünschte und selbst vorstellte, gehörte doch der Anti-Kommunismus zur raison d'état der Bundesrepublik. Kaum haben die Altlinken nun den Kotau vor der freiheitlich-demokratischen Grundordnung vollzogen und eingesehen, daß kein schöner Land und System in dieser Zeit, macht ihnen der Sieg über den eigenen Linksradikalismus schon keine rechte Freude mehr, denn so phantastisch ist die Gegenwart denn doch nicht, und keine Alternative mehr im Blick zu haben erleichtert den Umgang mit alltäglichen (Jobangst, Reallohnsenkungen) und globalen Bedrohungen (Klimakatastrophe, Vergeudung natürlicher Ressourcen etc.) nicht gerade. Diese eher diffus verspürten Bedrohungen werden von Westberlinern mit dem nächstliegenden und wahrnehmbarsten Ereignis amalgamiert: dem Anschluß der fünf neuen Bundesländer. Bei der verschobenen Klage über die gesellschaftliche Misere, die Freunde und Kollegen als Stützen so wichtig werden läßt, geht noch manch anderes in die Motivation ein: wie die emphatische Ablehnung des Renegaten, dessen was ihm zuvor nahestand, oder die bourgeoise Selbstnobilitierung gegenüber den Proleten des Arbeiter-und-Bauern-Staates oder das Gefühl, im Kalten Krieg Sieger geworden zu sein. Selbst im einzigen paritätisch verfaßten Roman teilt sich der bundesrepublikanische Kolonistenblick recht ungebrochen mit:

Vom Sonnabend an beobachteten Zivilstreifen die Weitling-Straße 35 – ein düsteres Gemäuer, erfüllt vom diskreten Charme des Berliner Ostens. Nackte Ziegel, einsturzgefährdete Balkons mit verrosteten Ziergittern, blinde, mit Brettern verbarrikadierte Fenster. Dahinter Emailleeimer, bis zum Rand ge-

---

37 So Tornow.

füllt mit Pflastersteinen: Die Einwohner der Weitling-Straße befanden sich in permanentem Kriegszustand.[38]

Selbst noch in der Anspielung auf Buñuels Film kontrastiert der Osten mit der Bourgeoisie und auch wieder mit dem Krieg. Zwar ist die Beschreibung auf ein bestimmtes Haus gemünzt, doch die Formulierung generalisiert: der Charme des Berliner Ostens besteht eben aus verbarrikadierten Fenstern, hinter denen mit Pflastersteinen gefüllte Eimer auf ahnungslose Opfer lauern. Diese Kriegsmetaphorik rekurriert auf die nämlichen Erfahrungen, die den Architektur- und Bewohnerdünkel motivierten und setzt auf dieser Ebene den Kalten Krieg fort. Seit realgeschichtlich die Blockkonfrontation in eine Vielzahl von Kleinkriegen und terroristischen Kämpfen übergegangen ist, die weniger als Verteilungsstreitigkeiten zu begreifen sind denn als Kampf um Beteiligung, um Partizipation am gar nicht so globalen Markt, besitzen Kriegshandlungen auch eine fast alltäglich mediale Präsenz. Es herrscht mit anderen Worten stetig Krieg, und man weiß nicht genau wieso. Was in bezug auf all die neuen Staaten des ehemaligen Ostblocks und die neuen Regierungsformen noch fern scheint, rückte im eigenen Land näher durch ein Politikgemisch aus sogenannter kreativer Zerstörung und sozialer Abfederung, das zunächst einmal Solidaritätsabgaben, Lohnverzichte und Arbeitslosigkeit kreierte. Der bundesrepublikanische Wohlstand und die soziale Sicherheit scheinen mit einem Mal brüchig und gefährdet. Die von hier aus naheliegende Verfallsmetapher amalgamiert sich mit Kampf- und Bürgerkriegsszenarien, die in Phantasmen eines unregulierten Sozialdarwinismus münden:

> Ja, er hat seinen Rivalen getötet. Es ist wie ein archaischer Ritus gewesen. Unausweichlich. Er hat Ivan besiegt, und deshalb gehört ihm jetzt die Frau. Es ist so einfach, die Frage von Sterben oder Weiterleben. Wie seit dem Anbeginn der Zeit. Es herrscht Krieg und er ist ein Krieger. Er ist hinterhältig, aber das ist egal. Er ist der Bessere. Er ist der Sieger. Und der Sieger bekommt alles.[39]

Die Simplizität dieses Erklärungsansatzes verdeutlicht, worum es eigentlich geht: um Reduktion überkomplexer Vorgänge, um den Gewinn an Sicherheit als eine Form von Handlungsfreiheit, die es gestattet, sich relativ unbeschwert durch die Welt, die Berlin heißt, zu bewegen. Wer dabei nicht den Krieg aller gegen alle als Normalzustand annimmt, behilft sich eben mit der Fortsetzung des Kalten Krieges, der sich als ästhetisch motivierter Ekel vor dem Osten camoufliert. Letztlich hilft natürlich auch die Gattung selbst, denn die Lösung eines Mordfalls ist auch die Erlösung

38 Ard und Illner, S. 62.
39 Wissmann, S. 326.

von einer Ungewißheit, von der Unsicherheit, die der noch nicht entlarvte Täter in die Stadt bringt. So daß die positive, die Wunschseite der Berlin-Krimis genau in diesem Gewinn zu sehen ist. Am Grenzpunkt zur Wiedervereinigung, im Jahr 1989 formuliert es Pieke Biermann ein wenig apokalyptisch folgendermaßen:

> Irgendwann setzen sich die Indizienfetzchen von selbst zu einem Puzzle zusammen, und dann wirst du sehen, Lietze, Karin, daß die einzige Verbindung zwischen all diesen Fällen, die dich seit Monaten das letzte Gramm grober Gehirnmasse kosten, diese Stadt ist, diese Stadt, diese Zeit und dieses Wetter! Zeitgeist – gequirlte Kacke! Diese Zeit hat keinen. Diese Stadt ist ein Dampftopf mitten in einem Meer, in dem sich tatsächlich ein paar Wellen kräuseln und überschwappen. Wird Zeit, daß der Deckel abkommt.[40]

Damals war die Welt noch in Ordnung, und das eingemauerte West-Berlin fungierte als Klammer, die die Kohärenz der Ereignisse garantierte, dem Puzzle feste Konturen gab. Nachdem der Deckel sich öffnete, mehr noch, der Topf nicht mehr Topf war, sondern sich ins Meer auflöste, tritt Kontingenz an die Stelle der Kohärenz. In Biermanns letztem Erzählungsband ist die Stadt nur eine Polyphonie, wo nicht Kakophonie, in der die Stimmen kaum noch Trägern zuzuordnen sind und sich Handlungszusammenhänge nur mühselig vermuten lassen. Was in *Berlin, Kabbala* stilistisch auf die Spitze getrieben wurde, zeigt sich in milderer Form auch in einer Reihe anderer Romane, wo das relativ stabile Gerüst des Kriminalromans durch die Vielzahl der Orts- und Perspektivenwechsel reichlich wacklig wird (Fester, Ebertowski, Wissmann). Der Zerfall der Form indiziert die Schwankungen von Sicherheit und Unsicherheit, der auf der Handlungsseite zum einen die Störung und der Verlust von Beziehungen und zum anderen die Bewährung und Bildung von Freundschaften im Zuge der Fallaufklärung korrelieren.

Der schwankende Grund, auf dem die Kriminalromane stehen und den sie zumindest vermittelt zum Thema erheben, markiert am Lebens- und Sterbensraum Berlin eine Unberatenheit, die der Mehrzahl der Romane nicht guttut, weder ist zu handeln noch zu denken, lediglich emotionales Unbehagen ist zu vermelden, und dies signalisiert in seiner Mehrheit ein Defizit an analytischer Durchdringung des gesellschaftlichen und städtischen Zusammenhangs, der nur folgerichtig in die Zusammenhangslosigkeit und Zufälligkeit der jämmerlichen Mordgeschichten voll jammernder Gestalten eingeht. Von wenigen Ausnahmen abgesehen sucht die Krimikapitale nicht die Mörder, sondern deren Schöpfer, Schreibende, die nicht mit langweiliger Larmoyanz die selbstverschuldete Lähmung schildern,

---

40  Biermann: Violetta, S. 213.

sondern souverän, mit dem notwendigen Maß an Haß und Vernunft die Verbrechen entwickeln und lösen. Bis dato waltet eine Mittelmäßigkeit, die nicht nur sprachlich etwas mit Mittelklasse zu tun hat:

A middle class revolts. Everything you see: middle class revolts. Middle class revolts don't clash, crashing into cities, extremely lazy.[41]

## Auswahlbibliographie neuerer Berlin-Krimis

Ard, Leo P./Illner, Michael: Gemischtes Doppel. Dortmund 1992.

Flotter Dreier. Dortmund 1993.

Balke, Bärbel et al.: Berlin Noir. Hamburg 1997.

Blanko. In: dies. Hamburg 1997, S. 116–144.

Beckmann, Mani. Tabu. Elsdorf: 1997.

Bergmann, Wolfgang: Vater, Mutter, Tod. Berlin 1994.

Biermann, Pieke: Violetta. Berlin 1990.

Herzrasen. o. O. 1993.

Berlin, Kabbala. Berlin 1997.

Cahn, Peter: Gen Crash. Berlin 1994.

Cravan, Arthur: Tod in der Schonzeit. Hamburg 1991.

Fluchtpunkt Berlin. Hamburg 1992.

Dorn Thea: Berliner Aufklärung. o. O. 1994.

Venus mit Hund. In: Balke 1997, S. 7-40.

Ebertowski, Jürgen: Aikido Speed. Berlin 1994.

Berlin Oranienplatz. Berlin 1997.

Eik, Jan: Der Geist des Hauses. Ein Friedrichstadtpalast-Krimi. Berlin 1998.

Fester, Stefan: Mord im Adlon. Berlin 1997.

Goyke, Frank: Grüße vom Boss. Berlin 1992.

Schneller, höher, weiter. Berlin 1993.

Ruf doch mal an. Berlin 1994.

Tegeler Trauerspiel. Berlin 1994.

Dummer Junge, Toter Junge. Berlin 1995.

Der Wachmann und das Mädchen. In: Balke 1997, S. 41-81.

41 The Fall: Middle Class Revolts aka The Vapourisation of Reality (1994).

Gronau, Maria: Weiberwirtschaft. Frankfurt a. M. 1998 (2. Aufl./EA Berlin 1996).
Weiberlust. Berlin 1997.
Weibersommer. Berlin 1998.
Gulden, Hans van: Schöne Bürger. Berlin 1992.
Amok und Koma. Berlin 1994.
Mazze und Mensur. Berlin 1998.
Hilgenstein, Hartmut: Digitale Tänzer. Hamburg 1998.
Kempe, Wolfram: Feuer. Berlin 1992.
Kerr, Philipp: Feuer in Berlin. Ein Fall für Bernhard Gunther. Reinbek 1995 (EA London 1989).
Köhler, Jörg: Tötet Jack Daniels. Berlin 1993.
-ky: Fendt hört mit. Berlin 1994.
Einer muß es tun. Reinbek 1998.
Lau, Heiner: Helen in Ruinen. In: Balke 1997, S. 83-113.
Markert, Joy und Nägele, Sybille: Nachtcafé Schroffenstein. Berlin 1994.
Mechtel, Hartmut: Der unsichtbare Zweite. Berlin/Hamburg 1996.
Merschmeier, Michael: Berliner Blut. Hamburg 1997.
Nelle, Florian: Kalter Frühling. Hamburg 1998.
Rank, Heiner: Goldener Sonntag. Berlin 1994.
Schweitzer, Eva: Hauptstadt-Roulette. Berlin 1997.
Staffel, Tim: Terrordrom. Zürich 1998.
Steinmann, Carl Peter: TatOrt Berlin. Erlesene Kriminalfälle. Berlin 1997.
Tagger, Christian: Karaoke Punk. Berlin 1993.
Tornow, Thorsten: Sills Verhängnis. München und Zürich 1998.
Wille, Carl: Exit Berlin. Berlin 1994.
Fieber. In: Balke 1997, S. 145-171.
Wissmann, Daniel Douglas: Der blaue Reiter. Reinbek 1997.

THOMAS WEGMANN

# Stadtreklame und statt Reklame
## Ein Versuch über Schnittstellen von Literatur und Werbung

> *Alle Geschichten wurden schon erzählt;*
> *es ist nutzlos, heute noch Romane zu*
> *schreiben; Werbe-Texte sind ausreichen-*
> *der Ersatz für sie...*[1]

Wer über Großstädte redet, kann über Reklame nicht schweigen – zu eng sind beider Historien miteinander verknüpft. Beide entstehen als Folgen der Industrialisierung ungefähr zur selben Zeit, d. h. für Deutschland in der zweiten Hälfte des 19. Jahrhunderts. Und beide gehen sie zurück auf neue Techniken, die zu einer Effizienzsteigerung der Produktionsprozesse führten, aber auch zu einer Standardisierung der Arbeitsabläufe und zu einer Serialisierung der Produkte. Für den Warenverkehr zeitigte das insgesamt eine erhebliche Anonymisierung der Tauschbeziehungen. Immer seltener traten Käufer und Produzent in persönlichen Kontakt, immer häufiger war der Verkäufer nicht der Produzent seiner Tauschobjekte. Das Medium, welches sämtliche Elemente eines insgesamt diversivizierten Warenangebots miteinander vernetzte und vergleichbar machte, war das Geld – für Georg Simmel das mobilisierende Moment der Moderne schlechthin. Es sorgte für eine Versachlichung der Sozialbeziehungen, die in den neuen Großstädten ihren nicht nur literarischen Topos fand. Indifferenz, Reserviertheit und Blasiertheit – das sind nach Simmel wesentliche Kennzeichen großstädtischer Verkehrs- und Verhaltensformen. Doch dem Negativposten von grenzenloser Vergleichbarkeit steht gleichzeitig eine Steigerung individueller Entfaltungsmöglichkeiten gegenüber.[2] Exakt diesem Spannungsfeld von Nivellierung und Besonderung entspringt auch die moderne Reklame. Doch während Simmel im Warenverkehr mit seinem alles dominierenden Äquivalenzprinzip Geld das Modell für den Personenverkehr der Moderne findet, begleitet Reklame umgekehrt die neuen Warenströme mit einem Kommunikationsmodell, das ganz dem traditionellen Personenverkehr mit seinem Prinzip der Individualität geschuldet ist. Markenbildung heißt das neue Erfolgsrezept der Industrie und Markentreue ihr erklärtes Ziel. Hans Domizlaff, einer

---

1  Alfred Zellinger: Stadtwolf/Zeitbericht. Wien und Berlin 1984, S. 28.
2  Vgl. dazu auch Lothar Müller: Die Großstadt als Ort der Moderne. Über Georg Simmel. In: Die Unwirklichkeit der Städte. Großstadtdarstellungen zwischen Moderne und Postmoderne. Hrsg. von Klaus R. Scherpe. Reinbek 1988, S. 14-36, hier S. 24f.

der ersten und erfolgreichsten Markentechniker in Deutschland, bringt die Begründung auf die bündige Formel: „Eine Marke hat ein Gesicht wie ein Mensch."[3] Aus austauschbaren Massenprodukten werden so wiedererkennbare Markenartikel, wie sie im deutschen Sprachraum seit etwa 1880 verstärkt entstehen. „Die erste Aufgabe der Marke besteht darin, die Ware zu bezeichnen; die zweite, ihre affektiven Konnotationen zu mobilisieren."[4] In diesem nüchternen Befund von Jean Baudrillard sind die beiden entscheidenden Sprachtraditionen aufgerufen, an die jede Reklame für Markenartikel anknüpft: Zum einen ist da der Traum von einer paradiesischen Linguistik durch eine künstliche Sprache. Er träumt von der Beseitigung aller Mehrdeutigkeiten und Mißverständnisse, von einer magischen Einheit zwischen Dingen und Namen: Nur ‚Persil' bleibt eben immer ‚Persil'. Oder mit den analytischen Worten eines Kunsthistorikers:

> Nicht mehr die Identifikation des Ästhetischen mit der Technik des Kunstschönen als Ausdruck einer Transzendenz formuliert die Erfahrung der letzten 200 Jahre, sondern die Werbung als Technik einer Theologie der Namen und Marken, einer Montage von Figuren und Verhalten, einer Inszenierung der Verführung zum Göttlichen, eine künstliche Konstruktion künstlicher Paradiese.[5]

Weniger paradiesisch hingegen gibt sich die andere Bezugsgröße der Werbung, nämlich die rhetorische Tradition.


## 1. Die Belebung der Dinge mittels Magie und Rhetorik

Mit der sophistischen Bewegung im 5. Jahrhundert v. Chr. kommt es zu einer ersten gründlichen Bestandsaufnahme von Rhetorik: Das Wissen über wirkungsvolles Sprechen wird systematisch erfaßt, theoretisch reflektiert und professioneller Vermittlung zugänglich gemacht. Die sophistische Tradition positioniert die eigene Rede nicht mehr als einzige Rede, sondern rechnet von vornherein mit konkurrierenden Reden. Für sie ist die Fähigkeit entscheidend, in einem rednerischen Wettstreit – einem Agon – bestehen zu können. Auf diesem Feld sucht sie sich professionell zu behaupten. Dazu gehört auch die Technik, gegensätzliche Standpunkte mit der gleichen Plausibilität vertreten zu können. Ihre Wahrheit ist die Wirksamkeit ihrer Effekte. Schon dem untadeligen Pla-

3    Zit. n. Rainer Gries, Volker Ilgen und Dirk Schindelbeck: ‚Ins Gehirn der Masse kriechen!' Werbung und Mentalitätsgeschichte. Darmstadt 1995, S. 59.
4    Jean Baudrillard: Das System der Dinge. Frankfurt a. M. 1991, S. 236.
5    Hans Ulrich Reck: Werbung als Anspruchsmodell. Einführung zu Michael Schirner: Werbung ist Kunst. München 1988, S. 3.

ton waren von daher Zeitgenossen verdächtig, die das rhetorische Repertoire nicht nur beherrschten, sondern sich dafür auch bezahlen ließen. „Denn die Sophisten verstanden sich nach Platon auf die ‚geldbringende Kunst‘, durch ‚Verfertigung gleichnamiger Nachbildungen des Seienden [...] unnachdenkliche Knaben‘ (und andere) zu täuschen.“[6] Seitdem können Künste und Techniken unter Verdacht stehen, die allzu sehr auf ihrer Bezahlung beharren. Wie immer weiß auch hier die deutsche Kulturgeschichte noch eine Steigerung: Seitdem man dort Dichter nicht mehr rhetorisch bilden kann, sondern ihre Population einer Art genialischem Wildwuchs anheim gestellt hat, also seit der zweiten Hälfte des 18. Jahrhunderts, gilt als bedeutsam, wer nicht nur Gutes gedichtet, sondern selbst auch noch gut dafür bezahlt hat: Hölderlin etwa mit dreißigjährigem Wahnsinn und Kleist gleich mit seinem ganzen Leben. Und da das Publikum weiß, daß man Wahnsinn und Selbstmord nicht mit Geld aufwiegen kann, hat es sich etwas ausgedacht: Honorar für solch kulturelle Spitzenleistungen wird in einem Land, in dem die Banken schon mal ‚Sparkasse‘ heißen, in einer Währung ausgezahlt, für die es den schönen Euphemismus ‚symbolisches Kapital‘ gibt. Das ist zwar nicht frei konvertierbar, aber dafür um so haltbarer. Und besitzt für die Kulturproduzenten den unschätzbaren Vorteil, erst gar nicht in den Ruch von Bestechlichkeit oder Käuflichkeit zu geraten. Dafür lesen dann ihre Leser aber auch nicht einfach nur Texte, sondern aus einem ganzen Werk ein ganzes Leben. Literaturwissenschaftliche Seminare mit Titeln wie ‚Der junge Goethe‘ fügen so zusammen, was scheinbar schon immer zusammengehörte, nämlich den Abschnitt eines bestimmten Lebens und die in dieser Zeit entstandenen Texte. Der oft behauptete und ebenso oft verworfene Bruch zwischen ‚U‘ und ‚E‘, zwischen literarischen und kommerziellen Texten, mag durch Qualität nicht zweifelsfrei zu belegen sein: Am Umgang mit den jeweiligen Verfassern läßt er sich allemal ablesen. Ernst wird es immer dann, wenn sich Philologen und Feuilletonisten akribisch an die Fersen eines Autors heften, um etwa das Inkognito eines B. Traven oder Thomas Pynchon zu lüften. Dagegen interessieren die Verfasser von Groschenheften und Werbetexten allenfalls ein paar bunte Magazine, die ob des Schreibpensums und Verdienstes solcher Leute regelmäßig in Ehrfurcht erstarren.

Während literarische Texte der Neuzeit von namhaften Autoren kommandiert werden, bleiben die Verfasser von Reklametexten zumeist namenlos. Namhaftigkeit gilt auf diesem Sektor wieder ausschließlich für Helden, nicht aber für die, die sie besingen und beschreiben. Und die

---

6  Manfred Schneider: Der Barbar. München und Wien 1997, S. 13f.

neuen Helden der Jahrhundertwende stammen aus der Warenwelt: „Odol sollte auf keinem modernen Waschtisch fehlen. Wer Odol nicht schätzt, schätzt sich selbst nicht. Ohne Odol ist keine Zivilisation denkbar."[7] Dieses Lob auf die zivilisationsfördernde Wirkung von Odol ist unter einem klassischen Autornamen in die Archive eingegangen, nämlich dem Robert Walsers. Schon die Verbindung von Odol und Robert Walser legt allerdings eine ironische Lesart des Löblichen nahe. Im klassischen Werbetext dagegen wird der Autorname getilgt, um gerade das umworbene und beim Namen gerufene Produkt entgegen seinem seriellen Herstellungsverfahren mit individualistischen Zügen ausstatten zu können. Als Basis für solche Besonderung dient zunächst die schlichte Personalisierung des Produktes durch den Markennamen. Ein solcher Akt der Namensgebung, in den die Werbebranche bis heute viel Zeit und Geld investiert, verwischt die Grenzen zwischen Unbelebtem und Belebtem und knüpft an den Animismus magischer Verfahren an. Entsprechend verlangt der umtriebige Werbefachmann Michael Schirner von einem Werbetext, daß er nicht vom Produkt erzählen, sondern es beschwören, nicht Dokument, sondern Monument sein solle. Seine Tradition liege nicht in der referentiellen Literatur, sondern ließe sich in Psalmen, den Merseburger Zaubersprüchen und den Werken Meister Eckharts finden.

Am Anfang der Werbetexte, wie wir ihn kennen, war der *slogan*. Er setzt anstelle der schnell verbrauchten sprachlichen Konvention des Reims die Prägnanz der Banalität bis hin zur Tautologie. Die Idee des *slogans* ist seine Ewigkeit, seine Dauer. Der *Urslogan* heißt ,Amen'.[8]

Solche Selbsteinschätzungen der Branche mögen kritischen Köpfen vor allem zeigen, wie hier Magie zur Rhetorik und Rhetorik zur Magie wird. Dennoch bleibt festzuhalten: Die Kreation von Marken war das erste Reklameverfahren, das über bloßes Ankündigen, Informieren und Bekanntmachen hinausging. Namensgebung ist dabei der früheste und entscheidende Akt. Er leitet den Schritt von der realen auf die symbolische Ebene ein, indem er eben diese Differenz einzuziehen sucht. Zwischen Sein und Heißen soll es fortan keinen Unterschied mehr geben: „Nichts ist, alles heißt", heißt es folgerichtig bei dem aufmerksamen Stadtbeobachter Joseph Roth.[9] In einer Art radikalisierter Taufe entstehen so Benennendes und Benanntes im selben Augenblick: „Henkel sprach ,Es werde Persil'.

---

7   Robert Walser: Na also! Zit. nach: Das Tempo dieser Zeit ist keine Kleinigkeit. Zur Literatur um 1918. Hrsg. von Jörg Drews. München 1981, S. 33.
8   Michael Schirner: Werbung ist Kunst. München 1988, S. 169.
9   Joseph Roth: Spaziergang. In: Joseph Roth in Berlin. Hrsg. von Michael Bienert. Köln 1996, S. 67.

Und es ward ‚Persil‘."[10] Produktnamen wie ‚Persil‘, ‚Odol‘ oder ‚Aspirin‘ wollen Anfänge setzen und Geschichte schreiben. Ihre Buchstabenkombination gab es vor ihnen nicht und wird es nach ihnen kein zweites Mal geben. Gegen potentielle Nach- und Wiedertäufer schützen sie einschlägige Gesetze. Tendenziell teilen sie damit die Welt ein in ein ‚Vorher‘ und ein ‚Nachher‘. Eine Zeitbestimmung wie ‚Im Jahre 101 nach Aspirin‘ wäre sicherlich nach ihrem Gusto. Doch wie alle Religionen und Diskursbegründer unterliegen auch Markenartikel den Gesetzen einer säkularisierten Welt, auf die sie wiederum wie kaum ein anderes Phänomen mit ihrer konsequenten Zitation magischer Verfahren zurückgreifen. Folglich folgt ihre Penetration in Bildern und Texten, Anzeigen und Plakaten semiotischen Regeln, und damit jenem Spiel von Anwesenheit und Abwesenheit, das jeden Zeichenprozeß modelliert. Und folglich führen die Reklamezeichen

> weder direkt zu den realen Gegenständen, noch substituieren sie diese [...]: Sie stellen [vielmehr] etwas dar, was nicht vorhanden ist, und in dieser Hinsicht wird das Lesen der Werbezeichen [...] zu einem System der Befriedigung, das aber durch die Abwesenheit der realen Objekte ständig beeinträchtigt wird, also zugleich auch eine Frustration hervorruft.[11]

Diese Frustration kann nun durch Kaufen und liebevolle Sonderbehandlung des Produkts zumindest gemildert werden:

> Sehr im Unterschied zu Benjamin machen wir ja auch die ‚Serienprodukte‘, obwohl diese im Augenblick des Erwerbs unauratisch gewesen waren, nachträglich auratisch, wir ‚aurafizieren‘ sie. [...] Die Sentimentalität dringt in unsere Beziehung zu Massenwaren genauso tief ein wie in unsere Beziehung zu Unikaten.[12]

Daß es sich bei dieser von Günther Anders beschriebenen ‚Aurafizierung‘ eher um eine Re-Auratisierung handelt, die den Verfall der Aura voraussetzt, sei zumindest angemerkt. Ebenso, daß diese sentimentale Bindung von Mensch und Produkt von bestimmten Reklamestrategien zumindest initiiert und intendiert ist. Mit der frohen Botschaft „Ich und mein Magnum" etwa verhätschelte eine ganze Serie von Werbespots sehr erfolgreich ein schlichtes Speiseeis auf die vitale Höhe eines dankbaren Haustieres. Dennoch bleibt zwischen beworbenem und erworbenem, zwischen symbolischem und gekauften Produkt jene unaufhebbare Kluft, die der ‚differánce‘-Begriff von Derrida für das Verhältnis von Bezeichnen-

10 Burkhard Spinnen: Zeitalter der Aufklebung. Versuch zur Schriftkultur der Gegenwart. Münster und New York 1990, S. 18.
11 Baudrillard (wie Anm. 4), S. 218.
12 Günther Anders: Die Antiquiertheit des Menschen. München 1980, Bd. 2, S. 44.

dem und Bezeichnetem markiert, wenn er dieses als eine unabschließbare
Verweisbeziehung kennzeichnet.

## 2. Lust und Last: Die Ausdifferenzierung von Reklame und Literatur

Die Re-Auratisierung der Dinge in der Reklame läßt sich beschreiben als
Reaktion auf und Reduktion von Kontingenz: Je effizienter und schneller
die Herstellungsverfahren, je austauschbarer und beliebiger die Produkte
werden, desto inniger und sentimentaler gestalten sich die Beziehungen
zu ihnen. Darin werden Reklametexte allenfalls noch übertroffen durch
Rainer Maria Rilkes ‚Ding-Gedichte‘, welche die einzelnen Gegenstände
gerade durch die äußerste Konzentration aufladen und transzendieren –
ein Verfahren, das eher an Versenkung denn an Beschreibung erinnert.
1912 schreibt er in einem Brief an Lou Andreas-Salomé: „Die Welt zieht
sich ein; denn auch ihrerseits die Dinge thun dasselbe, indem sie ihre
Existenz immer mehr in die Vibration des Geldes verlegen und sich dort
eine Art Geistigkeit entwickeln." So ähnlich wie und doch ganz anders
als Reklame reagieren auch Rilkes Ding-Gedichte auf jene Tendenzen der
Anonymisierung, Serialisierung und prinzipiellen Tauschbarkeit zahlloser
Gegenstände. Gegen das buchstäbliche Verschwinden der Dinge in Geld-
zirkulation und Warenströmen setzt er die lyrische Rettung des gerade
noch Sichtbaren – und gerät damit nur stärker in jenen Bannkreis, gegen
den er doch Zeichen setzen wollte. „Auch Rilkes Dingkult", resümiert
Adorno in seiner *Rede über Lyrik und Gesellschaft,*

> gehört in den Bannkreis solcher Idiosynkrasie [des lyrischen Geistes gegen
> die Übergewalt der Dinge, T. W.] als Versuch, noch die fremden Dinge in den
> subjektiv-reinen Ausdruck hineinzunehmen und aufzulösen, ihre Fremdheit
> metaphysisch ihnen gutzuschreiben; und die ästhetische Schwäche dieses
> Dingkults, der geheimnistuerische Gestus, die Vermischung von Religion und
> Kunstgewerbe, verrät zugleich die reale Gewalt der Verdinglichung, die von
> keiner lyrischen Aura mehr sich vergolden, in den Sinn einholen läßt.[13]

So prägnant Adornos Überlegungen auch daherkommen, sein Vorwurf
des bloß Kunstgewerblichen und seine Rede von der realen Gewalt der
Verdinglichung enthalten auch Symptomatisches. Die Ästhetik des Rühmens, Lobens und Verklärens – einstmals durchaus eine Domäne von
Dichtung – ist konkurrenzlos an die Werbung gefallen.[14] Moderne Literatur, die hemmungslos und ungebrochen die Lust am Dasein ausstellt,

---

13 Theodor W. Adorno: Noten zur Literatur I. Frankfurt a. M. 1958, S. 78f.
14 Vgl. Jochen Hörisch: Kopf oder Zahl. Die Poesie des Geldes. Frankfurt a. M. 1996,
S. 183ff.

statt dessen Last zu kritisieren, muß als atavistisch, trivial oder alters-
weise gelten. Zudem droht einmal mehr der Verdacht des Werblichen,
d. h. nicht im eigenen Namen und auf eigene Rechnung zu schreiben,
sondern in fremden Namen und gegen Bezahlung Texte zu produzieren.
Allenfalls als utopisches Moment läßt sich der Gestus der Affirmation in
der Literatur der Moderne bisweilen noch rechtfertigen – durch Verlage-
rung in eine verbesserte Zukunft. Ansonsten aber hat sich das gesamte
Spektrum von Reklame fast gänzlich der Tradition des Rühmens und Lobens bemächtigt. Für die Schriftkultur bedeutet das insgesamt eine funk-
tionale Ausdifferenzierung: Unterschiede wie die zwischen Reklame und
Literatur lassen sich dann vor allem als Unterschiede ihrer Funktionen
erklären. Das hat zur Folge, daß die Funktion von Reklame nur noch von
Reklame, die Funktion von Literatur nur noch von Literatur erfüllt werden kann. Dabei sind hierarchische Verhältnisse wie Vorrang oder über-
geordnete Bedeutung ausgeschlossen. Eingeschlossen hingegen sind Modelle des Austausches und der Kommunikation. Allerdings erfolgen solche Bezugnahmen auf das jeweils andere immer nach Maßgabe der jeweils eigenen Programme und Codes. Literatur bedient sich damit der
Reklame nach den für sie geltenden Regeln, Reklame bedient sich bei der
Literatur nach ihren Regeln und Bedürfnissen. Vor allem die kulturellen
Archive bieten der Reklame vielfältiges Material, das entsprechend der
eigenen Funktion umgeschrieben wird. Das Ergebnis dieses Procederes
hat Franz Hessel bereits 1922 in einem feuilletonistischen Aufruf an
junge Schriftstellerkollegen festgehalten:

> Die alten olympischen Götter könnt ihr allerdings nicht mehr gut herbemühn
> zu euren Gönnern. Die meisten von ihnen sind jetzt schon allzu bestimmte
> Begriffe und Firmenmarken geworden, so daß sie nicht einmal mehr allego-
> risch funktionieren möchten: Jupiter ist nun wohl endgültig ein Streichholz,
> Amor eine Pille, Eos, die Morgenröte, ein Putzmittel, Neptun ein Schwimm-
> gürtel usw.[15]

Daß und wie Reklame sich literarischer Traditionen bedient, belegt nicht
zuletzt ein populärer Ratgeber zum erfolgreichen Werbebrief aus dem
Jahre 1932:

> Der erfolgreiche Wb-Schreiber [,Wb' kürzt in dieser Publikation generell
> ,Werbebrief' ab, T. W.] ist eine Künstlernatur mit der intuitiven Empfindlich-
> keit großer Schauspieler, die sich in jede Rolle völlig hineinzuvertiefen ver-
> mögen. [...] Der Schein, das Schauspielerhafte, muß in uns selbst zur Wirk-
> lichkeit geworden sein. Nur so ist es auch möglich, Wb im Stile dieses oder
> jenes bekannten, berühmten Schriftstellers zu verfassen. Da aber jeder

---

15  Franz Hessel: Kommandiert die Poesie! In: Tagebuch 3 (1922) H. 37, S. 1325.

Schriftsteller sein Sonder-Publikum hat, so sei man vorsichtig in der Auswahl. Der Stil, in dem Theodor Storm seinen Immensee geschrieben hat, eignet sich nicht für einen Wb an junge Sportsleute. Man kann ein Nährsalz den Müttern im Alter von 30 bis 50 Jahren darin anbieten.[16]

Literatur ist dieser Publikation nicht länger unikaler Ausdruck einer individuellen Seele, sondern Bestandteil eines kollektiven Archivs, woraus man sich zu eigenen Zwecken bedienen kann. In einer weitgehend alphabetisierten Gesellschaft, in der Literatur längst ihre Monopolstellung an die technischen Massenmedien verloren hat, ist auch Stil nicht mehr „der Mensch selbst" (Buffon), sondern etwas Gemachtes, aus dem sich wiederum Neues machen läßt. Und entsprechend bringt dieser Ratgeber schon im Titel zusammen, was bis dato kaum zusammenzubringen war: Geist und Technik.

Folglich ist Schrift dieser Schrift vor allem ein Artefakt aus 26 Buchstaben, die nach genau zu beachtenden Regeln – von der Grammatik bis zu den Erkenntnissen der Werbepsychologie reicht hier das Spektrum – kombiniert werden müssen. Und diese Betonung des Kombinatorischen und des Machbaren bei der Textgenese unterstreicht auch Alfred Döblin, wenn er um 1928 eine Art lexikalischen Ratgeber in Sachen Dichtung anregt:

Es wäre für Autoren und Leser eine segensreiche Arbeit, wenn die Philologen ein Lexikon der deutschen Sprachstile und der Sprachebenen herausbrächten. Das wäre eine Arbeit, die sehr wichtig für den Unterricht von Autoren und zur Abschreckung von Dilettanten sein könnte.[17]

In den 20er Jahren unseres Jahrhunderts hat die Reklame längst massiv Einzug gehalten in den öffentlichen Raum, vor allem der großen Städte. Seitdem kommt kaum ein Text, dem es um Großstadt und Moderne zu tun ist, ohne den Verweis auf Reklame aus. Nicht unbedingt geht das so weit wie bei Döblin, der apodiktisch verfügte: „Es wird keiner die Großstadt und ihr Leben schildern, der nicht die Reklame aufnimmt in seine Schilderung [...] und der nicht allerhand von ihr lernt."[18] Döblins Roman *Berlin Alexanderplatz* stiftet dann nicht nur die Verbindung von Literatur, Großstadt und Reklame, sondern hat offenbar auch einiges von der Re-

16 [h. o.]: Geistige Technik der feinen Beeinflussung. Erfolgbringer Werbebrief. Berlin 1932, S. 35.
17 Alfred Döblin: Der Bau des epischen Werkes. In: Ders.: Ausgewählte Werke in Einzelbänden. Begr. v. Walter Muschg. Schriften zur Ästhetik, Poetik und Literatur. Hrsg. von Erich Kleinschmidt. Olten und Freiburg i. B. 1989, S. 242f.
18 Zit. nach Angela Drescher: Die Großstadt im Roman. Diss. (Humboldt-Universität). 2 Bde. Berlin 1986, Bd. 2, S. 137.

klame gelernt. Das gilt nicht nur für die semantische Ebene, die Klaus Scherpe im Blick hat, wenn er schreibt:

> Die Zeichenfläche der Großstadt wird von werbenden Schriftzügen aller Art, durch phonstarke und visuell absorbierende Symbolisierungen überzogen: eine Zeichenfülle, welche die elementaren Symbolisierungen aufnimmt und überlagert.[19]

Damit, so Scherpe, ende die Darstellbarkeit bzw. Erzählbarkeit von Stadt, weil sie schlicht „überholt wird von der Selbstdarstellung der Städte in Architektur und Werbung, übertroffen wird von der Selbstinszenierung des Urbanen als theatrum mundi, in dem Gesellschaftliches und Ästhetisches fraglos zusammenlaufen".[20] Diesen Zusammenhängen folge auch das Döblinsche Erzählkonzept:

> Anstelle einer ‚Subjektzentrierung der epischen Form' wird in der Literatur der Moderne eine raumgreifende Delokalisierung, Entgrenzung und Dekomposition der Großstadt als ‚Zeichenstätte' zum beherrschenden Erzählprinzip.[21]

Doch nicht nur in der Darstellung der Stadt finden sich zahlreiche Bezüge auf Reklame. Auch die Struktur des Textes folgt im Prinzip jener Inkarnation von Außenwerbung schlechthin, die seit ihrer Erstaufstellung im Jahr 1855 immer wieder für erregte Debatten und launig-lakonische Feuilletons sorgte: die Litfaßsäule. An der Litfaßsäule findet der panoramatische Blick seine Grenzen. Den Standpunkt, von dem aus sie als Ganzes zu erfassen wäre, gibt es nicht mehr. Wie die Großstadt zeichnet sie sich durch Heterogenität aus: Sie versammelt eine Vielzahl offizieller, politischer, kultureller, privater und geschäftlicher Anschläge, also Texte und Bilder ganz unterschiedlicher Art. Und wie Franz Biberkopf versucht, sich die Stadt in der Bewegung zu erschließen – Harald Jähner hat allein über 50 Stellen gezählt, die sich mit dem Vorwärtskommen, mit Biberkopfs Gang beschäftigen –, lassen sich auch die Anschläge der Litfaßsäule erst im Drumherumgehen rezipieren. Es ist eine Säule, die kein festes Gebäude mehr stützt, sondern lediglich den ephemeren Texten der Stadt Halt bietet. Zudem ist sie hohl, von einigen Experimenten abgesehen, die ihr Inneres zum Pissoir ausbauten, was exakt jener vielbeschworenen „leeren Fülle" der Großstadt korrespondiert, die wie die Rede der Reklame offenbar von keinem Autor mehr ihre Autorität erhält. Doch

---

19 Klaus R. Scherpe: Nonstop nach Nowhere City? Wandlungen der Symbolisierung, Wahrnehmung und Semiotik der Stadt in der Literatur der Moderne. In: Unwirklichkeit der Städte (wie Anm. 2), S. 129-159, hier S. 135f.

20 Ebenda, S. 134.

21 Ebenda, S. 130.

auch im Fall Döblin gilt, daß die Orientierung an Reklame nach den eigenen, d. h. literarischen Maßstäben erfolgt.

## 3. Reklame für die Moderne

Vor allem durch zwei Momente hat Reklame seit der Jahrhundertwende nachhaltig die großen Städte verändert. Zum einen wurden durch Plakate, Litfaßsäulen und Verkehrsreklame ganze Städte bebildert und beschriftet, wurden Gebäude und Transportmittel zu Aufschreibflächen. Diesseits ihres metaphorischen Stellenwerts findet die Rede vom „Text der Stadt" hier einen ganz realen Hintergrund. Zum anderen illuminierte sie bestimmte Stadtviertel in bisher nicht gekanntem Ausmaß und sorgte so für ein gänzlich neues Erscheinungsbild der nächtlichen Stadt.

Auf dem Niveau der Straße und des Trottoirs leuchteten die Schaufenster der Läden, die Cafés und Restaurants, die Positionslampen der Kutschen und die Scheinwerfer der ersten Automobile. Diese Lichtebene, ein fast intimer salonähnlicher Raum, war das Erbe des 19. Jahrhunderts. Das 20. Jahrhundert sprengte gewissermaßen die Decke dieses Raums nach oben hin auf. Stockwerk nach Stockwerk nahm die elektrische Reklame in Beschlag, bis sie am Dachfirst anlangte.[22]

Die künstliche Beleuchtung der Großstädte hebt dabei nicht die Differenz von Tag und Nacht auf, sondern markiert diese um so deutlicher. Indem sie das Dunkel und die gern mit der Nacht assoziierten Gefahren und Laster im künstlichen Neonlicht sublimiert und domestiziert, läßt sie diese erst kollektiv begehrenswert erscheinen – als neue Variante von Kultur. Wer sich in die hell erleuchtete Nacht der großen Städte begibt, setzt nicht länger sein Leben aufs Spiel, sondern leuchtet menschliche Abgründe aus. Großstadtnächte sind somit auch ein zentrales Mysterium der Moderne, wobei „die totale Beleuchtung nicht etwa die Orientierung erleichtern, sondern den Blick der Massen ködern"[23] soll. Und denen schwanden erst einmal die Sinne: „In den Hauptquartieren des Nachtlebens ist die Illumination so grell, daß man sich die Ohren zuhalten muß." Was Siegfried Kracauer hier als Synästhesie-Effekt beschreibt, gehört zum klassischen Repertoire mystischer Ekstase – oder zumindest in das Protokoll einschlägiger Drogen-Experimente. Und diese „fast drogenhafte Steigerung des in der Literatur und Kunst immer wieder themati-

---

22  Wolfgang Schivelbusch: Licht, Schein und Wahn. Auftritte der elektrischen Beleuchtung im 20. Jahrhundert. Berlin 1992, S. 62.
23  Norbert Bolz: Das kontrollierte Chaos. Vom Humanismus zur Medienwirklichkeit. Düsseldorf u.a. 1994, S. 221.

sierten Großstadt-Daseins beginnt, wenn das natürliche Licht verschwindet und die künstliche Beleuchtung an seine Stelle tritt."[24] Seitdem können Großstadtnächte wie Rauschzustände konsumiert werden – ob mit oder ohne Drogen. Denn schon angesichts der konzentrierten Lichteffekte ist in den 10er und 20er Jahren immer wieder von Flimmern und Flirren, von Schwindel und Taumel, von Blendung und Überwältigung die Rede, seltener von Erhellung, Kontrolle oder gar Aufklärung. Dem korrespondiert auch die technische Entwicklung der Lichtreklame: In ihren Anfängen wurden zunächst beschriebene oder bebilderte Tafeln angestrahlt. Später beleuchtete sie transparente Flächen von innen. Und schließlich wurde das Licht in der Reklame selbst zu Text und Bild. Ihren vorläufigen Höhepunkt fand diese Amalgamierung von Großstadtnacht und Leuchtreklame 1928 in dem viertägigen Spektakel ‚Berlin im Licht‘. Finanziert von der Berliner Wirtschaft, wurden nicht nur historische Gebäude in gleißendes Licht getaucht, sondern auch neue Illuminationsmöglichkeiten vorgeführt. Die Firma Osram etwa errichtete am Großen Stern ein gigantisches Lichtmonument mit dem Slogan „Licht ist Leben", das vor allem sich selbst beleuchtete.

Wie die Reklame konstitutiv zur Großstadt als Topos der Moderne gehört, wäre ohne sie auch ein anderes Produkt wohl erst gar nicht zu einem weiteren Inbegriff von Moderne geworden: die Zigarette. Sie ist ein frühes Beispiel dafür, daß Reklame nicht Produkte verkauft, sondern Erlebnisse von Produkten vermittelt. Im Vergleich zu Pfeife und Zigarre ist die Zigarette ein Nachkömmling in Sachen Tabakgenuß. Sie steht für Vereinfachung und Beschleunigung innerhalb des Rauchvorgangs. Fix und fertig erworben bzw. der Packung entnommen, bedarf sie keiner Zubereitungs- und Handhabungsrituale mehr.[25] Das wiederum prädestiniert sie dazu, Symbol des modernen Lebens schlechthin zu werden. Schnelligkeit und Flüchtigkeit, Großstadt-Hektik und Reklame-Bilder – all das findet man in der Zigarette verwirklicht. „Alle Welt rauchte", heißt es lapidar in Heinrich Manns Roman *Im Schlaraffenland*[26] aus dem Jahr 1900. Und Gottfried Benn sieht den Leser moderner Lyrik an dessen letztem Abend gar die ‚Juno‘ rauchen. Die Zigarettenlänge – zwischen fünf und sieben Minuten während – wird zur neuen Zeiteinheit: „Alles, was ich noch zu sagen hätte, dauert eine Zigarette", reimte ein deutscher Schlager trefflich noch in den 70er Jahren. Nicht nur ihre auf immer schnelleren

24 Schivelbusch: Licht (wie Anm. 22), S. 78.
25 Vgl. zu diesem Komplex Wolfgang Schivelbusch: Das Paradies, der Geschmack und die Vernunft. Eine Geschichte der Genußmittel. Frankfurt a. M. 1990, S. 197ff.
26 Heinrich Mann: Im Schlaraffenland. Ein Roman unter feinen Leuten. Frankfurt a. M. 1988, S. 71.

und massenhaften Verbrauch gerichtete Produktion verknüpft die Zigarette mit der Signatur ihrer Zeit. Auch die Kommunikations- und Marke-
tingstrategien taten ihr übriges. Mit anderen Worten: Die Reklame stellt
die Erlebniswelt her,

> in der die Dinge ihren neuen Platz, ihren neuen Sinn, ihre neuen Rituale dik-
> tiert bekommen. [...] An der Entwicklung der Tabakreklame läßt sich verfol-
> gen, wie die Werbung für die Sache, das Produkt sich zunehmend von ihr ent-
> fernt. Im 18. und 19. Jahrhundert richtet sich die ganze Aufmerksamkeit der
> Reklame auf ihren Gegenstand: die Bildmotive, die benutzt werden, sind auf
> den Tabak und das Rauchen bezogen. [...] Die Zigarettenreklame ersetzt die
> alten Tabak- und Rauchmotive mit ganz unabhängigen Reizbildern. Für die
> Zigarette wird nicht mehr geworben mit dem Hinweis auf einen bestimmten
> Tabakgeschmack, sondern mit Bildern von Monte Carlo und schönen Frauen.
> Das traditionelle Ritual ist auf die Sache, den Tabak bezogen. Dafür entwik-
> kelt die Zigarette einen neuen Typus von Rauch-Ritual: er ist bezogen nicht
> auf die Sache [...], sondern auf die Reklame. Die Gesten, die der Zigaretten-
> raucher vollzieht und die ihm Genuß bereiten, sind Nachinszenierungen der
> Bilder, die die Reklame liefert, und zwar die Reklame im weitesten Sinne der
> Kulturindustie. Eine Zigarette halten wie Greta Garbo oder in den Mundwin-
> kel schieben wie Humphrey Bogart, das sind Rauch-Rituale der 30er und 40er
> Jahre unseres Jahrhunderts.[27]

Zu den Rauch-Ritualen trat in den 50er Jahren das Rauchen von Filterzigaretten. Filtriertes Rauchen war nun kluges Rauchen. Und auch das
wurde per Reklame verlautbart. Im Frühjahr 1954 startete die Marke
,Lord' eine groß angelegte Kampagne für ihre leichten Filterzigaretten.
Prominente Dichter, Schriftsteller und Kabarettisten sangen ihr Hoheslied
auf das Rauchen von Filterzigaretten. Irmgard Keun etwa reimte in diesem Zusammenhang:

> Nur das geliebte Rauchen aufzugeben
> erschien mir nie als lohnender Verzicht.
> Ein bißchen blauen Dunst brauch ich nun mal zum Leben,
> und zuviel edle Willenskraft bekommt mir nicht.
>
> Doch da ich Filterzigaretten rauche,
> bleibt jeder Selbstvorwurf mir unbekannt,
> ich fühl mich wohl und habe was ich brauche:
> Verstand durch Rauchen – Rauchen mit Verstand.[28]

Was für die Zigarette gilt, gilt ebenso für den bevorzugten Ort ihrer Fa-
brikation und Kommunikation: auch die sogenannten Erfahrungen in den

---

27 Schivelbusch: Paradies (wie Anm. 25), S. 198f.
28 Zit. nach Gries, Ilgen und Schindelbeck (wie Anm. 3), S. 118. Dort auch weitere Hinweise
   zu der ,Lord'-Kampagne.

sogenannten großen Städten sind auf komplexe Art immer schon vorge-
schrieben. Die expressionistische Großstadt-Lyrik hat das nicht nur ge-
merkt, sondern auch – ex negativo – darauf reagiert: nämlich mit einer
erneuten Naturalisierung von Stadt, mit Bildern irgendwo zwischen
Dschungel und Babylon, die das bedrohliche Gebilde wieder mit Wildnis
und Ursprung konnotierten. Doch selbst die erfolgreiche Formel von der
„Unwirklichkeit der Städte" zeigt sich grundiert von reinster Reklame:
nämlich von der Vorstellung der Wirklichkeit als einer Art Marlboro-
Country, in der es weder Medien noch Frauen und Reklame gibt. Früher
haben sich Männergesellschaften so das Paradies zusammengeträumt –
selbstredend vor dem sogenannten Sündenfall.

## 4. Die Stadt als Markenartikel

In seiner berühmten Ouvertüre zu seinem berühmten Roman *Der Mann
ohne Eigenschaften* zollt Robert Musil dem Wiedererkennen von und
Orientieren in großen Städten wenig Respekt. Zur Begründung heißt es:
„Die Überschätzung der Frage, wo man sich befinde, stammt aus der
Hordenzeit, wo man sich die Futterplätze merken mußte."[29] Und er fährt
fort:

> Es soll auf den Namen der Stadt kein besonderer Wert gelegt weden. Wie alle
> großen Städte bestand sie aus Unregelmäßigkeit, Wechsel, Vorgleiten, Nicht-
> schritthalten, Zusammenstößen von Dingen und Angelegenheiten, [...] aus
> Bahnen und Ungebahntem, aus einem großen rhythmischen Schlag und der
> ewigen Verstimmung und Verschiebung aller Rhythmen gegeneinander.[30]

Natürlich weiß der Leser längst, daß es sich bei Musils großer Stadt um
Wien handelt, und auch, daß die weiteren Ereignisse des Romans in Wien
und nur in Wien stattfinden können. Doch ist mit dieser Spannung von
der ganz allgemeinen Stadt und der singulären Großstadt ein Dilemma
zumindest angedeutet, mit dem sich Großstädte seit langem konfrontiert
sehen, nämlich das von Nivellierung und Globalisierung auf der einen,
dem Zwang zur Besonderung auf der anderen Seite. Reklame ist bei diesem Dilemma gleichermaßen das Problem und die Lösung. Zunächst uni-
versalisiert sie Stadtbilder: Landauf, landab stehen die Leute vor den gleichen Marlboro-Plakaten, den gleichen MacDonald's-Schriftzügen und
den sehr ähnlichen H&M-Filialen. Der Effekt ist ein doppelter: Die Unterschiede zwischen den einzelnen Städten schwinden; es entsteht der un-

---

29  Robert Musil: Der Mann ohne Eigenschaften. Bd. 1. Reinbek 1987, S. 9.
30  Ebenda, S. 10.

scharfe Eindruck einer einzigen ‚global city'. Die Bilder und Texte der Markenartikel sorgen aber auch für bekannte Impressionen an unbekannten Orten. Sie führen zu einem Wiedererkennen von Städten, die man zuvor noch gar nicht gekannt hat. Der französische Anthropologe und Ethnologe Marc Augé hat dieses Paradoxon eingehend unter dem Begriff des ‚Nicht-Ortes' beschrieben. Zwar bezieht er sich dabei vor allem auf Stätten des Transitorischen, auf Flughäfen, Bahnhöfe und Einkaufszentren, doch tendenziell lassen sich seine Befunde auch auf Städte und vor allem auf Stadtteile übertragen:

> Der Fremde, der sich in einem Land verirrt, das er nicht kennt [...], findet sich dort ausschließlich in der Anonymität der Autobahnen, Tankstellen, Einkaufszentren und Hotelketten wieder. Das Tankstellenschild einer Benzinmarke ist für ihn ein beruhigendes Merkzeichen, und mit Erleichterung entdeckt er in den Regalen der Supermärkte die Toiletten- und Haushaltsartikel oder Lebensmittel multinationaler Konzerne.[31]

Reklame in der Stadt – vor allem die nationaler und internationaler Firmen und Marken – arbeitet somit an der Austauschbarkeit von Städten und zeitigt Nivellierungseffekte, indem sie Lokales in Globalem aufgehen läßt. Die Stärkung des Lokalen dagegen soll eine andere Form von Reklame bewirken, nämlich die Reklame für eine Stadt. Sie profiliert einen fest umgrenzten Ort und fokussiert Aufmerksamkeit auf das Besondere dieses Ortes. Die Stadt wird dabei zu einem Markenartikel, der Erlebnisse verheißt, die nur dort zu erleben sind. Im Gegensatz zur Reklame in der Stadt muß damit die Reklame für die Stadt ihr beworbenes Produkt mit der Aura des Unverwechselbaren ausstaffieren. Die Stadt Berlin entschloß sich bereits in den 20er Jahren zu diesem Schritt. Mit einer groß angelegten Kampagne in Printmedien, Rundfunk und Film suchte sie, die große Stadt konsequent und kohärent als Produkt zu vermarkten.[32] Der Grafiker Karl Charal schuf ein Signet, gleichsam eine moderne Ikone, in der die Buchstaben des Slogans „Jeder einmal in Berlin" untrennbar in die stilisierte Silhouette des Brandenburger Tores eingingen. Ganz in der Tradition der Bauhaus-Typographie entstand so ein Schrift-Bild, in dem das einzelne Wort eine Visualisierung und Monumentalisierung erfuhr. Der Text war ein Bild, das wiederum aus Text bestand. Dieses Signet wurde nun massenhaft verbreitet. Es prangte auf Briefbögen und Plakaten, auf Drucksachen und Annoncen, auf Rundfahrtbussen und Propeller-

---

31  Marc Augé: Orte und Nicht-Orte. Vorüberlegungen zu einer Ethnologie der Einsamkeit. Frankfurt a. M. 1994, S. 125.

32  Vgl. dazu: Berlin wirbt! Metropolenwerbung zwischen Verkehrsreklame und Stadtmarketing. 1920-1995. Hrsg. vom Institut für Kommunikationsgeschichte und angewandte Kulturwissenschaften. Berlin 1995, S. 11ff.

flugzeugen. Und selbst ein Paddelboot, das zu Marketingzwecken in spektakulärer Weise von Berlin nach Kleinasien aufbrach, führte es als Wimpel mit sich. Das offizielle Plakat zur Kampagne verdichtete historische Wahrzeichen, industrielle Gebäude und mediale Einrichtungen vor einer Seenlandschaft zu einem Stadtbild, dessen Ansicht so zumindest nur eine mediale Konstruktion sein konnte. Doch gerade diese Konstruktion, die Montage disparater Eindrücke war wiederum die Inkarnation großstädtischer Wahrnehmung schlechthin, ästhetisch verbrämt in Film, Literatur und Kunst. Wichtiger als das Betreten von Manhatten oder Berlin ist mittlerweile die Organisation von Erfahrung im Vorfeld. Durch Filme und miniaturisierte Modelle werden Perspektiven eröffnet, die sich keinem Betrachter beim Betreten der jeweiligen Orte erschließen; dennoch bleiben diese medialen Bilder und werden – gleich einem Palimpsest – von den je aktuellen Blicken überlagert: man sieht, was man immer schon gesehen hat, nur aus einer gänzlich anderen Perspektive. Auf diese Weise tritt mittlerweile halbwegs jede westliche Großstadt in einer gemeinsamen Anstrengung von Kapital und Kommunalpolitik als Markenartikel auf. An der Konstitution dieses Markenartikels sind literarische und feuilletonistische Texte ebenso beteiligt wie Filme, Fernsehberichte und die offiziellen Anzeigenkampagnen. In der zweiten Hälfte der 20er Jahre war es vor allem Clemens von Brentano, der Berlin-Korrespondent der *Frankfurter Zeitung*, der dem jeweils Neuen und der Architektur des Ephemeren seinen Tribut zollt. „Brentano macht offen Werbung, er ist ein Propagandist für Berlin, wie ihn sich jeder Magistrat nur wünschen kann."[33] Heute ist es vor allem die mediale Dauerthematisierung von Berlin in Kulturzeitschriften, Jugendmagazinen und Zeitgeistgazetten, die der offiziellen Vermarktung von Berlin assistiert.

Auf ihre Weise tun das auch die „melancholisch-mediokren Looser-Figuren"[34] eines Ingo Schramm und der von Iris Radisch konstatierte „neue deutsche Trümmer-Expressionismus". Sie bündeln Begehrlichkeiten nach einem authentischen Leben, das sich als touristen- und reklamefreier Raum geriert. Ein solches Ideal unbeobachteten Lebens entwickelt wiederum magische Anziehungskraft auf Beobachter aller Art. Denn das vermeintlich Nicht-Inszenierte steht bei Touristen hoch im Kurs. Und so begeben sich nicht wenige Berlin-Besucher – privat oder professionell –

33 Karl Prümm: Die Stadt der Reporter und Kinogänger bei Roth, Brentano und Kracauer. Das Berlin der zwanziger Jahre im Feuilleton der ‚Frankfurter Zeitung'. In: Unwirklichkeit der Städte (wie Anm. 2), S. 80-105, hier S. 95.
34 Hans-Peter Kunisch: Deutung des Landesschicksals. Kleine Menschen, kleine Gefühle und die große Stadt Berlin – Ingo Schramms Roman ‚Aprilmechanik'. In: Die Zeit vom 17.10.1997, Literaturbeilage zur Frankfurter Buchmesse, S. 6.

auf die Suche nach den vermeintlichen Ureinwohnern, nach den unver-
fälschten Ecken in der großen Stadt – ein Kiez-Alltag, der einfach so echt
und echt so einfach ist, daß er sich medial weder echt noch einfach ver-
doppeln will. Entsprechend sind sich die Princess of Wales und die großstädtische Boheme zumindest in ihrer Abneigung gegen Fotoapparate zur
Unzeit immer einig gewesen. Im Kiez der Boheme blickt man am liebsten in ungeschminkte Gesichter und unbewaffnete Augen. Seit alters definiert sich Boheme über den Verzicht. Darin folgt sie altehrwürdigen
Askeseidealen.[35] Werbliche Inszenierungen sind von daher gerade für
Subkulturen unverzichtbar, katalogisieren sie doch all die Dinge, auf die
die Boheme ostentativ verzichten muß: Das reicht von Versicherungen
über Pauschalreisen bis zu Deo-Rollern und Designerbrillen. Die grundlegende Figur der Boheme ist die der Verneinung: von Establishment,
Mainstream und Tradition. Die grundlegende Figur des Touristen hingegen ist die der Bejahung: Er ist auf der Suche nach Gegenleistung für das
in die Reise investierte Geld. Der Tourist hat für seine Rolle bezahlt, der
Bohemian für die seine bewußt auf Zahlungen verzichtet. Von daher ist
der Tourist dem Bohemian suspekt. Zumal wenn dieser im Plural und
Reisebus daherkommt. Die wollen bloß besuchen und gucken, aber eben
nicht bleiben und negieren. Sie signalisieren von vornherein, daß sie ihr
Leben nicht grundsätzlich und überhaupt ändern, sondern eben dieses nur
ein ganz klein wenig anreichern wollen – und zwar mit Blicken auf eine
authentische Subkultur, die sie niemals sein, aber doch gerne sehen
möchten. So brauchen die einen die anderen, um sich eben als die einen
oder die anderen zu legitimieren. Das kann man in Berlin so schön beobachten, weil sich dort das Eigene über das Fremde so lautstark definiert
und umgekehrt.

Solche und andere räumliche Verdichtungen unterschiedlichster Lebensentwürfe machen seit je ein Spezifikum großer Städte aus. Die Re-
aktionen darauf füllen das gesamte Spektrum zwischen Abwehr und Affirmation. Joseph Roth etwa fand vor allem in seinen frühen Berlin-Tex-
ten dieses bloße Nebeneinander der Erscheinungen unerträglich,

> die Litfaßsäule nimmt er – ganz in kulturkonservativer Manier – als Negativ-
> symbol der Stadt, die Reklame als Signum von Chaos und Verfall. Bei ihm
> wird erkennbar, was Sloterdijk als typisches Weimar-Symptom beschrieben
> hat, der ‚Schock der Pluralität'.[36]

35  Vgl. dazu bspw. Thomas Lau: Die heiligen Narren. Punk 1976-1986. Berlin und New York
    1992.
36  Karl Prümm (wie Anm. 33), S. 85.

Doch ist es eben dieses Stimmenwirrwarr der Großstadt, zusammengesetzt aus den verschiedensten verbalen Äußerungen, in dem sich auch der
Feuilletonist Joseph Roth Gehör verschaffen muß. Einer erschreckend
beliebigen und beliebig erschreckenden Großstadt begegnet er mit einer
exzessiven Zuwendung zum Detail; das Tumultarische wird überführt in
die kunstvolle Ordnung von Prosa-Miniaturen. Auf den ersten Blick mögen Roths Texte als bloße Abwehrreflexe auf ein chaotisches Allerlei
durchgehen. Auf den zweiten Blick aber werden sie zum Modell für
Thematisierung und Ästhetisierung von Großstadt schlechthin. Denn erst
und nur im Symbolischen, im polyphonen Text der großen Stadt, kann
zusammengeführt werden, was in den Images schon immer zusammen-
gehört haben will. Schon die Rede vom „Text der Stadt" suggeriert eine
Geschlossenheit, auf deren Basis die charakteristische Offenheit von großen Städten erst beobachtbar und beschreibbar wird. Wie jede Genitiv-
Metapher verknüpft sie Disparates, nämlich die überschaubare Größe eines Textes mit der unüberschaubaren Größe der Stadt. Die Zumutung von
Pluralität, also jenes Nebeneinander widersprüchlichster Erscheinungen,
wird für einzelne dadurch zumutbar. Oder systemtheoretisch formuliert:
Die Rede vom „Text der Stadt" überführt ungeordnete Komplexität in
geordnete Komplexität. Und macht sie so anschlußfähig für weitere
Kommunikation. Sie organisiert heterogene Umwelten auf eine Weise,
die offen für Irritationen bleibt. Und macht so Heterogenes selbst erleb-
und handhabbar. Reklame für die Stadt ist dabei im günstigen Fall Reklame für den Text der Stadt, an dem sie als Reklame in der Stadt auf
verschiedene Weise mitgeschrieben hat. Eine solche zum Markenartikel
gewordene Stadt hat ihre Bezugsgröße nicht mehr im realen Raum, sondern auf dem symbolischen Feld, eben im Text der Stadt. Entsprechend
erfolgt auch die Abgrenzung nicht wie einst gegenüber dem platten Land,
sondern gegenüber anderen Städten bzw. anderen Stadtreklamen. Kurz:
Reklame konstituiert eine Stadt, für die wieder Reklame gemacht werden
kann und muß. Nicht zuletzt deswegen wird gerade auch über die Selbstdarstellung Berlins im Internet, wo andere Städte nur einen Klick weit
entfernt sind, so ausdauernd gestritten.

PETER ZANDER

# Das Drehen auf einer Baustelle – Berlin als Filmkulisse

Als Wim Wenders 1986/87 *Der Himmel über Berlin* inszenierte – einer der schönsten und poetischsten Filme, der jemals in und über die Metropole gedreht wurde –, war die Stadt noch eine halbe und das Firmament darüber, ganz im Sinne von Christa Wolfs Erzählung, ein geteilter Himmel. Die Engel, die in diesem Spielfilm über die Menschen wachten, sie in ihren Gedanken und Selbstmonologen begleiteten und mit zärtlichen Berührungen Trost spendeten – sie waren nur im Westen der Metropole tätig. Bruno Ganz als Engel Daniel blickte vom halb zerstörten Dach der Gedächtniskirche auf die West-City herab; auf der Siegessäule wandte er sich immerhin für einen Augenblick Richtung Alexanderplatz, doch nur, um dem Osten sogleich wieder den Rücken zuzukehren. Die „Menschwerdung" des Engels fand dann im Niemandsland statt, im Todesstreifen vor einem Mauersegment, an dem zwei Grenzsoldaten der NVA entlang patrouillierten. Für diese Szene mußte extra ein Stück der verhaßten Mauer nachgebaut werden, denn natürlich gab es für solche Kulissen damals keine Drehgenehmigung aus der DDR.

Nur sechs Jahre später, als Wenders seine Fortsetzung *In weiter Ferne, so nah!* drehte, sah alles anders aus. Otto Sander als Engel Cassiel erlebt eine ganz andere Geschichte als sein Vorgänger Daniel – und eine völlig neue Stadt. Von der Siegessäule aus überblickt er das ganze, wiedervereinigte Berlin. Und anstelle der Gedächtniskirche sitzt Cassiel mit seinen engelshaften Kollegen nun auf dem Brandenburger Tor, direkt unter der Quadriga, mit Blick auf die Charité, die Russische Botschaft, die Promenade Unter den Linden. Diesmal wird dem Westen der Rücken zugekehrt, und die „Menschwerdung" des zweiten Engels findet denn auch folgerichtig auf der Karl-Liebknecht-Straße statt: direkt gegenüber dem Fernsehturm, mitten in Mitte.

Dieser Perspektivenwechsel scheint symptomatisch für den deutschen Film der letzten Jahre zu sein. Der Blick der Filmemacher, der Produzenten, Regisseure und Drehbuchautoren, ist eindeutig nach Osten gewandt. Und auch die Quadriga-Perspektive, diese erhöhte Sieger-Position, die einen leicht herablassenden Blick des Wessis auf den alten Osten erlaubt, scheint da nicht ganz falsch gewählt.

Vor 1989 gab es in Berlin zwei völlig unterschiedliche Filmindustrien. Im Ostteil war Berlin stets Pars pro toto, der Einzelfall, der fürs Allgemeine stand. Die Deutsche Film-AG (DEFA) war die einzige Filmgesell-schaft der DDR. Dank dieses Zentralismus entstanden alle Filmproduk-tionen in Babelsberg, wurden vor den Toren Berlins konzipiert, entwik-kelt und durchgeführt. Wenn Außenaufnahmen dramaturgisch bedingt nicht dezidiert andere Kulissen vorsahen, wurden sie in und um Berlin gedreht.

Im Westen dagegen blieb die Stadt immer die Ausnahme. Nach dem Mauerbau verlagerten die meisten Filmunternehmen ihre Ateliers nach Westdeutschland. Artur Brauner, der in Haselhorst seine Central Cinema Company (CCC) gründete, galt als Unikum. Auch der Neue Deutsche Film entwickelte sich nicht in Berlin, sondern in München. Die geteilte Stadt blieb somit einigen wenigen Filmemachern wie Wenders (*Silence in the City*), Ulrike Ottinger (*Freak Orlando*) und Rudolf Thome (*Berlin Chamissoplatz*) überlassen, die die Stadt als Chiffre, als Freiraum und In-sel verstanden und ihre Isolation und das Kranken daran festmachten.

Verkürzt gesagt: Ost-Berlin galt im DEFA-Film als Mustermodell der sozialistischen DDR-Gesellschaft, während sich West-Berlin im west-deutschen Film auf einen einzigen Stadtteil, Kreuzberg, reduzierte.

Nach dem Mauerfall wurde die DEFA von der Treuhand abgewickelt und an eine französische Firma verkauft. Viele Filmemacher der DDR verloren über Nacht ihre Arbeit – oder arbeiten jetzt für westdeutsche Firmen, die sie verächtlich „die Münchner" nennen. Diese drängen dafür mit Macht in das für sie unbekannte Neuland. Nachdem sich Wilmersdorf und Charlottenburg in Berlin und Grünau in München über die Jahr-zehnte als Schauplätze ausgereizt haben, sucht man nun nach neuen, „un-verbrauchten" Kulissen. Der Osten wird vom Westen neu entdeckt: Ber-lin als El Dorado der Filmindustrie.

Nirgends prallen die Konflikte von Ost und West härter aufeinander, nirgends läßt sich das soziale Gefälle klarer konturieren als zwischen Zehlendorfer Edelvillen und Marzahner Plattenbauten. „Die Stärke der Hauptstadt", weiß Alexander Thies, der stellvertretende Vorsitzende des Bundesverbandes Deutscher Film- und Fernsehproduzenten, „ist ihre un-überschaubare Vielfalt."[1]

Für den Filmstandort Berlin sprechen vor allem produktionstechnische Faktoren, angefangen von der Logistik bis hin zu den vielen Schauspie-lern und Filmleuten, die hier leben. Außerdem ist das Lohnniveau gerin-ger als in der westlichen Republik, das Drehen somit billiger. Kein Wun-der also, daß die Zahlen, die die Senatsverwaltung für Wirtschaft und

---

1 Christoph Lang: Filmstadt Berlin: Weg mit der Bürokratie. In: Berliner Zeitung vom 29.8.1997.

Betriebe im August 1997 über den Film- und Fernsehstandort Berlin vorlegte, Grund zum Optimismus geben: Rund 850 Film- und Fernsehunternehmen haben hier inzwischen ihren Standort, der Anteil der Berliner Fernsehproduzenten betrug schon 1994 stolze 24 Prozent des bundesweiten Umsatzes, der Marktanteil der Berliner Synchronisationsbetriebe macht gar 40 Prozent aus. 1996 waren insgesamt rund 7.000 feste und freie Mitarbeiter der Filmbranche in Berlin angestellt, 17 Studios boten knapp 31.000 m² Atelierfläche, und der Umsatz der Berliner Filmwirtschaft erbrachte die Rekordsumme von 700 Millionen Mark.[2]

Ein Trend mit steigender Tendenz: Ganz Berlin, so scheint es, steht zur Zeit vor der Kamera. Oft arbeiten die Filmteams nur wenige hundert Meter voneinander entfernt; es soll sogar schon vorgekommen sein, daß sich ein Mitarbeiter versehentlich am falschen Set einfand. Bis zu vierzig Mal pro Tag werden hier, laut Senats-Statistik, Kameras aufgestellt und Scheinwerfer geflutet. Damit hat die Hauptstadt ihre Konkurrenten abgehängt: In München gibt es nur 35 Drehs pro Tag, in Hamburg fällt die Klappe höchstens 25 Mal. Die Kapitale scheint bald auch Filmhauptstadt zu sein.

### Berlin – die Fernsehhauptstadt

Doch wer vom Filmstandort spricht, meint vor allem den Fernsehstandort. Die Statistik kommt nicht durch ambitionierte Filmprojekte zustande, sondern durch profane Fernsehware. Eine Entwicklung, die vor allem der Einführung des dualen Systems, mithin also der Inflation privater Fernsehanstalten, zu verdanken ist.

Berlin ist zuallererst eine Serienhochburg. Allerorten ist hier das Krimi-Blaulicht im Einsatz, ob bei *Tatort*, *Polizeiruf 110* oder *Zappek* (ARD), ob *Rosa Roth*, *Ein starkes Team* oder *Team Berlin* (ZDF), ob *Wolffs Revier*, *Sperling* und *Helicops* (Sat 1) oder *Die Straßen von Berlin* (Pro 7) und *Hinter Gittern* (RTL). Jeder Fernsehsender, der auf sich hält, dreht mindestens eine Krimiserie in der Hauptstadt.

Auch ärztliche Tele-Fürsorge wird bevorzugt mit Berliner Schnauze praktiziert, wie in *Praxis Bülowbogen* (SFB), *OP ruft Dr. Bruckner* (RTL), *Vollnarkose* (MDR) oder *Für alle Fälle Stefanie* (Sat 1). Selbst Daily-Soaps spulen hier ihre tägliche Fast-Food-Ware ab: Klassiker wie *Gute Zeiten, schlechte Zeiten* (RTL), von Liebhabern zärtlich „Gutze" ge-

2   Kurz-Info Film- und Fernsehstandort Berlin. Senatsverwaltung für Wirtschaft und Betriebe vom 21. August 1997.

nannt, aber auch Flops wie *Geliebte Schwestern* (Sat 1) oder *Alle zusammen* (RTL 2), die wegen fehlender Quote bereits wieder eingestellt wurden. Und seit der Love Parade ist die Stadt auch das Mekka der Music-Kids. Deshalb spielte die ZDF-Serie *Wilde Zeiten* über eine Techno-Disco im alten Trafo-Werk, deshalb drehte Tic Tac Toe das Videoclip zu ihrem Song *Bitte küß mich nicht* auf dem Alten Schlachthof in Friedrichshain.

Das Berlin, das sich in diesen Produktionen manifestiert, gibt sich deutlich härter und ruppiger. Zu Mauerzeiten war die Stadt ausschließlich braven SFB-Produktionen vorbehalten; heimeligen Vorabendserien wie *Die Wicherts von nebenan* und Dauerwürste wie *Drei Damen vom Grill*, die stets auf deftiges Lokalkolorit setzten und das Pathos der „Berliner Schnauze" mit „Icke, dette"-Sprache zelebrierten. Berlinert wird hingegen in den jüngeren Produktionen kaum noch. Statt dessen wird deutlich der Anschluß zu internationalen, insbesondere amerikanischen Serien gesucht.


## Politische Signale

Im Gegensatz zum Tele-Boom wendet sich das Kino der Bundeshauptstadt jedoch eher zögerlich zu. An den Produktionsfirmen liegt es nicht, auch nicht an den infrastrukturellen Voraussetzungen, die im nahen Babelsberg durchaus gegeben sind; eher an den bürokratischen Hürden, die ihnen in den Weg gelegt werden. Ein Problem, auf das Regina Ziegler, die Inhaberin der Ziegler Film und stellvertretende Vorsitzende des Bundesverbandes der deutschen Fernsehproduzenten, schon 1996 in einem Artikel des *Tagesspiegels* hinwies:

> Wir haben jetzt die historische Chance, Berlin-Brandenburg als Medienstandort Nummer Eins in Deutschland und unter den ersten fünf in Europa für das nächste Jahrtausend zu etablieren. Dazu gehört aber nicht nur Geld, sondern auch der politische Wille. Signale, daß die Politiker erkannt haben, welches Pfund sie hier in Händen halten. Signale, daß die Berliner Produzenten Unterstützung haben, was sich immer nur – aber auch – in Geld ausdrückt. Wo sind diese Signale?[3]

Führende Politiker werden nicht müde, zumindest ansatzweise derartige Signale auszusenden. Sie wissen: Jede Mark, die ausgegeben wird, zieht 2.50 Mark Investitionen in der Region nach sich. Bei einem Wirtschafts-

---

3  Simone Leinkauf: Was am Drehen in Berlin reizt? Nichts! In: Der Tagesspiegel vom 26.5.1996.

zweig, dessen Produktionsvolumen von 570 Millionen Mark im Jahr 1994 auf 700 Millionen 1997 angestiegen ist, bleibt dem Fiskus ein Gewinn in fast dreistelliger Millionenhöhe. Ganz zu schweigen von den entstehenden Arbeitsplätzen.

So werden der Regierende Bürgermeister von Berlin, Eberhard Diepgen, und der Ministerpräsident Brandenburgs, Manfred Stolpe, nicht müde, für den Film- und Fernsehstandort Berlin die Werbetrommel zu rühren. Dafür haben sie sich sogar schon als Komparsen in einer Café-Szene von *Gute Zeiten, schlechte Zeiten* verdingt. Wirtschaftsstaatssekretär Wolfgang Branoner ließ sich sogar, für eine Pressekonferenz im August 1997, in eine Zelle der Serie *Hinter Gittern* sperren, um von dort aus seine Filmpläne vorzustellen. Er möchte Mitte und Neukölln als Modell-Bezirke schaffen:

> Mitte drängt sich als künftiger Regierungsbezirk auf. Und Neukölln bietet alles, was ein Regisseur-Herz höher schlagen läßt – Landwirtschaft, Altbauten, Satellitenstädte, Fabrikhallen, Kanäle und sogar eine zweistöckige U-Bahn-Rangieranlage unterm Hermannplatz.[4]

Weniger populistisch, aber in der Sache effektiver geht Michael-Andreas Butz, Senatssprecher und Medienbeauftragter der Stadt, vor. Im September 1997 setzte er, trotz drastischer Einsparungen in allen Bereichen des Finanzhaushalts, eine bereits beschlossene Erhöhung der Verwaltungsgebühren bei anfallenden Drehgenehmigungen aus. Außerdem bereitet er eine Film-Arbeitsgemeinschaft vor, die den Ämterlauf weiter vereinfachen soll.

Das deutlichste politische Signal aber sollte im August 1994 die Gründung des „Filmboards Berlin-Brandenburg" sein: eine regionale Filmförderanstalt als Antwort auf die großen Konkurrenten in Bayern und Nordrhein-Westfalen. Die Beteiligung beider Bundesländer sollte außerdem deren von den Landespolitikern angestrebte Vereinigung vorwegnehmen. Doch noch heute krankt die Behörde daran, daß dies durch die Volksabstimmung verhindert wurde.

Ursprünglich wollten beide Länder paritätisch je 20 Millionen Mark pro Jahr beisteuern. Brandenburg hat seine Beiträge jedoch stetig zurückgefahren, woraufhin der Berliner Senat – äußerlich empört, im Grunde aber froh über den Vorwand, auch seine Anteile senkte.

1996 sackten die Zuschüsse für Filmprojekte im Vergleich zum Vorjahr praktisch um die Hälfte ab, das Land Brandenburg und der Berliner Senat zahlten nur 24,5 Millionen Mark. Wurden 1995 noch 50 Kurz- und

---

4  Christoph Lang: Filmstadt Berlin: Weg mit der Bürokratie. Branoner will die Hauptstadt noch mehr ins Rampenlicht rücken. In: BZ vom 4.8.1997.

Dokumentarfilmprojekte mit 4,39 Millionen Mark gefördert, so konnten 1996 nur noch 16 Förderungen mit 1,62 Millionen Mark zugesagt werden. Auch bei der Spielfilmproduktion machte sich die Haushaltssituation drastisch bemerkbar: Im Gegensatz zu 1995, als immerhin knapp 25 Millionen Mark für 21 Filme ausgegeben wurden, standen 1996 nur noch knapp elf Millionen Mark für 14 Produktionen zur Verfügung. 1997 verringerte sich der gemeinsame Etat nochmals um 400.000 DM. Zu wenig, wagt man den Vergleich mit der Filmförderung der Länder Bayern (50 Millionen) und Nordrhein-Westfalen (70 Millionen).[5] Auch die Auswahlkriterien, nach denen die Fördergelder vom Filmboard verteilt werden, sind nicht unumstritten. Intendant Klaus Keil, der zuvor an der Münchner Filmhochschule die Abteilung Produktion und Medienwirtschaft betreute, hat die Epoche des Autorenfilms für beendet erklärt und handelt selbstbewußt nach dem sogenannten „Intendantenprinzip". Alle Entscheidungsgewalt geht von ihm aus, und im Gegensatz zur herkömmlichen Filmförderung fördert er nicht bestimmte Filme, sondern bestimmte Produzenten:

Man muß vom Einzelprojekt wegkommen und eine Unternehmenssicht entwickeln. Unsere Kandidaten müssen einen langfristigen, ausgeklügelten Finanzierungs- und Entwicklungsplan vorlegen – wir verlangen eine richtige unternehmerische Gewissenserforschung.[6]

Dabei bevorzugt Keil eindeutig Filme, die Kassenerfolge garantieren. Die beiden erfolgreichsten, vom Filmboard geförderten Filme waren deshalb 1996 *Männerpension* und der Zeichentrickfilm *Werner – das muß kesseln!!!* Keil sieht jedoch nicht nur die Dreharbeiten, sondern auch nachträgliche Ton- und Schnittarbeiten in der Region als förderungswillig an, weshalb in der Vergangenheit selbst US-Filme Finanzspritzen bekamen: so etwa *Dead Man* von Jim Jarmusch, aus dem einzigen Grund, weil die deutsche Synchronisation in Babelsberg vorgenommen wurde und der Regisseur eigens dafür nach Berlin gereist war. „Wir wollten damals ein Signal geben, wie offen das Filmboard operieren kann", rechtfertigte sich Keil. Davon ist er inzwischen abgekommen: „Momentan konzentrieren wir uns sehr stark auf die regionale Produzentenschaft."[7]

5   „Aber schließlich hat NRW auch 16 Millionen Einwohner", gibt Michael Butz, der Medienbeauftragte des Landes Berlin, im Hinblick auf die 7 Millionen Berliner und Brandenburger zu bedenken. Christine Hoffmann: Rückenwind für Kintopp aus Berlin. Erstmals werden sich ZDF, Sat 1 und Pro 7 an der Filmförderung beteiligen. In: Berliner Morgenpost vom 15.6.1991.
6   Merten Worthmann: Wirklich gute Projekte sind rar. Klaus Keil leitet seit reichlich einem Jahr das Filmboard – ein Gespräch über Stoffe, Märkte und Produzenten. In: Berliner Zeitung vom 31.10.1995.
7   Ebenda.

Doch kleinere, ambitionierte Projekte haben es nach wie vor schwer, das Filmboard zu überzeugen. Die Folge ist, daß viele Interessenten, die gerne in Berlin drehen würden oder gar schon gedreht haben, zunehmend in andere Bundesländer abwandern. So etwa der Schauspieler Til Schweiger und der Regisseur Thomas Jahn, die für ihr gemeinsames Projekt *Knockin' On Heaven's Door* eigens die Produktionsfirma „Mr. Brown Entertainment" gründeten, den Film aber nicht, wie ursprünglich geplant, in Prenzlauer Berg und an der Ostsee drehten, sondern ins Ruhrgebiet und an die Nordsee verlegten. Auch die Produktionsfirma Cinevox, die in Berlin *Die unendliche Geschichte 3* produzierte, räumte jüngst ihre Büros in Babelsberg und zog nach Oberhausen. Und Joseph Vilsmaier hielt sich für seinen Historienfilm *Comedian Harmonists* über das legendäre Berliner A-Capella-Sextett nur zwei halbe Tage in der Stadt auf, drehte aber ansonsten in Prag und München. Seine Erklärung: „Weil wir keine Fördergelder bekommen haben, warum, weiß ich auch nicht."[8]

Schon sprechen Medienexperten vom „Exodus an der Spree". Wer nicht wegzieht, richtet sich zumindest Zweigstellen in Nordrhein-Westfalen oder München ein, um vom dortigen Fördertopf nicht ausgeschlossen zu werden. „Wenn die uns abwandern", schwant Keil, „dann ist hier Wüste."[9]

Für das Jahr 1998 kann das Filmboard erstmals wieder zuversichtlich in die Zukunft schauen: Das Land Brandenburg hat seinen Beitrag um 3,5 Millionen angehoben und damit endlich das Niveau der Hauptstadt (15 Millionen) erreicht; außerdem will es für weitere 20 Millionen bürgen, die einem demnächst einzurichtenden „Filmförderfonds Babelsberg" zufließen sollen. Vor allem aber kam ein unerwarteter Pakt mit privaten und öffentlich-rechtlichen Fernsehanstalten zustande: Sat 1, der sich dezidiert als Hauptstadtsender ausgibt, sagte bereitwillig 6 Millionen DM zu, woraufhin Pro 7 und ZDF mit jeweils 4 Millionen nachzogen. Die lokalen Sender SFB und ORB hielten sich zwar bislang zurück, klagt Michael-Andreas Butz, aber der Senatssprecher betont, „daß die Beteiligung von Sendern keine geschlossene Gesellschaft ist. In absehbarer Zeit könnte sich auch RTL beteiligen."[10]

Die Motivation der Fernsehsender ist eindeutig: Nach der Novelle des Filmfördergesetzes können sie diese Länderausgaben auf ihre Verpflichtungen gegenüber der bundesweiten Filmförderanstalt (FFA) anrechnen.

---

8 HA: Produzenten klagen weniger. In: Die Welt (Berliner Ausgabe) vom 11.9.1997.
9 I. Grabitz und M. Posch: Sparpolitik beschleunigt den Exodus der Filmbranche. In: Berliner Morgenpost vom 16.3.1997.
10 Ingolf Kern: „Wir könnten die Filmmetropole Europas sein." Gespräch mit Michael-Andreas Butz. In: Die Welt (Berliner Ausgabe) vom 11.9.1997.

Das bedeutet jedoch, daß Berlin nicht nur hauptsächlich ein Fernseh-standort ist, sondern daß auch die Spielfilmproduktion von den TV-Anstalten diktiert oder zumindest mitbestimmt wird.

## Die Baustelle als Filmkulisse

Da erscheint es fast als Wunder, daß überhaupt noch Kinofilme in Berlin entstehen. Ein kleiner Überblick zeigt aber, daß nicht nur das Fernsehen von der allgemeinen Aufbruchstimmung in der Hauptstadt profitiert.

Am naheliegendsten bei der aktuellen Spielfilmproduktion in Berlin ist das historische Interesse an der geschichtsträchtigen Metropole: Margarethe von Trotta inszenierte 1994 mit *Das Versprechen* den bislang einzigen Film, der sich mit der Wiedervereinigung befaßte; Max Färberblock schloß jüngst die Arbeiten zu *Aimée und Jaguar* ab, eine lesbische Liebesgeschichte zwischen einer Jüdin und einer Nationalsozialistin im Dritten Reich, nach dem autobiographischen Roman von Lilly Wust; und Frank Beyer legte mit Harald Juhnke in der Titelrolle Zuckmayers *Hauptmann von Köpenick* neu auf (was als Spielfilm konzipiert war, dann aber doch nur im Fernsehen lief) – die erste der zahlreichen Verfilmungen, die am Originalschauplatz entstand.

Das könnte möglicherweise einen neuen Trend ausmachen: Nicht nur die geschichtlichen Themen, sondern gerade auch die historischen Kulissen, die im Osten oft noch nahezu erhalten und „filmtauglich" sind, ermutigen zu neuen Filmprojekten.

Auch Gegenwartsstoffe aber werden immer häufiger in Berlin angesiedelt. In Michael Kliers *Ostkreuz* (1991) tastet sich ein 15jähriges Mädchen durch Ost-Berlin, ein Niemandsland von Containeranlagen und Bauruinen, eine Hinterhof- und Barackenwelt. Am selben Ort spielt auch das Seelendrama *Engelchen* (1997) von Helke Misselwitz: In den Mietskasernen prügeln und besaufen sich die Liebespaare, wischen Kinder das Erbrochene weg, und die Nachbarn ziehen die Gardinen zu. In *Verspielte Nächte* (1997) von Angeliki Antoniou stranden zwei griechische Schwestern in der Stadt. Stets ist es die Berliner Halbwelt, das Halbverfallene, noch nicht Wiederaufgebaute, was diese Filme aufdecken. In gewisser Hinsicht eine Fortsetzung des Trümmerfilms der Nachkriegszeit.

Gerade dieses Unfertige wird zur Chiffre einer Jugend, die sich in einer neuen Gesellschaft einrichten muß. In den USA wird dieses Phänomen „Generation X" benannt und mit zahlreichen Filmen über das sogenannte Postadoleszenz-Problem bedacht: Mittzwanziger, die sich nicht entscheiden können, die nicht erwachsen werden wollen. Die deutsche

Variante ist eng an die Drehkulisse Berlin geknüpft: Der Umbruch der Stadt als Synonym für den Umbruch einer Generation.

Eine Produktionsfirma hat sich eigens dafür 1995 in Berlin gegründet: X Filme Creative Pool. Das X verweist nicht nur auf die „Generation X", sondern steht auch im mathematischen Sinne als Symbol für „beliebig viele". So viele Produktionen schweben dem kreativen Pool vor, der sich aus den Regisseuren Dani Levy, Wolfgang Becker, Tom Tykwer und dem Produzenten Stefan Arndt zusammensetzt. Sie wollen „Filme machen, die eine bestimmte Haltung haben, ein gewisses Niveau nicht unterschreiten und trotzdem klar aufs Publikum zielen."[11] Levys Film *Stille Nacht* war der Auftakt, Beckers *Das Leben ist eine Baustelle* der erste durchschlagende Erfolg.

Der Film beginnt wie ein klassischer Kreuzberg-Film, mit Polizeiaufmarsch und brennenden Getränkemärkten im Kiez des früheren SO 36. Dann aber zieht der Protagonist mit Freunden in den Osten, in die Wohnung seines verstorbenen Vaters. Das Mietshaus wird gerade saniert, deshalb steht die ganze Kulisse im Gerüst, bestimmen abdeckende Plastikplanen das Interieur, und der Preßlufthammer ist auf der Tonspur ständig präsent. Es dürfte kein Zufall sein, daß das Haus am Potsdamer Platz steht. Die größte Baustelle Europas wird zum Synonym eines Lebensgefühls. Der Filmtitel entwickelte sich ohnehin längst zum geflügelten Wort.

Zehn Jahre zuvor, in *Der Himmel über Berlin*, wanderte Curt Bois noch als Einzelgänger über den damals abgesperrten, verwilderten Potsdamer Platz: eine Chiffre für die Zerrissenheit, für den Status quo der geteilten Stadt. In der Fortsetzung *In weiter Ferne, so nah!* war der Platz dann schon als eine mit Containern und Bauhütten übersäte Baustelle zu sehen. Und als solche ist er seither nicht nur für Berlin-Touristen, sondern auch für Filmemacher eine illustre, fotogene Kulisse, wie Ariane Ribbeck, die Sprecherin der dort stationierten Info-Box, bestätigen kann: „Wir haben ziemlich viele Filmprojekte, die sich für die Info-Box und das ganze Drumherum auf den Baustellen interessieren."[12]

Christoph Schlingensief, das Enfant terrible der Film- und Theaterwelt, hat den Platz gar als Spielplatz für sein jüngstes, cineastisches Happening entdeckt. Sein neuer Film heißt zwar *Die 120 Tage von Bottrop*, spielt aber auf dem Potsdamer Platz. Die letzten Überlebenden der Fass-

---

11 Peter Zander: Wolfgang Becker – Der Regisseur als Schlachtermeister. In: Berliner Zeitung vom 20.3.1997. Vgl auch: Ders.: Liebe in den Zeiten der Kohl-Ära. Ein Porträt des Berliner Filmemachers Tom Tykwer. In: Berliner Zeitung vom 28.10.1997.
12 A. S.: Berlin als Drehort für hochkarätige Kinoproduktionen? In: Berliner Morgenpost vom 10.8.1996.

binder-Gemeinde treffen sich hier zu dem bizarren Versuch, unter der Regie eines gewissen Sönke Buckmann (eine Verballhornung der Regisseure Detlev Buck und Sönke Wortmann) den „letzten Neuen Deutschen Film" zu drehen, ein Remake von Pasolinis *120 Tage von Sodom* – mitten auf der Baustelle, die so zu einem äußerst trashigen Synonym für den (Wieder-) Aufbau des deutschen Films gerät.

Mit Bauhelmen ausgerüstet, klettert das Filmteam über Baugruben durch die Kranlandschaft, und Volker Spengler als Filmproduzent spricht die weihevoll-pathetischen Worte: „Das ist das Zentrum des gesamten Films, das größte Studio Europas: der Potsdamer Platz. Was das ausdrükken soll? Das letzte Geheimnis der Menschheit: uns selbst, uns selbst, uns selbst..."

**Die Widrigkeiten, in Berlin einen Film zu drehen**

Das „letzte Geheimnis" ist freilich meist etwas einfacher zu lüften. Die Beliebtheit der Baustelle als Drehkulisse entpuppt sich zuweilen als produktionstechnische Zwangsmaßnahme: Wird vom Produktionsleiter ein geeigneter Drehort gefunden, verstreicht kostbare Zeit, bis die Drehgenehmigung erlassen und ein Drehtermin vereinbart ist. Wenn die Kamerateams dann anrücken, ragen im Hintergrund nicht selten neue Kräne in den Himmel, wurde eine atmosphärisch brauchbare Straßenbahn umgeleitet oder klafft, wo sich noch vor kurzem ein pittoreskes Motiv befand, plötzlich ein Baukrater. Da ist es nur konsequent, die drohende Gefahr potentieller Baustellen gleich dramaturgisch einzubauen.

Auch der Trend, zunehmend in den Ostbezirken der Stadt zu drehen, hat meist pragmatische Gründe. Charlottenburg und Wilmersdorf, die „klassischen" Bezirke für Berliner Außenaufnahmen, reagieren schon seit Jahren zunehmend widerwillig auf Nachfragen von Produktionsfirmen. Die Polizeidirektion 2 in Charlottenburg etwa ist „zu strikt", wie Markus Bensch von der Zero-Filmproduktions GmbH findet: „Wenn die Anträge nur einen Tag zu spät ankommen, werden sie nicht bearbeitet." Michael Melzer von der Neuen Filmproduktion weicht deshalb immer öfter in den Osten aus: „Ich drehe lieber in Mitte als in Charlottenburg. Ein Anruf zwei Tage vor Drehgenehmigung bei der Polizei genügt dort." „Total gut" verhalten sich laut Stefan Arndt auch Bezirke wie Prenzlauer Berg oder Friedrichshain. Hier sei mehr Kooperationswille vorhanden, und Anträge werden oft spontaner und unorthodox genehmigt.

Das erleichtert die Arbeit immens. Denn während in München Drehgenehmigungen an zentraler Stelle zu erhalten sind, muß man in Berlin durch einen wahren Behördendschungel waten. Wie das im einzelnen aussieht, erläutert der Produktionsleiter Ralph Brosche anhand des neuesten Films von Tom Tykwer, *Lola rennt* (1998).[13] Titelgemäß muß die Protagonistin fast den ganzen Film hindurch quer durch Berlin rennen: über Gendarmenmarkt, Gartenstraße, Bebelplatz und Oberbaumbrücke. Nur eine populäre Kulisse ließ man aus: den Potsdamer Platz. Während bei normalen Produktionen das Verhältnis von Außen- zu Innenaufnahmen etwa 50:50 ausmacht, nahmen sie in diesem Fall fast 90 Prozent ein. Doch bevor die Lola auch nur einmal spurten konnte, mußte erst einmal Brosche selber rennen.

Zuallererst braucht ein Produktionsleiter in Berlin die Allgemeine Drehgenehmigung des Polizeipräsidenten, die jedes Jahr neu zu beantragen ist: ein Unikum, das in keiner anderen Stadt zu finden ist und von dem auch niemand weiß, wozu es eigentlich dienen soll. Einst vom Alliierten Kontrollrat eingeführt, hat man es bislang schlichtweg versäumt, sie abzuschaffen.

Für jeden einzelnen Drehort kommt dann die Erlaubnis vom Tiefbauamt für die Nutzung der jeweiligen Fläche hinzu, außerdem die Genehmigung der zuständigen Polizeidirektion für erforderliche Verkehrsmaßnahmen wie Absperrungen oder Umleitungen. Rennt Lola über die Oberbaumbrücke, die Friedrichshain und Kreuzberg miteinander verbindet, sind gleich beide Bezirke zu aktivieren, außerdem die für Brücken zuständige Wasser- und Schiffahrtsdirektion. Rennt Lola über einen Rasen, kommt das Grünflächenamt hinzu, spurtet sie nachts, muß noch das Umweltamt eingeschaltet werden, das auf die größtmögliche Reduzierung von Lärm- und Lichtemissionen achtet. Viele bunte Ämter, viele bürokratische Wege.

„Ein Witz", findet Stefan Arndt, der *Lola rennt* produziert hat. Nicht nur im Vergleich zu München, sondern vor allem, wenn man internationale Maßstäbe anlegt: In New York, wo *Meschugge*, Dany Levys neuester Creative-Pool-Film gedreht wurde, erhielt Arndt manche Drehgenehmigungen schon innerhalb von acht Stunden: „obwohl die Stadt größer und schwieriger ist". In Berlin gibt es dagegen einen Vorlauf von mindestens 14 Tagen. Wenn es dann regnet und der Drehplan sich verschiebt, reagieren die Behörden selten flexibel.

„Für Drehteams ist Berlin ganz schwierig, ganz teuer, ganz ärgerlich", klagt auch Justus Boehncke, der Fernsehspielchef des Senders Freies

---

13  Vgl. Peter Zander: Das Blaulicht ist ständig im Einsatz. Berlin wird als Filmstandort immer beliebter – den bürokratischen Fußangeln zum Trotz. In: Berliner Zeitung vom 12.9.1997.

Berlin (SFB). Er macht dies allerdings nicht nur an Außenaufnahmen fest, sondern vor allem auch an Gebäuden und Einrichtungen: „In der Stadt kann man in keinem Gefängnis drehen. Außer in Rummelsburg, denn das steht leer."[14] Als „nervig" beurteilt Michael Schwarz, Herstellungsleiter bei Wenders' *In weiter Ferne, so nah!*, daß auf dem Flughafen Tegel der für Filmaufnahmen früher äußerst beliebte Reserveflugsteig 16 in den regulären Flugbetrieb integriert wurde. Als schwierig gelten ihm zufolge auch der Zoo, die Berliner Wälder und alle Orte, die von Staatlichen Schlössern und Gärten und der Stiftung Preußischer Kulturbesitz verwaltet werden.[15]

Schlimm sei vor allem, daß die Verwaltung für Dreharbeiten in öffentlichen Gebäuden überzogene Gebühren erhebe: „Wenn man an einem Wochenende einen Tag im Roten Rathaus dreht, kostet das 9000 Mark", beklagt sich Boehncke.[16] Auch die Berliner Bäderbetriebe stellten exorbitante Forderungen, wie Roland Schmidt vom Filmboard zugibt: „Die wollten 500 Mark pro Stunde für einen Dreh im Winter, in einem leeren Strandbad."[17]

Aus diesem Grund werden manchmal bizarre Kompromisse in Kauf genommen, die nicht nur dem eingefleischten Berliner, sondern auch manchem Touristen im fertigen Film als Fehler erscheinen müssen. So etwa in *Obsession*, dem neuen Film von Peter Sehr: Gleich zu Beginn wird da ein Dieb von einem Kaufhausdetektiv verfolgt. Die Innenaufnahmen dieser Szene wurden in der Schmuckabteilung der „Galeries Lafayette" in Mitte gedreht; die Außenaufnahmen jedoch vor dem KaDeWe in Wilmersdorf. Von da aus flieht der Überführte in die U-Bahnstation Kurfürstendamm – und steht prompt auf den Gleisen der Station Alexanderplatz. In nur wenigen Sekunden wird da gleich mehrmals zwischen Ost- und West-Schauplätzen gesprungen; würde man die Verfolgungsjagd nur halbwegs ernst nehmen, müßte man dem Dieb wie dem Detektiv ob ihrer Ausdauer einigen Respekt zollen.

14 Lutz Kinkel, Christian Omerzu: Jeder dreht für sich allein. Unterschiedliche Erfahrungen der Fernseh-Produzenten in Berlin. In: Tagesspiegel vom 20.8.1997.
15 Vgl. Andreas Conrad: ... und Action bitte! Drehort Berlin: Vor der ersten Klappe haben die Filmproduktionsfirmen einen dornenreichen Slalomlauf durch die Behörden zu überstehen. In: Der Tagesspiegel vom 14.2.1996.
16 Der Senat hat diese Angabe allerdings auf einer Tagung des Kulturausschusses zurückgewiesen: „Der Sachverhalt ist unzutreffend: Im Rathaus wurde niemals ein derartiger Betrag gefordert. Die Mieten nach den Benutzerrichtlinien liegen weit darunter und lassen auch zu, daß auf Nutzungsentgelte für Dreharbeiten völlig verzichtet wird." Landespressedienst Berlin Nr. 173, 8.9.1997.
17 Christa Hasselhorst: Drehort Berlin: Statist wird Hauptdarsteller. Filmboard im Kampf zwischen Masse und Klasse – Bessere Bedingungen für Regisseure – Engpässe bei filmreifen Gefängnissen. In: Die Welt (Berlin-Ausgabe) vom 11.9.1997.

Mitunter ist ein solch krasser Schauplatz-Wechsel der Attraktivität der einzelnen locations geschuldet; aus dem nämlichen Grund führen deshalb auch die Vorführungen von Woody-Allen-Filmen in New York zu regelmäßigen Lachern. Zu einem guten Teil sind sie aber, zumal in Berlin, Behörden und Privatfirmen geschuldet, die dem Kino nicht immer das nötige Verständnis entgegenbringen.

Als vertrauenserweckende Maßnahme hat das Filmboard Berlin-Brandenburg deshalb im November 1996 eigens ein „Koordinationsbüro Film" eingerichtet, um, ähnlich wie die Location-Büros in München und Hamburg, schnell und unbürokratisch optimale Rahmenbedingungen in Berlin und Brandenburg zu schaffen. „Die Hilfe des Koordinationsbüros Film", so wirbt der hauseigene Tätigkeitsbericht, „geht von allgemeinen Informationen zum Produktionsstandort Berlin-Brandenburg über Beratung zu speziellen Motiven bis hin zur Vermittlung zwischen Motivgebern und Produzenten."[18] Die Einrichtung selbst erteilt keine Drehgenehmigungen und übernimmt auch nicht die Aufgaben örtlicher Aufnahmeleiter. Dennoch weiß Roland Schmidt, der dieses Büro alleine leitet, von deren Schwierigkeiten, war er doch selbst bei Detlev Bucks *Karniggels* als Aufnahmeleiter und bei Hal Hartleys *Flirt* als Produktionsleiter beteiligt.

„Das Angebot des Koordinationsbüros ist in gewisser Weise ein diplomatischer Dienst, in dem Diskretion und Fingerspitzengefühl gefordert sind", erläutert Schmidt:

> Man wirkt im Hintergrund und versucht, die Voraussetzungen zu schaffen, unter denen Profis professioneller arbeiten können. Dazu gehört nicht nur, mögliche Vorbehalte bei Motivgebern auszuräumen, sondern auch, die Sensibilität von Produktionen beim Umgang mit Motiven zu entwickeln.[19]

Schmidt versteht sich als Mittler in dringlichen Fällen: wenn etwa ein Drehplan mit Demonstrationen, Baustellen oder Staatsbesuchen kollidiert. Berliner Produktionsfirmen melden sich bei ihm allerdings eher selten: „Die finden in der Regel selber eine Alternative." Bei ihm kämen vor allem Anfragen von ortsfremden Drehteams an.

Mit der Wirtschaftsförderung Berlin GmbH hat das Koordinationsbüro außerdem ein gemeinsames Stadtbüro eröffnet, von dem aus Büroleiter Martin Köhler versucht, mehr Akzeptanz für das Drehen in Berlin zu erreichen. Nicht nur in Fachkreisen, sondern vor allem auch in der Bevölkerung. „Die Berliner", so pflichtet Produzent Stefan Arndt bei,

---

18  Jens Steinbrenner (Red.): Filmboard Berlin-Brandenburg GmbH. Tätigkeitsbericht 1996. Potsdam 1997, S. 28.
19  Roland Schmidt: Koordinationsbüro Film. In: Steinbrenner (wie Anm. 18), S. 28.

„müßten mehr Stolz auf ihre Filme entwickeln." Derzeit ist jedoch das Gegenteil der Fall: Immer mehr Betroffene klagen über die ewigen Dreharbeiten vor der Haustür und die damit verbundenen Unannehmlichkeiten.

Auch das ist ein Grund, warum die Baustelle so gerne als Kulisse verwendet wird: Hier gibt es noch keine Anwohner, die sich beschweren können.

REGINE JASZINSKI[*]

# Bibliographie „Berlin in Prosa" (1989–1999)

## 1989

Blessin, Stefan: Endzeit-Vertreib, B. S. LILO-Verlag, Hamburg; (Krimi)
Eick, Jan: Der siebente Winter, Verlag Das Neue Berlin, Berlin (Ost); (Krimi)
Fabich, Peter J.: Lenin springt in die Spree, Edition Rollwenzel, Langenbach bei Geroldsgrün/Oberf., (Erzählungen, kleine Prosa)
Freyermuth, Gundolf S.: Der Ausweg, Verlag Rasch & Röhring, Hamburg; (Thriller)
Karsunke, Yaak: Toter Mann, Rotbuch-Verlag, Berlin; (Krimi)
Nie wieder Berlin. Berlin-Wortwechsel, hrsg. von Margaret Iversen, Steintor, Dependance Verlag, Berlin;
Schmidt, Andreas: Alarm in Ost-Berlin: Interflug 203 entführt!. Ein Tatsachenroman über die erste Flugzeugentführung in der DDR, Anita Tykve Verlag, Böblingen;
Zimmer, Dieter: Das Mädchen vom Alex, Blanvalet Verlag, München; (Roman)

## 1990

Biermann, Pieke: Violetta, Rotbuch-Verlag, Berlin; (Krimi)
Endler, Adolf. Vorbildlich schleimlösend. Nachrichten aus einer Hauptstadt 1972–2008, RotbuchVerlag, Berlin;
Rültimann, Karin: Schwalbensommer, Fischer-Taschenbuch-Verlag, Frankfurt a. M.; (Roman) Schramm, Adalbert Georg: Die letzte Strassenbahn (und andere Gedanken aus Berlin und drumherum), Europa-Verlag, Aachen;
Schmidt, Peter: Das Veteranentreffen, Rowohlt Verlag, Reinbek b. Hamburg; (Thriller)

---

[*]  Nicht mit erfaßt wurden Kinder- und Jugendliteratur, Theaterstücke sowie Erlebnisberichte. Quellen: Zentral- und Landesbibliothek Berlin, insbes. das Zentrum f. Berlin-Studien, Deutsche Nationalbibliographie, Verzeichnis lieferbarer Bücher, Kieperts Literaturverzeichnis Berlin sowie Rezensionen verschiedener deutscher Tages- und Wochenzeitungen.
Die Einträge zu den Jahren 1997 – 1999 wurden von David Kassner ergänzt und überarbeitet.

Berlin erzählt. 19 Erzählungen, hrsg. von Uwe Wittstock, Fischer-Ta-schenbuch-Verlag, Frankfurt a. M.;

Cailloux, Bernd: Der gelernte Berliner, Suhrkamp-Taschenbuch-Verlag, Frankfurt a. M.; (Erzählungen)

Cravan, Artur: Tod in der Schonzeit, Verlag Rasch & Röhring, Hamburg; (Thriller)

Eick, Jan: Wer nicht stirbt zur rechten Zeit, Verlag Das Neue Berlin, Berlin; (Krimi)

Hacke, Axel: Nächte mit Bosch. 18 unwahrscheinlich wahre Geschichten, Verlag Antje Kunstmann, München;

Hempel, Harry: Jossel. Mauerkind, Verlag Frieling, Berlin; (Erzählung)

Hilaire, Kits u. Barbara Traber (Übers.): Berlin letzte Vorstellung. Abschied von Kreuzberg, Edition Hans Erpf, Berlin (Orig.-Titel: Berlin, dernière, Flammanion, Paris 1990);

Honigmann, Barbara: Eine Liebe aus nichts, Rowohlt Verlag, Reinbek b. Hamburg; (Roman) Maron, Monika: Stille Zeile Sechs, Fischer Verlag, Frankfurt a. M.;

Ossowski, Leonie: Holunderzeit, Hoffmann & Campe Verlag, Hamburg;

Petschull, Jürgen: Der Herbst der Amateure, Piper Verlag, München, Zürich;

Scherfling, Gerhard: Eilfahndung, Reiher Verlag, Berlin; (Krimi)

Seyppel, Joachim: Die Wohnmaschine oder wo aller Mohn blüht, Morgenbuch-Verlag, Berlin;

Tietz, Gunther: Kartoffel is Kartoffel, Ullstein-Verlag, Berlin, Frankfurt a. M.; (Roman)

Wawerzinek, Peter: Moppel Schappiks Tätowierungen, Unabhängige Verlags-Buchhandlung Ackerstraße, Berlin;

Wildenhain, Michael: Die kalte Haut der Stadt, Rotbuch-Verlag, Berlin; (Roman)

Worgitzky, Charlotte: Traum vom Möglichen, Morgenbuch-Verlag, Berlin; (Roman)

**1992**

Ard, Leo P. u. Michael Illner: Gemischtes Doppel, Grafit Verlag, Dortmund; (Krimi)

Cravan, Artur: Fluchtpunkt Berlin, Rasch & Röhring, Hamburg; (Thriller)

Dietrich, Wolfgang: Berliner Sterben, Kirchheim Verlag, München;

Goyke, Frank: Grüsse vom Boss (Reihe Berlin-Crime, Bd. 2), Ed. Monade, Leipzig; (Krimi)

Hanika, Irina: Katharina oder die Existenzverpflichtung, Fannei & Walz, Berlin; (Erzählung)

Holst, Gabriele: Kleine Geschichten aus Berlin, Engelhorn Verlag, Stuttgart; (Aufsatzsammlung)

Kammrad, Horst: Die Brücke nach Teltow. Deutsche Geschichten 1961–1990, Arani Verlag, Berlin;

Kiesen, Michael: Menschenfalle, Pendragon-Verlag, Bielefeld; (Roman)

Kollmar, Margit: Mord im Volkspark. Tod in der Spree. Zwei Karin Keller-Krimis in einem Band, Droemer-Knauer Verlag, München; (Krimi)

Kristan, Georg R.: Eine Hauptstadtaffäre, Bouvier Verlag, Bonn, Berlin; (Krimi)

-ky (Horst Oskar Bosetzky): Ein Deal zuviel, Rowohlt-Taschenbuch-Verlag, Reinbek bei Hamburg; (Krimi)

Liebeswende. Wendeliebe, hrsg. von Charly Mauer, Morgenbuch-Verlag, Berlin; (Erzählungen)

Özlu, Demir u. Sezer Duru (Übers.): Berliner Halluzinationen, Literarisches Colloquium, Berlin;

Riedmüller, Barbara: Berlin Krimi, Morgenbuch-Verlag, Berlin;

Schirmer, Bernd: Schlehweins Giraffe, Eichborn Verlag, Frankfurt a. M.; (Roman)

Schneider, Hans: Der Mauertänzer, Verlag Das Neue Berlin, Eulenspiegel, Berlin; (Krimi)

Schneider, Peter: Paarungen, Rowohlt Verlag, Berlin; (Roman)

Sollorz, Michael: Paul und andere. Geschichten aus'm Osten, Verlag rosa Winkel, Berlin;

„Eine Verpflichtung zur Veröffentlichung besteht nicht". Neue literarische Texte aus Berlin, hrsg. von der Senatsverwaltung für Soziales Berlin, Metro Verlag, Berlin;

### 1993

Ard, Leo P. u. Michael Illner: Flotter Dreier, Grafit Verlag, Dortmund; (Krimi)

Biermann, Pieke: Herzrasen, Rotbuch-Verlag, Berlin; (Krimi)

Dische, Irene u. Reinhard Kaiser (Übers.): Ein fremdes Gefühl oder Veränderungen über einen Deutschen (Orig.-Titel: A Violent Chord), Rowohlt, Berlin Verlag, Berlin; (Roman)

Gelien, Gabriele. Eine Lesbe macht noch keinen Sommer, Argument Verlag, Hamburg; (Krimi)

Goyke, Frank: Schneller, höher, weiter (Reihe Berlin-Crime, Bd. 6), Edition Monade, Leipzig; (Krimi)

Fricke, Corinna u. Peter Kirschey: Geile Meile Oranienburger. Ein Strassenbild, Verlag Neues Leben, Berlin; (Aufsatzsammlung)

Gulden, Hans van: Amok und Koma (Reihe Berlin-Crime, Bd. 7), Edition Monade, Berlin; (Krimi)

Gulden, Hans van: Schöne Bürger (Reihe Berlin-Crime, Bd. 3), Edition Monade, Berlin; (Krimi)

Hilbig, Wolfgang: Ich, Fischer-Verlag, Frankfurt a. M.; (Roman)

Köhler, Jörg: Tötet Jack Daniels (Reihe Berlin-Crime, Bd. 4), Edition Monade, Berlin; (Krimi)

Kollmar, Margit: Selbstmord am Müggelsee, Droemer-Knaur, München; (Krimi)

Kramer, Jane u. Eike Geisel (Übers.): Eine Amerikanerin in Berlin. Ethnologische Spaziergänge, Edition Tianiat Critica Diabolis, Berlin;

Königsdorf, Helga: Im Schatten des Regenbogens, Aufbau-Verlag, Berlin; (Roman)

Maron, Monika: Flugasche, Fischer-Taschenbuch-Verlag, Frankfurt a. M.;

Morshäuser, Bodo: Der weisse Wannsee. Ein Rausch, Suhrkamp Verlag, Frankfurt a. M.;

Rank, Heiner: Goldener Sonntag (Reihe Berlin-Crime, Bd. 8), Edition Monade, Berlin; (Krimi)

Salama, Ruth: Tausendundeine Station. Ein Frauenleben zwischen Berlin und Kairo, HerderVerlag, Freiburg i. B., Basel, Wien; (Roman)

Scharsich, Dagmar: Die gefrorene Charlotte, Argument Verlag, Hamburg; (Krimi)

Scholl, Sabine: Haut an Haut, Verlag Mathias Gatza, Berlin;

Skármeta , Antonio u. Maria López (Übers.): Aus der Ferne sehe ich dieses Land. Ein Chilene in Berlin, Piper Verlag, München u. a.; (Erzählung)

Sulitzer, Paul-Loup u. Rudolf Krimmig (Übers.): Berlin, Hestia Verlag, Rastatt; (Roman)

Tagger, Christian: Karaoke Punk (Reihe Berlin-Crime, Bd. 6), Edition Monade, Berlin; (Krimi) Unger, Michael: Tod eines Paradiesvogel, Verlag Neues Leben, Berlin; (Krimi)

Woelk, Ulrich: Rückspiel, Fischer Verlag, Frankfurt a. M.; (Roman)

Becker, Peter von: Die andere Zeit, Suhrkamp, Frankfurt a. M.; (Roman)

Bergmann, Wolfgang: Vater, Mutter, Tod (Reihe Berlin-Crime, Bd. 14), Schwarzkopf & Schwarzkopf Verlag, Edition Monade, Berlin; (Krimi)

Blasinski, Marianne: Getrenntes Glück. Eine Berliner Geschichte, Arani Verlag, Berlin;

Burmeister, Brigitte: Unter dem Norma, Klett-Cotta, Stuttgart; (Roman)

Cahn, Peter: Gen Crash, Schwarzkopf & Schwarzkopf Verlag, Berlin; (Thriller)

Dorn, Thea: Berliner Aufklärung, Rotbuch-Verlag, Hamburg; (Krimi)

Ebertowsky, Jürgen: Aikido Speed (Reihe Berlin-Crime, Bd. 10), Berlin; (Krimi)

Endler, Adolf: Tarzan am Prenzlauer Berg, Reclam Verlag, Leipzig; (Erlebnisbericht/Tagebuch)

Fessel, Karen-Susan: Und abends mit Beleuchtung, Konkursbuch Verlag Claudia Gehrke, Tübingen 1994; (Roman)

Goyke, Frank: Ruf doch mal an (Reihe Berlin-Crime, Bd. 9), Schwarzkopf & Schwarzkopf Verlag, Edition Monade, Berlin; (Krimi)

Goyke, Frank: Tegeler Trauerspiel (Reihe Berlin-Crime, Bd. 13), Schwarzkopf & Schwarzkopf Verlag, Berlin; (Krimi)

Heyder, Wolfgang: Spleen. Berlin 1, Babel-Verlag, Hund & von Uffelen, Berlin; (Erzählungen)

Johler, Jens: Der Falsche, Luchterhand-Literaturverlag, Hamburg; (Roman)

Krause, Hans Ulrich: Missbraucht, Verlag Das Neue Berlin, Berlin; (Krimi)

-ky (Horst Oskar Bosetzky): Fendt hört mit (Reihe Berlin-Crime, Bd. 11), Schwarzkopf & Schwarzkopf Verlag, Edition Monade, Berlin; (Krimi)

-ky (Horst Oskar Bosetzky): Der Satansbraten, Weitbrecht Verlag, Stuttgart; (Krimi)

-ky (Horst Oskar Bosetzky): Sonst Kopf ab. Die Mafia kommt, Rowohlt-Taschenbuchverlag, Reinbek bei Hamburg; (Krimi)

Liebmann, Irina: In Berlin, Kiepenheuer & Witsch, Köln;

Markert, Joy u. Sibylle Nägele: Nachtcafé Schroffenstein (Reihe Berlin-Crime, Bd. 12), Schwarzkopf & Schwarzkopf Verlag, Edition Monade, Berlin, (Krimi)

Meinicke, Michael: Berliner Tunnel, Drei-Eck-Verlag, Bochum;

Mischke, Susanne: Stadtluft, Piper Verlag, München; (Roman)

Ossowski, Leonie: Die Maklerin, Verlag Hoffmann & Campe, Hamburg; (Roman)

Reschke, Karin: Asphaltvenus, Hoffmann & Campe, München; (Krimi)

Schmidt, Werner: „Achtung! ... Hier spricht der Erpresser" – „Dagobert". Ein realistischer Krimi, Kramer Verlag, Berlin;

Sollorz, Michael: Abel und Joe, Verlag rosa Winkel, Berlin; (Roman)

Titze, Marion: Unbekannter Verlust, Rowohlt Verlag, Berlin;

Wernli-Weilbächer, Ingrid: Reise nach Berlin, Fischer Verlag, Frankfurt a. M.; (Krimi)

Wille, Carl: Exit Berlin, Rotbuch-Verlag, Berlin; (Krimi)

Zwischenzeit. 13 Berliner Grotesken, hrsg. von Ödes Zentrum, Ursula Opitz Verlag, Berlin;

**1995**

Bahre, Jens: Die Sekte, Bastei-Verlag, Lübbe, Bergisch-Gladbach 1995; (Roman)

Borgelt, Hans: Am Freitag fängt das Leben an, Universitas Verlag, München; (Roman)

Brussig, Thomas: Helden wie wir, Verlag Volk und Welt, Berlin; (Roman)

Camones, Ann: Verbrechen lohnt sich doch!, Argument Verlag, Hamburg; (Krimi)

Cerda , Carlos u. Petra Strien (Übers.): Santiago – Berlin, einfach, Luchterhand Verlag, München; (Roman)

Deluxe, Comtesse: Berliner und andere Teilchen. Chills und Thrills aus der Hauptstadt, Verlag rosa Winkel, Berlin;

Ebertowsky, Jürgen: Berlin Oranienplatz (Reihe Berlin-Crime, Bd. 17), Schwarzkopf & Schwarzkopf Verlag, Berlin, (Krimi)

Glauke, Claris O.: Der Baron in Berlin, Wissenschaft und Technik Verlag, Berlin;

Goyke, Frank: Dummer Junge, toter Junge (Reihe Berlin-Crime, Bd. 18), Schwarzkopf & Schwarzkopf Verlag, Berlin; (Krimi)

Goyke, Frank: Knabenliebe, Schwarzkopf & Schwarzkopf Verlag, Berlin; (Roman)

Grass, Günter: Ein weites Feld, Steidl Verlag, Göttingen; (Roman)

Gronau, Maria: Weiberlust, Schwarzkopf & Schwarzkopf Verlag, Berlin; (Krimi)

Gronau, Maria: Weiberwirtschaft, Schwarzkopf & Schwarzkopf Verlag, Berlin; (Krimi)

Hettche, Thomas: Nox, Suhrkamp Verlag, Frankfurt a. M.; (Roman)

Jirgl, Reinhard: Abschied von den Feinden, Hanser Verlag, München; (Roman)

Johler, Jens u. Axel Olly: Bye, bye Ronstein, Luchterhand Verlag, München; (Roman)

Lahtela, Silvo: Alp-Traum Terror (Reihe Berlin-Crime, Bd. 15), Schwarzkopf & Schwarzkopf Verlag, Berlin; (Krimi)

Lehr, Thomas: Die Erhörung, Aufbau Verlag, Berlin; (Roman)

Lewin, Waltraut: Alter Hund auf drei Beinen. Frau Quade ermittelt, Verlag Neues Leben, Berlin; (Krimi)

Mörderisches Berlin. 12 krimimale Texte aus der Kapitale, hrsg. v. Thomas Wörtche, Simader Verlag, Frankfurt a. M.; (Anthologie)

Morgenstern, Beate: Huckepack, Hinstorff Verlag, Rostock; (Roman)

Ören, Aras u. Deniz Göktürk (Übers.): Berlin Savignyplatz. Auf der Suche nach der Gegenwart V, Elefanten Press Verlag, Berlin;

Peltzer, Ulrich: Stefan Martinez, Ammann Verlag, Zürich; (Roman)

Sichtermann, Barbara: Vicky Victory, Verlag Hoffmann & Campe, Hamburg; (Roman)

Sparschuh, Jens: Der Zimmerspringbrunnen. Ein Heimatroman, Kiepenheuer & Witsch, Köln;

Tagger, Christian: Böse aber Siegfried (Reihe Berlin-Crime, Bd. 16), Schwarzkopf & Schwarzkopf Verlag, Berlin; (Krimi)

Tuschel, Karl-Heinz: Der Mann von Idea. Berlin: 33 Jahre nach der Klimakatastrophe, GNN-Verlag, Schkeuditz; (Roman)

Wagner, Richard: In der Hand der Frauen, Deutsche Verlags-Anstalt, Stuttgart; (Roman) Wawerzinek, Peter: Mein Babylon, Transit Verlag, Berlin;

Weidenmann, Alfred: Die Spur führt nach Tahiti, Loewe Verlag, Blindlach; (Krimi)

Zschokke, Matthias: Der dicke Dichter, Bruckner & Thünker Verlag, Köln; (Roman)

Zucker, Renée: Berlin ist anderswo, Rowohlt Verlag, Berlin;


## 1996


Arjouni, Jakob: Magic Hoffmann: Roman, Diogenes-Verlag, Zürich;

Askan, Karin: A-Dur, Mitteldeutscher Verlag, Halle; (Roman)

Becker, Thorsten: Schönes Deutschland, Verlag Volk & Welt, Berlin; (Roman)

Dahlmeyer, Jörg André: Ist hier noch frei? Kramer Verlag, Berlin;

Dietrich, Wolf S.: Das Berlin Komplott, Jahn & Ernst Verlag, Hamburg; (Krimi)

Donnlly, Elfie: Für Paare verboten, Verlag Hoffmann & Campe, Hamburg; (Roman)

Eisenberg, Ursula: Mauerpfeffer, Fischer Taschenbuch Verlag, Frankfurt a. M.; (Roman)

Fessel, Karen-Susan: Bilder von ihr, Querverlag, Berlin; (Roman)

Fester, Stefan: Technophobia, Rütten & Loening, Berlin; (Roman)

Goyke, Frank: Felix mon amour, Schwarzkopf & Schwarzkopf Verlag, Berlin; (Roman)

Heim, Uta-Maria: Durchkommen, G. Kiepenheuer Verlag, Leipzig; (Roman)

Herles, Wolfgang: Eine blendende Gesellschaft, Karl Blessing Verlag, München; (Roman)

Kellein, Sandra: Gold oder Rabenschwarz, Berlin Verlag, Berlin; (Roman)

Kerr, Philip u. Hans J. Schütz (Übers.): Alte Freunde – neue Feinde: ein Fall für Bernhard Gunther, Rowohlt Verlag, Reinbek b. Hamburg; (Thriller)

Maron, Monika: Animal Triste, Fischer Verlag, Frankfurt a. M.; (Roman)

Rahlens, Holly Jane: Becky Bernstein goes Berlin, Piper Verlag, München (Roman)

Reinshagen, Gerlind: Am großen Stern, Suhrkamp Verlag, Frankfurt a. M.; (Roman)

Schlesinger, Klaus: Die Sache mit Randow, Aufbau Verlag, Berlin;

Schmidt, Christa: Rauhnächte, Albrecht Knaus Verlag, Berlin; (Roman)

Schramm, Ingo: Fitchers Blau, Verlag Volk & Welt, Berlin; (Roman)

Schwarzwälder, Marion: Trio Berlin. Susan Cohrs ermittelt, Eichborn Verlag, Frankfurt a. M.; (Krimi)

Sollorz, Michael: Orakel, Querverlag, Berlin; (Roman)

Timm, Uwe: Johannisnacht, Kiepenheuer & Witsch; Köln;

Wagner, Richard: Lisas geheimes Buch, Deutsche Verlags-Anstalt, Stuttgart; (Roman)

Weingartner, Gabriele: Der Schneewittchensarg, Gollenstein Verlag, Blieskastel;

Ziesing, Heinz-Dieter: Opoczynski. Das neue Leben des Erich O., Verlag Neues Leben, Berlin;

## 1997

Bahnhof Berlin, hrsg. von Katja Lange-Müller, Deutscher Taschenbuch Verlag, München; (Erzählungen, Berichte etc.)

Bekenntnisse Berliner Büroinsassen. 19 Geschichten über Wahnsinn der Verwaltung, hrsg. Von Horst Bosetzky, Jaron Verlag, Berlin; (Anthologie)

Berlin noir. Mit Geschichten von Thea Dorn, Rotbuch-Verlag, Hamburg; (Krimi, Anthologie)

Berlin zum Beispiel. Geschichten aus der Stadt, hrsg. von Sven Arnold und Ulrich Janetzki, btb/Goldmann Verlag, München;

Biermann, Pieke: Berlin Kabbala, Transit Verlag, Berlin;

Biermann, Pieke: Vier, fünf, sechs, Goldmann Verlag, München; (Roman)

Blankenburg, Gudrun: Jeanne d'Arc der Hauptstadt, Ullstein Verlag, Berlin; (Roman)

Bock, Thilo: Vogel sucht Fallschirm, Verlag Am Park, Berlin; (Erzählungen)

Boëthius, Henning: Undines Tod: Roman, Goldmann, München;

Bosetzky, Horst: Capri und Kartoffelpuffer: Roman, Argon, Berlin;

Castor, Rainer: Der Blutvogt: Roman aus dem Mittelalterlichen Berlin, Haffmans, Zürich;

Delius, Friedrich Christian: Amerikahaus und der Tanz um die Frauen, Rowohlt Verlag, Reinbek b. Hamburg;

Ecke Friedrichstraße. Ansichten über Berlin, hrsg. von Evelyn Roll, Deutscher Taschenbuch Verlag, München; (Reportagen, Porträts)

Fester, Stefan: Countdown im Adlon, Rütten & Loening Verlag, Berlin; (Krimi)

Findeiß, Thomas: Holy Days, Verlag Volk & Welt, Berlin; (Roman)

Goyke, Frank: Hexentanz, Schwarzkopf & Schwarzkopf Verlag, Berlin; (Krimi)

Gramann, Ulrike: Die Zeit Ines, Helmer Verlag, Königstein/Taunus; (Erzählung)

Jirgl, Reinhard: Hundsnächte, Hanser Verlag, München, Wien; (Roman)

Kettner, Reinhard: Kein Held nirgends. Roman, Verlag Das Neue Berlin, Berlin;

Klinger, Nadja: Ich ziehe einen Kreis. Geschichten, Fest Verlag, Berlin;

Kohlhof, Sigrid: Berlin ist keine Hansestadt: Poesie zwischen Schiffen und Kränen, Verlag am Park, Berlin;

Krollpfeifer, Hannelore: Damals in Berlin, Knauer, München; (Roman)

Mannsdorff, Peter: Kind ohne Meinung, Psychartrie Verlag, Bonn; (Roman)

Merschmeier, Michael: Berliner Blut, Rotbuch Verlag, Hamburg; (Krimi)

Neumann, Gerhard: Mord total, Verlag Das Neue Berlin; Berlin; (Krimi)

Ören, Aras u. Deniz Göktürk (Übers.): Unerwarteter Besuch. Auf der Suche nach der gegenwärtigen Zeit VI, Elefanten Press Verlag, Berlin;
Röggla, Kathrin: Abrauschen, Residenz-Verlag, Salzburg, Wien; (Roman)
Ross, Carlo: Wolken über Berlin: wie Simon und Fritz anno 1848 auf die Barrikaden gingen, Bertelsmann, München;
Sarek, Stephan: Das Truthuhnparadies, Rake Verlag, Rendsburg;
Schlemann, Gisela, Ein Tag oder tausend Jahre, Saraswati Verlag, Berlin; (Roman)
Schramm, Ingo: Aprilmechanik, Volk und Welt Verlag, Berlin; (Roman)
Seyfried, Gerhard: Let the bad times roll, Rotbuch-Verlag, Hamburg;
Sparschuh, Jens: Ich dachte, sie finden uns nicht, Verlag Kiepenheuer & Witsch, Köln;
Strauss, Botho: Der Fehler des Kopisten, Hanser Verlag, München;
Schwarzwälder, Marion: Tod nach Noten. Susan Cohrs ermittelt, Eichborn Verlag, Frankfurt a. M.; (Krimi)
Schweitzer, Eva: Hauptstadt-Roulette, Argon Verlag, Berlin; (Roman)
Wagner, Bernd: Paradies, Ullstein Verlag, Berlin; (Roman)
Wissmann, Daniel Douglas: Der blaue Reiter, Rowohlt Verlag, Reinbek b. Hamburg; (Thriller)

**1998**

An die Berlinerin: eine literarische Liebeserklärung in Vers und Prosa, hrsg. und mit einem Nachwort von Rinke, Moritz, Fannei und Walz, Berlin;
Der Bär schiesst los: Criminale Geschichten aus der Hauptstadt, hrsg. von Stöppler, Karl-Michael, Ullstein, Berlin;
Bossetzky, Horst: Champgner und Kartoffelchips: Roman einer Familie in den 50er und 60er Jahren, Argon, Berlin;
Durch die kalte Küche: Frauen schreiben in Berlin, hrsg. von Jochens, Birgit, Omnis-Verlag, Berlin;
Ehmke, Horst: Global players, Eichborn Verlag, Frankfurt a. M.; (Krimi)
Eick, Jan: Der Geist des Hause. Ein Friedrichstadtpalast-Krimi, Ullstein Verlag, Berlin;
Gronau, Maria: Weibersommer, Schwarzkopf & Schwarzkopf Verlag, Berlin; (1998? Handlungsort Berlin?)
Herrmann, Judith: Sommerhaus, später. Erzählungen, Fischer Taschenbuch, Frankfurt a. M.;

Hyperion am Bahnhof Zoo: hautnahe Männergeschichten, hrsg. und mit einem Nachwort von Stempel, Hans und Ripkens, Martin, Deutscher Taschenbuch-Verlag, München;

Kapielski, Thomas: Davor kommt noch: Gottesbeweise IX-XIII., Merve, Berln;

Kleeberg, Michael: Ein Garten im Norden: Märchen, Ullstein, Berlin;

Kluckart, Judith: Der Bibliothekar, Eichborn, Frankfurt a. M.;

Mercier, Pascal: Der Klavierstimmer: Roman, Knaus, München;

Morshäuser, Bodo: Liebeserklärung an eine häßliche Stadt, Suhrkamp, Frankfurt a. M.

Özdamar, Emine Sevgi: Die Brücke vom Goldenen Horn, Verlag Kiepenheuer & Witsch, Köln;

Reschke, Karin: Birnbaums Bilder, Schöffling, Frankfurt a. M.;

Rothmann, Ralf: Flieh, mein Freund! Roman, Suhrkamp, Frankfurt a. M.;

Die Stadt nach der Mauer: junge autoren schreiben über ihr Berlin, hrsg. von Becker, Jürgen Jakob, Janetzki, Ulrich, Ullstein, Berlin;

Staffel, Tim: Terrordrom, Ammann, Zürich; (Roman)

Wagner, Richard: Im Grunde sind wir alle Sieger: Roman, Klett-Cotta, Stuttgart;

Wawerzinek, Peter: Café Komplott: eine glückliche Begebenheit, Transit, Berlin;

**1999**

Dückers, Tanja: Spielzone: Roman, Aufbau-Verlag, Berlin;

Delius, Friedrich Christian: Die Flatterzunge, Rowohlt, Reinbek; (Erzählungen)

Jary, Micaela: Charleston & Van Gogh: Roman, Ullstein, Berlin;

Kapielski, Thomas: Danach war schon: Gottesbeweise I-VIII., Merve, Berln;

Kurbjuhn, Martin: Der Mann und die Stadt: Roman, Rowohlt Berlin, Berln;

Pillau, Horst: Anflug auf den Kurfürstendamm: Berliner Geschichten, Vision-Verlag, Berlin;

Schneider, Peter: Eduards Heimkehr: Roman, Rowohlt Berlin, Berlin;